Ullstein Sachbuch

DAS BUCH:

Der vorliegende Rechts-Ratgeber geht insofern einen neuen Weg, als darin die Lösung von Fällen präsentiert wird, die rund 80 Prozent der täglichen Praxis ausmachen. Der Leser begegnet hier also nicht dem Recht, wie es an Universitäten geprüft und von Professoren theoretisch aufgearbeitet wird, sondern dem Recht, wie es ihm tagtäglich entgegentreten kann. Der Autor hat sich bewußt auf die rechtlichen Grundprobleme konzentriert, mit denen jeder konfrontiert werden kann, die jeder kennen sollte.

DER AUTOR:

Jochen Duderstadt ist Rechtsanwalt und Notar.

Jochen Duderstadt

Recht für Ahnungslose

Ein Leitfaden für juristische Alltagsfälle
Mit zehn Illustrationen von Jörg Petersson

Ullstein Sachbuch

Ullstein Sachbuch
Ullstein Buch Nr. 34418
im Verlag Ullstein GmbH,
Frankfurt/M - Berlin

Originalausgabe

Umschlagentwurf:
Hansbernd Lindemann

Printed in Germany 1987
Gesamtherstellung:
Elsnerdruck, Berlin
ISBN 3 548 34418 6

November 1987

CIP-Kurztitelaufnahme
der Deutschen Bibliothek

Duderstadt, Jochen:
Recht für Ahnungslose: e. Leitf. für
jur. Alltagsfälle / Jochen Duderstadt.
Mit 10 Ill. von Jörg Petersson.
- Orig.-Ausg. -
Frankfurt/M; Berlin: Ullstein, 1987.
(Ullstein-Buch; Nr. 34418:
Ullstein-Sachbuch)
ISBN 3-548-34418-6
NE: GT

»Papa, wie heißt'n dein Buch?«
»Recht für Ahnungslose.«
»Dann mußt du dir das als erster kaufen!«
Zur Belohnung für diesen Spruch widme ich das Buch meiner achtjährigen Tochter Stefanie.

INHALT

ABKÜRZUNGSVERZEICHNIS

AG	Amtsgericht oder Aktiengesellschaft
BGB	Bürgerliches Gesetzbuch
BGH	Bundesgerichtshof
GmbH	Gesellschaft mit beschränkter Haftung
GVG	Gerichtsverfassungsgesetz
KG	Kommanditgesellschaft
NdsNRG	Niedersächsisches Nachbarrechtsgesetz
OWi	Ordnungswidrigkeit
OWiG	Ordnungswidrigkeitsgesetz
PKH	Prozeßkostenhilfe
StGB	Strafgesetzbuch
StPO	Strafprozeßordnung
StVG	Straßenverkehrsgesetz
StVO	Straßenverkehrsordnung
VOB	Verdingungsordnung für das Baugewerbe
ZPO	Zivilprozeßordnung

EINLEITUNG

Gerüchte um Alkohol am Steuer

Ich saß in meiner Stammkneipe und hörte einer Gruppe von Männern zu, die am Tresen stand. Sie unterhielten sich über Leute, die betrunken am Steuer gesessen und von der Polizei erwischt worden waren. Niemand machte einen Hehl daraus, daß ihm das auch hätte passieren können. Natürlich wußte jeder genau, was Leuten blüht, die mit 1,8 Promille im Blut – womöglich noch nach einem Unfall – gefaßt werden. Merkwürdigerweise gerieten sie sich aber gerade darüber in die Haare. Der eine erzählte, ein Freund von ihm sei mit knapp 3 Promille erwischt worden und habe zwei Jahre bekommen. Der nächste wußte von einem Fall zu berichten, in dem der Täter als Rückfälliger bei 1,4 Promille zu vier Monaten verdonnert worden war. Der dritte berichtete, daß er jemanden kenne, der fünf Jahre gekriegt habe, obwohl die Trunkenheitsfahrt folgenlos geblieben sei.

Derartige Gespräche sind wohl vielen Lesern geläufig. Ebenso bekannt ist die am Ende oft gezogene Schlußfolgerung, in der Justiz herrsche die reine Willkür. Man könne Glück oder Pech haben. Auf jeden Fall brauche man einen guten Verteidiger. Nur der könne einen raushauen.

In Wahrheit bilden aber gerade die Trunkenheitsvergehen die Deliktsgruppe, in der vergleichbare Fälle auch fast gleichartig geahndet werden und Verteidiger am wenigsten ausrichten können.

Die oben geschilderte Wirrnis herrscht nicht in der Strafjustiz, sondern in den Köpfen der ahnungslosen Bürger, und diese ist im obigen Beispiel darauf zurückzuführen, daß viele von denen, die nie mit der Justiz zu tun hatten – und das sind zu ihrem Glück sehr viele –, Freiheitsstrafe, Fahrerlaubnissperrfrist und Bewährungszeit durcheinanderwerfen.

Verständliche Unwissenheit

Das ist kein Wunder. Das Recht ist einer der wenigen Lebensbereiche, die in der Schule nicht behandelt, ja nicht einmal teilweise »durchgenommen« werden.

Um wenigstens bei einigen Leuten, nämlich bei meinen Lesern, die schlimmsten Mißverständnisse auszuräumen, habe ich dieses Buch geschrieben. Es geht dabei weniger darum, einen Beitrag zur Verbreiterung und Vertiefung der Allgemeinbildung zu leisten, als vielmehr darum, Vorteile und Ängste abzubauen.

Dabei habe ich mich auf rechtliche Grundprobleme konzentriert, mit denen buchstäblich jeder zu tun haben kann. Ich lasse bewußt all diejenigen Bereiche draußen, mit denen man als Otto Normalverbraucher nicht in Kontakt kommt. Kartellrecht und Verlagsrecht sind für den größten Teil der Bürger ebenso uninteressant wie das Körperschaftssteuerrecht oder das Gesetz über den Verkehr mit unedlen Metallen.

Grundzüge der Praxis

Soweit ich sehe, gibt es bislang keinen für juristische Laien geschriebenen Leitfaden, der in einer verständlichen Sprache praktisches Basiswissen vermittelt.

Die für Nichtjuristen geschriebenen Bücher sind entweder breitangelegte Stichwortverzeichnisse für bestimmte Rechtsgebiete (»Mietrecht von A–Z« usw.) oder Versuche, einen Überblick über die verschiedenen Rechtsgebiete unter gleichermaßen rechtsdogmatischer wie rechtshistorischer Durchdringung zu liefern, wobei dann freilich das Recht des Alltags völlig in den Hintergrund gerät.

Der vorliegende Leitfaden geht insofern einen neuen Weg, als darin die Lösung von Fällen präsentiert wird, die schätzungsweise 80 Prozent der täglichen Praxis ausmachen.

Der Leser begegnet also hier nicht dem Recht, wie es an den Universitäten geprüft und in von Universitätsprofessoren geschriebenen Leitfäden theoretisch aufgearbeitet wird, sondern so, wie es ihm selbst tagtäglich entgegentreten kann.

Alltagssprache

Wer sich inhaltlich an der alltäglichen Praxis des Rechts orientiert und für Leser schreibt, die vom Recht gar keine Ahnung haben können, muß sich einer verständlichen Sprache bedienen, nämlich der Sprache, wie sie auf der Straße, in den Büros und in den Gaststätten gesprochen wird.

Ich hoffe sehr, daß dabei auch das Bemühen spürbar

wird, die grundlegenden Rechtsfälle so darzustellen, daß sie ihren Unterhaltungswert nicht verlieren.

Zartbesaitete Gemüter, die sich in windstillen Ecken des Rechtslebens aufhalten, mögen an dem grimmigen Witz und der manchmal sarkastischen Darstellungsweise der einzelnen Fälle Anstoß nehmen. Für die Mehrzahl der Leser wird, so hoffe ich, diese Betrachtung der Dinge die Begegnung mit einer Wirklichkeit ersetzen, die es verdient, mit einer gehörigen Portion Galgenhumor, Spott und Witz aufgehellt zu werden.

Leserinnen

Da dieses Buch allen juristischen Laien gewidmet ist, ist damit zu rechnen, daß es auch weibliche Leser finden wird. Die verehrten Leserinnen werden deshalb schon an dieser Stelle um Nachsicht dafür gebeten, daß im Verlaufe des Leitfadens meistens nur die »lieben Leser« angesprochen werden. Das ist – die Anhängerinnen der Frauenbewegung mögen es mir bitte glauben – nicht *male*-chauvinistisch gemeint, sondern dient der Vermeidung von Umständlichkeiten. Auf die Dauer würde es sicherlich auch die verehrten Damen nerven, wenn an den entsprechenden Stellen immer »Leser(innen)« stehen würde, und statt »man« immer »man/frau«.

Dieser Leitfaden soll nicht nur juristische, sondern auch sonstige Umständlichkeiten vermeiden, und die Aufgabe, rechtliches Basiswissen in verständlicher Form zu verbreiten, ist selbst für einen juristischen Praktiker so schwierig, daß er gut daran tut, sich nicht auch noch das Problem der Demokratisierung der – nebenbei gesagt auch nur zum Teil – patriarchalischen Sprache aufzuhalsen.

Lesestrategien

Man muß das Buch nun keineswegs von vorne bis hinten – Kapitel für Kapitel – durchlesen. Wer etwa die Angewohnheit hat, ein bekanntes deutsches Nachrichtenmagazin stets von hinten nach vorne durchzulesen, kann versichert sein, daß keine Verständnisprobleme auftauchen werden, wenn er hier ebenso verfährt. Natürlich kann man den Leitfaden auch als bescheidenes Nachschlagewerk benutzen, indem man das Stichwortverzeichnis nach Begriffen durchstöbert, die einem interessant erscheinen. Und schließlich kann man sich auch darauf beschränken, ein Kapitel oder einen Abschnitt daraus erst dann anzulesen, wenn einem die herbe Lebenswirklichkeit einen Rechtsfall aufgetischt hat, der in diesem Buch wenigstens gestreift wird.

Ich darf abschließend der Hoffnung Ausdruck geben, daß die Leser, die diesen Leitfaden zumindest angelesen haben, künftig nicht mehr an Gesprächen der eingangs geschilderten Art beteiligt sein werden. Wenn das gelingt, ist schon viel gewonnen.

1. UNSERE JUSTIZ

Ausgangsfall:

Die Witwe Wally Wabblowski bekommt eine Vorladung vom Amtsgericht, am Soundsovielten als Zeugin in dem Prozeß Hammer ./. Fetzer und Humbug-Schlammeimer-Versicherung auszusagen. Ratlos fragt sie ihre Tochter, warum die Verhandlung nicht vor dem Verkehrsgericht stattfindet, und äußert die Befürchtung, daß ein schneidiger Staatsanwalt ihr bohrende Fragen stellen wird. Schließlich ruft sie beim Amtsgericht an und läßt der Richterin bestellen, sie wolle lieber nicht aussagen. Immerhin habe sie schon vor der Polizei ausgesagt, und auch schon einmal vor Gericht.

Was hat Frau Wabblowski alles falsch gemacht?

Unsere arme Witwe hat es hier mit der sogenannten ordentlichen Gerichtsbarkeit zu tun bekommen, deren wichtigster Zweig, wie wir noch sehen werden, die Zivilprozeßabteilung ist.

Ordentliche Gerichtsbarkeit

»Ordentliche Gerichtsbarkeit« heißt nun nicht etwa, daß es auch noch unordentliche Gerichtsbarkeiten gibt. Im Gegenteil, nirgendwo geht es so unordentlich zu wie in der ordentlichen Gerichtsbarkeit. Das gilt besonders für die Zivilprozesse (nicht dagegen für die Strafprozesse). Jeder, der einmal einen Verhandlungssaal betreten hat, weiß das. Ein ganzes Rudel Anwälte tummelt sich im Saal, unterhält sich untereinander, mit dem Richter, mit Mandanten, Zeugen und manchmal auch Zuhörern. Der erste spontane Eindruck ist oft der, daß man ein derartiges Durcheinander nun wirklich nicht erwartet hat.

Besondere Gerichtsbarkeiten

Bevor wir nun die ordentliche Gerichtsbarkeit im einzelnen betrachten, wollen wir einen Blick auf die anderen Zweige der Justiz werfen, als da sind:

- Arbeitsgerichtsbarkeit,
- Sozialgerichtsbarkeit,

- Verwaltungsgerichtsbarkeit
- Finanzgerichtsbarkeit
- Verfassungsgerichtsbarkeit.

Man nennt sie auch »Besondere Gerichtsbarkeiten«.

Es gibt daneben noch einen Zweig der Justiz, der lediglich aus einem einzigen Gericht besteht, das in München seinen Sitz hat und zugleich das größte Gericht der Bundesrepublik darstellt. Dieses Gericht ist zugleich das Lösungswort zu dem nachfolgenden Witz: Zwei Homosexuelle schieben gemeinsam einen Kinderwagen durch München. Wohin wollen sie? Lösung: Zum Bundespatentgericht.

Arbeitsgerichte

Weit öfter als mit dem Bundespatentgericht wird man als normaler Bürger mit der Arbeitsgerichtsbarkeit konfrontiert. Die Arbeitsgerichte befassen sich vor allem mit Ansprüchen zwischen Arbeitnehmern und Arbeitgebern aus dem Arbeitsverhältnis (Individualarbeitsrecht), außerdem aber auch mit Streitigkeiten zwischen Tarifpartnern, also Arbeitgeberverbänden und Gewerkschaften (Kollektivarbeitsrecht).

Ausgangspunkt für einen Arbeitsgerichtsprozeß ist immer das örtlich zuständige Arbeitsgericht. Die nächste Instanz ist das Landesarbeitsgericht, das seinen Sitz in der jeweiligen Landeshauptstadt hat. Oberste Instanz ist das Bundesarbeitsgericht in Kassel.

Sozialgerichte

Die Sozialgerichtsbarkeit kennt kaum jemand, obwohl jedermann mit ihr zu tun bekommen kann. Sie behandelt in erster Linie Ansprüche des Bürgers gegen die gesetzliche Renten- und Unfallversicherung. Meist geht es um das Bestehen und die Höhe von Erwerbsunfähigkeitsrenten, Berufsunfähigkeitsrenten und Altersruhegeldern.

Auch hier führt der Instanzenweg über das Sozialgericht und das Landessozialgericht bis zum Bundessozialgericht in Kassel.

Verwaltungsgerichte

Die Verwaltungsgerichte schließlich müssen sich mit der Wirksamkeit bzw. Unwirksamkeit von sogenannten Verwaltungsakten herumschlagen.

Es gibt viele Arten von Verwaltungsakten. Ihnen allen

ist gemein, daß sie im Verhältnis Verwaltung/Bürger einen Einzelfall regeln. Will der Bürger etwas von der Verwaltung – etwa eine Bauerlaubnis oder einen Angelschein –, bekommt er von der Gemeinde oder dem Landkreis einen Bescheid. Ist der Bescheid ablehnend, so kann er dagegen entweder Widerspruch bei der Bezirksregierung einlegen oder gleich beim Verwaltungsgericht Verpflichtungsklage erheben. Die erste dieser beiden Möglichkeiten kann er sich schenken. Die Bezirksregierung entscheidet nämlich fast immer so wie die Behörde, die den ersten Bescheid erlassen hat.

Will dagegen die Verwaltung etwas vom Bürger, etwa einen Erschließungsbeitrag, den Abriß eines Hauses in freier Natur oder die Ausweisung aus der Bundesrepublik (was einem Deutschen erfreulicherweise nicht passieren kann), so kann man sich gleichfalls zunächst an die Bezirksregierung oder auch gleich an das Verwaltungsgericht wenden, und zwar diesmal mit einer sogenannten Anfechtungsklage.

Die nächste Instanz ist das Oberverwaltungsgericht und die dritte das Bundesverwaltungsgericht.

Finanzgerichte

Die Finanzgerichte kümmern sich im wesentlichen um die Frage, ob und in welchem Umfang Steuerbescheide zu Recht ergangen sind. Oberstes Finanzgericht ist der Bundesfinanzhof in München.

Verfassungsgerichte

Zu guter Letzt gibt es noch die Verfassungsgerichtsbarkeit. Das wichtigste Gericht dieses Zweiges der Justiz ist natürlich das Bundesverfassungsgericht. Die Landesverfassungsgerichte – im Falle Niedersachsens ist es der Staatsgerichtshof in Bückeburg – haben keine große praktische Bedeutung.

Das Hauptarbeitsgebiet der Verfassungsrichter ist die Verfassungsbeschwerde. Eine derartige Beschwerde kann jeder Bürger einreichen, wenn er der Auffassung ist, daß irgendein gegen ihn gerichteter Akt der Verwaltung und der Justiz nicht mit den Grundrechten der Verfassung (also des Grundgesetzes) in Einklang zu bringen ist.

Diese Möglichkeit muß man im Zusammenhang mit der Verwaltungsgerichtsbarkeit sehen. Tut man dies, so zeigt sich, daß in diesem unserem Lande buchstäblich alles, was irgendwie »von oben« kommt, durch die Gerichte auf seine Rechtmäßigkeit und Verfassungsgemäßheit überprüft werden kann. Das ist, soweit ich sehe, in keinem anderen Land der Welt der Fall.

Darauf können wir stolz sein, und da die Rechtsweggarantie eine feine Sache ist, soll auch gesagt werden, wo sie verankert ist, nämlich in Artikel 19 Abs. IV des Grundgesetzes.

Viele Amtsgerichte – wenig andere

Nachdem wir nun einen kurzen Blick auf die »Nebengerichtsbarkeiten« geworfen haben, können wir uns auf die ordentliche Gerichtsbarkeit konzentrieren. Diese ist nämlich mit Abstand am wichtigsten, und zwar schon insofern, als der normale Bürger mit keinem Zweig der Justiz auch nur annähernd so viel zu tun hat wie mit der ordentlichen Gerichtsbarkeit. Das findet seinen äußeren Ausdruck darin, daß es Amtsgerichte, die ja sozusagen die ordentliche Gerichtsbarkeit beherbergen, in Hülle und Fülle und in jedem Kaff gibt, während man als Kleinstädter bis zum nächsten Arbeitsgericht oder gar bis zum nächsten Verwaltungsgericht oft mehr als 100 Kilometer fahren muß.

Allerdings wird dieser Mangel, um nochmals auf die »Nebenäste« der Justiz zurückzukommen, oft dadurch ausgeglichen, daß der Knochen zum Hund kommt, statt der Hund zum Knochen: So gehen etwa die Arbeitsgerichte und die Sozialgerichte regelmäßig auf Tournee, das heißt, sie halten in anderen Städten ihres Bezirks auswärtige Sitzungstage ab, so daß dem Bürger in vielen Fällen eben doch weite Wege erspart bleiben.

Zu den Zahlen: Es gibt in Niedersachsen 15 Arbeitsgerichte, 4 Verwaltungsgerichte, 8 Sozialgerichte, 1 Finanzgericht und 1 Staatsgerichtshof, jedoch 79 Amtsgerichte.

In anderen Bundesländern ist das Mißverhältnis noch größer. So hat man zwar in den 60er und 70er Jahren in Niedersachsen viele kleinere Amtsgerichte abgeschafft, und zwar in der – wie ich meine – trügerischen Hoffnung, daß durch Schaffung größerer Amtsgerichtsbezirke und damit auch Amtsgerichte ein höherer Spezialisierungsgrad und eine Verbesserung der Qualität der Rechtspflege erzielt werden könnte. In Hessen gibt es dagegen fast so viele Amtsgerichte wie Kleinstädte, und auch in Baden-Württemberg dienen noch Amtsrichter, die sowohl den strafrechtlichen als auch den zivilrechtlichen Acker zu bestellen haben.

Was machen nun eigentlich die Amtsgerichte?

Abteilungen des Amtsgerichts

Eine ganze Menge. Was im einzelnen gemacht wird, ist durch die jeweilige Abteilung des Amtsgerichts vorgegeben.

Die wichtigsten Abteilungen sind die folgenden:

- Mahnabteilung,
- Zivilprozeßabteilung,
- Familiengericht,
- Strafrichter,
- Schöffengericht,
- Jugendrichter,
- Jugendschöffengericht,
- Bußgeldrichter,
- Nachlaßgericht,
- Vormundschaftsgericht,
- Handelsregister,
- Grundbuch.

Wir wollen das Pferd von hinten aufzäumen, um dann zu den beiden Kernpunkten zu kommen.

Grundbuch

Eine der beliebtesten Scherze, mit denen man frisch eingetretene Azubis in Anwaltsbüros ärgern kann, besteht darin, den armen Neuling mit der Bitte zum Amtsgericht zu schicken, dem Anwalt übers Wochenende das Grundbuch auszuleihen.

Das Grundbuch ist natürlich kein Buch, sondern eine Ansammlung von meist mehreren hundert riesigen Bänden, in denen sämtliche Grundstücke des Amtsgerichtsbezirks erfaßt sind. Für jede Ortschaft gibt es ein eigenes Grundbuch, das wiederum eine Vielzahl von Bänden umfaßt. In jedem Band befinden sich – nach Eigentümern sortiert – sogenannte Grundbuchblätter, die wiederum aus mehreren Seiten bestehen, in denen die einzelnen Grundstücke des Eigentümers und die Grundstücksbelastungen penibel aufgeführt sind.

Handelsregister Das Handelsregister erfaßt die verschiedenen Handelsgesellschaften (Personalgesellschaften wie oHG und KG sowie Kapitalgesellschaften wie GmbH oder AG) sowie die Vollkaufleute.

Vormundschaftssachen Das Vormundschaftsgericht kümmert sich um die Genehmigung bestimmter Geschäfte Minderjähriger und sonstwie Schutzbedürftiger und ernennt Vormünder und Pfleger.

Nachlaßsachen Das Nachlaßgericht verwahrt Testamente und erteilt Erbscheine. Ohne Erbschein kommt man, um ein Beispiel zu nennen, nicht an die Sparkonten eines Verstorbenen heran – es sei denn, der Erblasser hat ein notarielles Testament hinterlassen.

Vollstreckungssachen Die Mahn- und Vollstreckungsabteilung ist zuständig für den Erlaß von Mahnbescheiden, Vollstreckungsbescheiden, Pfändungen von Lohn- und anderen Forderungen und für die Abnahme eidesstattlicher Erklärungen. Gemeint ist das, was man früher »Offenbarungseid« nannte.

Zivilprozeß Und damit sind wir schon voll im eigentlichen Zivilrecht. Ausgangssituation ist immer die, daß der eine vom anderen Geld oder eine anderweitige Leistung bzw. Unterlassung verlangt. Der eine (Kläger) tritt also gegen den anderen (Beklagten) an, und der Richter muß entscheiden. Jemand, der von anderen Geld haben will und es freiwillig nicht bekommt, hat zwei Möglichkeiten:

a) Er reicht einen Mahnbescheidsantrag auf dem üblichen Formular beim Amtsgericht seines Wohnorts ein oder
b) er verklagt den Widersacher durch Einreichung einer sogenannten Klageschrift, und zwar – es gibt natürlich einige Ausnahmen – beim Amtsgericht des Wohnorts des Beklagten.

Wenn derjenige, der sein Geld haben will, im Falle a) Glück hat, legt der Inanspruchgenommene gegen den vom Gericht erlassenen Mahnbescheid keinen Widerspruch ein. Dann ergeht auf Antrag Vollstreckungsbescheid, und damit kann man dann den Gerichtsvollzieher loshetzen.

Wenn der Anspruchsteller dagegen Pech hat, legt der Gegner Widerspruch ein, und dann muß er genau das tun, was er eigentlich vermeiden wollte, nämlich eine Klageschrift einreichen und den Prozeß an das Amtsgericht des Schuldners verweisen lassen. Genau das kann er gleich haben, wenn er nach der Alternative b) verfährt.

Deshalb ist es nur sinnvoll, im gerichtlichen Mahnverfahren gegen einen Schuldner vorzugehen, wenn die Begründetheit der Forderung so klar auf der Hand liegt, daß hier absolut nichts entgegenzuhalten ist. Das ist allerdings seltener, als man glaubt.

Prozeßparteien

Die unmittelbar Beteiligten in einem Zivilprozeß nennt man »Parteien«. Mit politischen Parteien haben diese Parteien nicht die Bohne zu tun.

Klagen und verklagt werden können alle Personen, sowohl die natürlichen als auch die juristischen Personen.

Natürliche Personen sind – wer hätte das gedacht – Menschen. Was juristische Personen sind, ist schon nicht so ganz einfach zu erklären. Manche Juraprofessoren machen sich einen Spaß daraus, die Erstsemester zu fragen, vom wievielten Semester an man eine juristische Person sei. Die meisten tippen darauf, daß man diesen Titel mit dem ersten juristischen Staatsexamen erreicht hat.

Nichts falscher als das. Juristische Personen sind:

- Gesellschaften mit beschränkter Haftung (GmbH),
- Aktiengesellschaften (AG),
- die Gebietskörperschaften (Gemeinden, Städte, Landkreise, Länder und schließlich die Bundesrepublik Deutschland),
- sonstige Körperschaften (Genossenschaften, eingetragene Vereine, Stiftungen usw.)

Derjenige, der im Zivilprozeß etwas haben will, heißt

»Kläger«. Denjenigen, der in Anspruch genommen wird, nennt man »Beklagten«, also bitte nicht »Angeklagten«. Der Angeklagte ist das arme Schwein, das im Strafrecht auf dem Arme-Sünder-Bänkchen sitzt. Der Begriff des Angeklagten ist deshalb auch für die meisten Menschen mit einem moralischen Makel verbunden. Für den Beklagten des Zivilrechts darf dies aber auf gar keinen Fall gelten.

Verhandlungsgrundsatz

Das Zivilrecht ist beherrscht vom Verhandlungsgrundsatz. Er bedeutet, daß nur die Parteien Tatsachen (Streitstoff) in den Prozeß einführen können. Das Gericht darf also nicht von sich aus der Sache nachgehen und Tatsachen, die nicht von einer Partei vorgetragen sind, bei der Entscheidung nicht berücksichtigen. Auch darf das Gericht die Wahrheit einer Tatsachenbehauptung nur feststellen, wenn sie bestritten ist.

Dies ist der wichtigste Unterschied zum Strafrecht, auf das wir noch kommen werden, und zu den oben besprochenen anderen Zweigen der Justiz.

Eine Sonderstellung innerhalb des Zivilrechts nimmt das Familienrecht ein. Die Familiengerichte sind im wesentlichen zuständig für Scheidungen, Unterhaltsklagen und alles, was sich darum herumrankt.

Berufung

Wenn man in einer Zivilsache mit einem Urteil nicht einverstanden ist, kann man dagegen nur dann Berufung einlegen, wenn es um mehr als 700,— DM geht. Wenn nicht, tut man gut daran, sich mit dem Urteil abzufinden.

Über die Berufung gegen ein Amtsgerichtsurteil entscheidet das Landgericht.

In der Anwaltschaft eines norddeutschen Amtsgerichtsbezirks kursiert folgende Anekdote:

Ein Richter hatte über eine Verkehrsunfallklage über 1400,— DM zu entscheiden. Nach der Beweisaufnahme ging es um alles oder nichts: Entweder glaubte der Richter den Zeugen oder nicht. Im einen Falle hätte er den Beklagten und dessen Versicherung zur Zahlung von 1400,— DM verurteilen, im anderen Fall die Klage abweisen müssen.

Er sprach jedoch dem Kläger 700,— DM zu. Als die

verwunderten Anwälte ihn fragten, warum er der Klage denn nur zu 50 Prozent stattgegeben habe, antwortete er sinngemäß: »Ja, meine Herren, meinen Sie denn, ich will die Akte noch mal auf dem Tisch haben?«

Im Klartext: Der Richter wollte nicht, daß die Akte zum Landgericht geht, wo sein Urteil dann entweder auseinandergenommen oder – möglicherweise mäkelnd – bestätigt worden wäre. So ist das nun einmal: Die kleinen Richter schimpfen über die großen am Stammtisch und die großen über die kleinen in ihren Urteilen.

Instanzenweg

Wenn es in einem Prozeß um mehr als 5000,— DM geht, wird die Sache nicht beim Amtsgericht, sondern gleich beim Landgericht gestartet, wo drei Berufsrichter (»Kammer«) über den Fall entscheiden. Zweite Instanz ist dann das Oberlandesgericht.

Wenn der Streit um mehr als 40 000,— DM geht, kann gegen ein Urteil des Oberlandesgerichts auch Revision beim Bundesgerichtshof (BGH) eingelegt werden. Der Bundesgerichtshof hat für eine einheitliche Rechtsprechung zu sorgen. In den Fällen, in denen der Gesetzgeber bewußte oder unbewußte Regelungslücken gelassen hat, ist das Wort des BGH soviel wert wie das Gesetz.

Im Familienrecht sieht die Sache so aus, daß die erste Instanz das Familiengericht beim Amtsgericht ist. Dann macht die Sache in der Berufungsinstanz einen gewaltigen Hüpfer zum Oberlandesgericht, und von dort aus ist in manchen Fällen auch noch die Revision zulässig.

Festzuhalten bleibt, daß es im Zivilrecht bei Streitereien, in denen es um weniger als 40000,— DM geht, zwei Instanzen gibt, während bei darüberliegenden Streitwerten noch der Weg in die dritte Instanz geöffnet ist.

Im Strafrecht ist alles anders

Wir wollen unseren kleinen Rundblick mit dem Strafrecht abschließen, bevor wir dann zur Lösung unseres Ausgangsfalls kommen.

Man soll sich vorab an den Gedanken gewöhnen, daß im Strafrecht alles anders ist. Hier geht es nicht darum, daß der Bürger A vom Bürger B Geld haben will, sondern darum, daß der Bürger A und der Bürger B bestraft werden sollen, wenn sie etwas ausgefressen haben. Strafverfolger ist die Staatsanwaltschaft. Jeder Landgerichtsbezirk hat eine.

Der Staat beansprucht das Strafverfolgungsmonopol. Nur der Staat darf also anklagen (durch die Staatsanwaltschaft) und bestrafen (durch die Strafjustiz als Teil der ordentlichen Gerichtsbarkeit). Natürlich darf auch nur der Staat die Strafe vollstrecken (durch die Justizvollzugsanstalten und die übergeordneten Behörden).

Gestaffelte Zuständigkeit

Das Ganze geht so vor sich: Die Polizei bekommt Wind von irgendwelchen Straftaten und ermittelt fleißig. Das Ermittlungsergebnis wird an die Staatsanwaltschaft geschickt. Die ermittelt weiter. Wenn hinreichender Tatverdacht besteht, das heißt, bei überwiegender Wahrscheinlichkeit einer Verurteilung, wird Anklage gegen den Übeltäter erhoben, und zwar je nach Schwere des Anklagevorwurfs beim Amtsgericht (Einzelrichter oder Schöffengericht) oder beim Landgericht (Schwurgericht).

Der Einzelrichter ist zuständig für Eierdiebe und bezechte Autofahrer, das Schöffengericht (ein Berufsrichter und zwei Schöffen) für Einbrecher, Meineidige und Schlägertypen, die Spuren hinterlassen haben. Die Schwurgerichte sind zuständig für schwere Vergehen (Mord und Totschlag sowie andere Gewaltdelikte).

Solange die Sache bei der Staatsanwaltschaft ist, heißt der Verdächtige »Beschuldigter«. Sobald Anklage erhoben ist, nennt man ihn »Angeschuldigter«. Wenn das

Gericht das Hauptverfahren eröffnet (was es immer tun muß, wenn genug Beweismittel angeboten sind und die behaupteten Untaten zu den angeklagten Verstößen gegen das Strafgesetzbuch passen), wird aus dem Angeschuldigten der »Angeklagte«.

Inquisition

Für das Gericht gilt dann die Inquisitionsmaxime. Erfreulicherweise ist hier nicht die heilige Inquisition gemeint, was immerhin zur Folge hat, daß weder gefoltert wird noch Scheiterhaufen brennen. Die Inquisitionsmaxime ist ein sehr weltlicher Begriff. Sie bedeutet, daß das Gericht den gesamten Sachverhalt von sich aus auch dann erforschen muß, wenn Staatsanwaltschaft oder Verteidigung keine entsprechenden Beweisanträge stellen.

Aktenzeichen

Zurück zu unserer Witwe: Das Aktenzeichen 4 C 1107/86 (die Juristen sagen »1107 aus 86«) bedeutet, daß der Prozeß

- vorm 4. Dezernat des Amtsgerichts geführt wird,
- einen Zivilprozeß darstellt (»C«) und
- im 4. Dezernat der 1107. des laufenden Jahres (1986) ist.

Frau Wabblowski irrt, wenn sie meint, daß es ein Verkehrsgericht gibt. Hier ist sie offenbar von der Fernsehserie »Das Verkehrsgericht tagt« irritiert worden. Verkehrssachen sind ein praktischer Arbeitsschwerpunkt jedes Zivilrichters, bilden aber keine gesonderte Abteilung. Frau Wabblowski braucht auch keine Angst vor dem Staatsanwalt zu haben, denn den gibt es nicht im Zivilprozeß. Sie kann allerdings mit dem Staatsanwalt Bekanntschaft machen, wenn sie als Zeugin eine Falschaussage macht, die als solche herauskommt.

Mündliche Zeugenaussagen

Unsere Witwe kann sich auch nicht vor der Zeugenaussage drücken. Wer vorgeladen ist, muß auch im Zivilprozeß erscheinen. Daß die gute Witwe schon einmal ausgesagt hat, entbindet sie nicht von der Verpflichtung zur abermaligen Aussage in der Beweisaufnahme. Im Zivilprozeß wie im Strafprozeß gilt der Mündlichkeitsgrundsatz. Danach kann nur das verwertet werden, was in der mündlichen Verhandlung von Zeugen bekundet worden ist. Frau Wabblowski muß also in der Sache Hammer ./. Fetzer und Humbug-Schlammeimer-Versicherung abermals ihre Beobachtungen zum besten geben, und zwar selbst dann, wenn sie in einem vorangegangenen Strafprozeß gegen Fetzer bereits vor demselben Gericht – wenn auch nicht vor demselben Richter – als Zeugin ausgesagt hat.

2. UNSERE JURISTEN

Ausgangsfall

In einer Schöffengerichtssache wegen gefährlicher Körperverletzung verläßt der Angeklagte Kuno Klopper plötzlich die Anklagebank, geht gemessenen Schritts zum Fenster, öffnet die Fensterflügel mit den Worten »So, jetzt wollen wir mal die Gerechtigkeit reinlassen« und erklärt anschließend nacheinander den Berufsrichter, die beiden Schöffen, die Protokollführerin, die Staatsanwältin, den Nebenklägervertreter und den eigenen Verteidiger für befangen. Was wird das Gericht machen?

Befangenheit

Welcher Vorfall Kuno Klopper vor Gericht geführt hat und was aus seinem prozessualen Rundschlag wird, werden wir am Ende dieses Kapitels erfahren. Was aber in seinem Schlägerhirn vorgegangen ist, als er alle Prozeßbeteiligten für befangen erklärte, können wir nicht wissen. Immerhin spricht einiges dafür, daß er zum Ausdruck bringen wollte, alle Beteiligten seien irgendwie gegen ihn.

Welche Rolle spielt es im Strafprozeß, wenn ein Verfahrensbeteiligter den Angeklagten nicht leiden kann, deshalb parteiisch ist und ihn dies spüren läßt? Diese Frage können wir erst beantworten, wenn wir wissen, welche Rolle den einzelnen Beteiligten, insbesondere den Juristen, im Prozeß zugewiesen ist, und deshalb wollen wir uns jetzt erst einmal ansehen, welch unterschiedliche Arten von Juristen es gibt.

»Jurist« – was ist das?

»Jurist« ist kein gesetzlich geschützter Begriff oder Titel. Jeder, der von rechtlichen Dingen Ahnung zu haben glaubt, kann sich so nennen. Viele nennen sich auch völlig zu Recht so, obwohl sie noch nie eine Universität von innen gesehen haben. Es gibt nämlich – neben den rechtswissenschaftlichen Abteilungen der Universtitäten – juristische Ausbildung, und was die Absolventen von Verwaltungsfachschulen, die später in der Bürokratie landen, oder die Absolventen jener Akademien, die den gehobenen Dienst bei der Justiz beliefern, an Kenntnissen und Fertigkeiten drauf haben, ist nicht von schlechten Eltern.

So kann sich etwa jeder junge Notar (falls es so etwas ausnahmsweise einmal gibt) von einem erfahrenen Grundbuchrechtspfleger noch eine Scheibe abschneiden, und was dessen Kollege vom Nachlaßgericht an erbrechtlichen Kenntnissen hat, würde manchem Anwalt zur Ehre gereichen.

Der Volljurist – Ausbildung und Aussichten

Während sich also jeder – manch einer zu Recht, manch einer um den Preis der Lächerlichkeit – Jurist nennen darf, ist der Begriff des Volljuristen fest umrissen. »Volljurist« ist nicht etwa ein Jurist, der voll ist, sondern jemand, der das erste und das zweite juristische Staatsexamen erfolgreich hinter sich gebracht hat.

Das erste Examen (Referendarexamen) legt der künftige Volljurist nach einem durchschnittlich etwa fünfeinhalbjährigen Studium ab. Das zweite Examen (Assessorexamen) folgt nach der in der Regel zweieinhalbjährigen Referendarausbildung, in deren Verlauf der Referendar die meisten juristischen Berufe stationsweise kennenlernt. Er ist bei einem Gericht, einer Verwaltungsbehörde, einem Staatsanwalt, einem Rechtsanwalt und einem Notar zur Ausbildung. Am Ende kann er sich noch einen zusätzlichen Ausbilder aussuchen (Wahlstation). Manche nutzen die Gelegenheit, einen Abstecher zu einer Verbandsvertretung oder diplomatischen Vertretung im Ausland zu machen, um dann einige Jahre später den Kollegen in der Kantine erzählen zu können, wie es in São Paulo oder Tokio aussieht.

Früher standen dem Referendar, der sein Assessorexamen hinter sich hatte, also endlich Volljurist war, alle Wege offen. Heute stehen ihm alle Bremswege und der Sprung von der Klippe offen. Letzterer führt in den Anwaltsberuf. Die Bremswege markieren die Richtungen, die früher zu den übrigen »klassischen« juristischen Berufen führten. All diese Berufe werden wir uns gleich einmal genauer ansehen.

Zuvor wollen wir aber, da wir nun gehört haben, was ein Jurist im eigentlichen Sinne ist, kurz festhalten, wer von den Beteiligten unseres Ausgangsfalls *kein* Volljurist ist.

Daß Kuno Klopper keiner ist, können wir getrost unterstellen. Es gibt zwar auch gewalttätige Volljuristen, aber die würden nie darauf hoffen, daß die Gerechtigkeit durchs Fenster hereinweht.

Laien in der Rechtspflege

Auch die Schöffen sind keine Volljuristen, sondern juristische Laien, die aufgrund von – heute oft schon computergesteuerten – Vorschlagslisten der Gemeinden für jeweils vier Jahre gewählt werden. Viele von ihnen betreten, wenn sie vereidigt werden, zum ersten Mal einen Gerichtssaal. Da Schöffengerichte aus einem Berufsrichter und zwei Schöffen bestehen, können die beiden Amateure bei der Beratung den Profi glatt überstimmen. Das gilt nicht nur für die Frage, ob der Angeklagte verurteilt oder freigesprochen werden soll, sondern auch für die Frage, welches Strafmaß er bekommt.

Funktion der Schöffen

Die Amateurbeteiligung an der Rechtspflege ist eine gute Sache. Sie schützt die Justiz vor Betriebsblindheit und erweitert in manchen Verhandlungen auch das Blickfeld der Professionellen. Von Schöffen werden oft Fragen gestellt, auf die der Vorsitzende – der Berufsrichter, der in der Mitte sitzt – nicht gekommen wäre. Außerdem schlägt die Beteiligung der Schöffen oft eine Art Brücke zwischen dem Richter und dem Angeklagten. Die Rechtssoziologen haben herausbekommen, was man vorher schon wußte, daß nämlich die meisten Richter aus dem Besitz- und Bildungsbürgertum kommen, um dann eines Tages mit ihrem verengten Blickfeld erstmals mit dem »Volk« konfrontiert zu werden, in dessen Namen sie ihre Urteile sprechen. Das hat prominente Justizkritiker zu der Feststellung veranlaßt, daß der eine Teil des Volkes über den anderen Teil zu Gericht sitzt – ohne ihn zu kennen.

Es liegt auf der Hand, daß man Urteile »im Namen des Volkes« mit etwas besserem Gewissen verkünden kann, wenn das Volk nicht nur im Zuschauerraum und auf der Anklagebank, sondern auch auf der Richterbank vertreten ist.

Wir sind aber mit unserer begrifflichen Aussperrung

noch nicht ganz am Ende: Natürlich ist auch die Protokollführerin keine Juristin. Ihre Aufgabe besteht nur darin, den Kern dessen schriftlich niederzulegen, was in der Verhandlung gesagt wird.

Übrig bleiben der vorsitzende Richter, die Staatsanwältin, der Nebenklägervertreter und der Verteidiger. Sie vertreten die drei wichtigsten Juristenberufe, nämlich Richter, Staatsanwalt und Rechtsanwalt – jedoch keineswegs alle.

Juristen außerhalb der Justiz

Es gibt eine Menge juristischer Berufe. Juristen tummeln sich in der Verwaltung, als Syndizi in den Rechtsabteilungen der Unternehmen (also als angestellte Rechtsanwälte für nur einen Mandanten, nämlich den Arbeitgeber) und in der Politik.

Es gibt vernünftige Leute, die der Auffassung sind, daß es in der Politik viel zu viele Juristen gibt und daß es der Politik guttäte, wenn sich mehr Wirtschaftsfachleute, Naturwissenschaftler und Angehörige der Heilberufe mit ihr befassen würden.

Diese Meinung teile ich. Man sollte aber auch nicht vergessen, daß man im juristischen Studium nicht nur Inhalte, sondern auch das juristische Denken vermittelt bekommt, und dazu gehört zum Beispiel die Fähigkeit, sich völlig fremde Sachverhalte und Zusammenhänge schnell anzueignen, bei der Betrachtung einer Problematik das Wesentliche herauszufiltern sowie klar zu unterscheiden und abzugrenzen. Diese Fähigkeit hat zur Folge, daß Juristen oft besser als Vertreter anderer Wissenschaften in der Lage sind, sich in Problemkreise außerhalb der Rechtswissenschaft einzuarbeiten. Die Kehrseite ist die, daß sie meinen, überall mitreden zu können.

Juristen an der Uni

Juristen gibt es ferner an den rechtswissenschaftlichen Abteilungen (juristischen Fakultäten) der Universitäten. Wenn sie Glück haben, werden sie eines Tages Professoren und widmen sich der Forschung und Lehre.

Lehrtätigkeit bedeutet, daß sie den Studenten etwas beibringen. Hierzu sind jedoch die einen nicht willens, die anderen nicht in der Lage. Die erstaunliche Tradition des Versagens auf diesem Gebiet wird durch die

Existenz sogenannter ›Repetitoren‹ sichtbar. Das sind Leute, die den Studenten den im Examen benötigten Stoff einpauken. Die meisten Repetitoren sind mikrophonbewehrte Alleinunterhalter, die den spröden Stoff mehreren hundert Studenten gleichzeitig eintrichtern müssen. Sie leisten pädagogische Knochenarbeit, verdienen sich daran aber auch, wenn sie gut sind, eine goldene Nase.

Bei den Repetitoren wird – ähnlich wie in diesem Buch – fallbezogen gelernt. Professoren liefern dagegen systematische Darstellungen, die nicht selten einschläfernd wirken. Diese Darstellungen sind meist Widerspiegelung der professoralen Forschertätigkeit. Ein Universitätsjurist, der Professor geworden ist, kann endlich das machen lassen, was er früher als Assistent eines Professors selbst machen mußte, nämlich die Materialsammlung und die Fußnotenklauberei für die nächste Veröffentlichung, mit der der Professor dann prunken kann.

Die Ergebnisse dieser Bemühungen lassen sich in zwei Gruppen einteilen: Die einen stellen mit großem Scharfsinn vorgetragene, gleichwohl aber sinnlose Theorien zu Rechtsproblemen und Vorschriften dar, die in der Praxis nicht vorkommen beziehungsweise keine Anwendung finden.

Die andere Gruppe besteht aus der Lösung wichtiger dogmatischer Fragen, etwa der Frage der Abgrenzung von bewußter Fahrlässigkeit und bedingtem Vorsatz, eine Abgrenzung, die darüber entscheiden kann, ob jemand drei Monatsgehälter Geldstrafe bezahlt oder lebenslänglich im Knast verschwindet.

Zu dieser zweiten Gruppe von juristischen Veröffentlichungen gehören auch die Initiativen für Änderungen in der Rechtsprechung und sogar in der Gesetzgebung.

Insofern ist bei den Juristen die Universität die Vorhut – im Gegensatz zu anderen Wissenschaften, in denen die Universität nur wiederkäut, was die Praxis vorgemacht hat, also etwa bei den bildenden Künsten oder den Literaturwissenschaften.

Nach der Ausbildung: Was nun?

Genug davon. Kommen wir zu den juristischen »Kernberufen«, nämlich den Praktikern der Justiz. Wir sprachen bereits von den »Bremswegen«, die sich den frischgebackenen Assessoren öffnen. Da es für das juristische Studium – noch – keine Zulassungsbeschränkungen gibt, haben in den beiden vergangenen Jahrzehnten immer mehr junge Leute Jura studiert. Schon früher war das Jurastudium eine Art Auffangbecken für diejenigen, die nicht so recht wußten, was sie eigentlich studieren sollten, und nun strömten noch all die Abiturientenmassen hinzu, die eigentlich etwas anderes machen wollten, aber nicht durften. Ergebnis: Die Juristenschwemme.

Wer nach vielen Mühen sein Assessorenexamen hinter sich gebracht hat, kommt also nicht an die ersehnten Fleischtöpfe, sondern kaut erst einmal das harte Brot der Arbeitslosigkeit. Bei Verwaltung und Justiz herrscht immer mal wieder Aufnahmestopp. Das große Auffangbecken ist die Anwaltschaft. Je mehr Anwälte es gibt, desto härter wird der Konkurrenzkampf.

Dennoch: Die alte Garde tritt langsam ab, und in den vergangenen Jahren wurden immer mehr neue Stellen bewilligt. Hinzu kam, daß der weibliche Anteil an den Abiturienten wuchs und prozentual wie absolut immer mehr junge Mädchen Jura zu studieren begannen.

Strukturwandel

All dies führte in der Rechtspflege zu drei parallellaufenden Entwicklungen, die noch keineswegs gestoppt sind:

- Es gibt Jahr für Jahr mehr Richter, Staatsanwälte und vor allem Anwälte.
- Das Durchschnittsalter der Juristen wird Jahr für Jahr niedriger (das Durchschnittsalter der Anwälte sank zwischen 1956 und 1985 von 51 auf 44 Jahre ab, während sich in der gleichen Zeit der Anteil der bis 30 Jahre alten Rechtsanwälte verdreifachte).
- Der weibliche Anteil an der Rechtspflege wird immer größer, das heißt, es gibt prozentual immer mehr Richterinnen, Rechtsanwältinnen und sogar Staatsanwältinnen. Mehr als 15 Prozent der Richter sind

Frauen (1965 waren es noch vier Prozent), und das wirkt sich zunehmend in einem sehr erfreulichen Sinne auf die Verhandlungsführung und die Verhandlungsatmosphäre aus.

Richterinnen

Beginnen wir mit den Richterinnen und Richtern. Die Richterinnen sind, wie gesagt, stark im Kommen. Aufs Ganze gesehen werden sie immer zahlreicher, jünger und attraktiver. Weil das Berufsbild der Richterin in der Öffentlichkeit praktisch noch als Neuigkeit gehandelt wird, begegnen die Richterinnen weder hergebrachten Vorurteilen, noch gibt es bei ihnen den gleichen Anpassungsdruck an überkommene Verhaltensweisen wie bei den Richtern. Die Juristen auf der einen und die Kunden auf der anderen Seite, die nicht willens oder imstande sind, Frauen in Roben – also den schwarzen Kutten, die die Juristen tragen müssen wie Ärzte ihren weißen Ärztekittel – ernst zu nehmen, sterben langsam, aber sicher aus.

Richter

Vorurteile und Ängste gibt es aber gegenüber den männlichen Kollegen der Richterinnen. Für denjenigen, der zum ersten Mal mit dem Gericht zu tun hat, sind Richter Respektspersonen. Sie haben eine schwarze Robe an, tragen einen weißen Schlips, und in Karikaturen werden sie nach wie vor mit dem vor mehr als 20 Jahren abgeschafften Barett (Samtkäppi) dargestellt. Sie tragen eine undurchdringliche Miene zur Schau und sitzen in den meisten Verhandlungssälen etwas erhöht, so daß man zu ihnen aufschauen muß.

Halbgötter in Schwarz?

Wenn man länger oder öfter mit ihnen zu tun hat, merkt man schnell, daß es Menschen wie du und ich sind. Spätestens merkt man das, wenn sie ihre Robe ausgezogen und die Richterbank verlassen haben. Richter sind weder Halbgötter der Gerechtigkeit noch Weise, noch Intellektuelle, sondern mehr oder weniger gebildete Akademiker, die sich für Bausparverträge und Geschäftsverteilungspläne interessieren, einen zuverlässigen und unauffälligen Mittelklassewagen fahren und ihren Urlaub in unauffälligen Mittelklassehotels verbringen.

Man merkt dann auch, daß sich hinter einer undurchdringlichen Miene meist nur eine gelangweilte Grundstimmung verbirgt.

Im übrigen gibt es wenig Überraschungen. Es gibt große und kleine, dicke und dünne, häßliche und attraktive Richter. Es gibt offene und verschlossene, witzige und humorlose, schlampige und sorgfältige, beherrschte und cholerische, fähige und unfähige Richter.

Wie ein Richter sein sollte, liegt auf der Hand: unbefangen, objektiv, ausgestattet mit Selbstbeherrschung, guten Rechtskenntnissen und Treffsicherheit in seinen Entscheidungen.

Wie bereits angedeutet, verfügen nicht alle Richter über diese Eigenschaften. Manchen fehlt es zum Beispiel an der nötigen Selbstbeherrschung, was höchst mißlich ist, da gerade die Selbstbeherrschung im Richterberuf wieder und wieder auf eine harte Probe gestellt wird.

Es gibt aber auch ausgezeichnete Richter, die all diese positiven Eigenschaften in sich vereinen. Manche sind so phantastisch, daß man sie selbst dann noch toll findet, wenn man bei ihnen verloren hat. Das ist übrigens auch die Nagelprobe für die Laien: Wenn man als Angeklagter so richtig einen übergebraten bekommen hat, aber mit dem Bewußtsein den Gerichtssaal verläßt, daß der Richter einen geduldig angehört hat, sachlich und freundlich war, Scharfsinn gezeigt und sich die Entscheidung nicht leicht gemacht hat, so daß man ihm trotz allem Respekt zollen muß – dann war der Richter in Ordnung.

Keine festen Dienstzeiten

Richter sind keine Beamte, sondern etwas Besonderes, nämlich Richter. Das ergibt sich aus Artikel 97 (1) des Grundgesetzes und bedeutet in der Praxis folgendes: Alles, was am Beamtendasein angenehm ist, nämlich die Altersversorgung, die Unkündbarkeit, die ruhige Kugel, die man schiebt, die Beihilfen und die ohne eigenes Zutun periodisch steigenden Gehälter – all das haben auch die Richter. Was das Beamtendasein unerfreulich macht, nämlich die Weisungsgebundenheit und die feste Arbeitszeit, erleben die Richter dagegen nicht. Einem Richter, der eine Planstelle hat, kann niemand hereinreden, und ebensowenig kann ihn jemand zwingen, acht Stunden täglich im Sitzungssaal oder in seinem Dienstzimmer zu sitzen. Ein Richter ist nämlich – siehe Artikel 97 (1) GG – nur dem Gesetz und – wo dieses schweigt – seinem Gewissen unterworfen, und wenn sein Gewissen ihm sagt, daß der Tag viel zu schön ist, als daß man ihn der Rechtspflege widmen sollte, bleibt er eben zu Hause und sonnt sich auf der Terrasse. Wenn dem Richter von seinem Gewissen eingeflüstert wird, daß das Urteil zu Hause diktiert werden muß, arbeitet der Richter eben ein wenig zu Hause, was übrigens den unbestreitbaren Vorteil birgt, daß dort nicht jede Stunde mindestens einmal das Telefon schrillt. Das ist ja nun auch, so raunt das Gewissen, keinem ordentlichen Richter zuzumuten.

Der faule Richter

Alles in allem wird man deshalb auch sagen können, daß die Richter, so verschieden sie auch sonst sein mögen, durchaus eine gemeinsame Eigenschaft haben, nämlich sowohl das Bewußtsein als auch das Bedürfnis, sich nicht zu überarbeiten, ein Bedürfnis, das, wie immer in derartigen Fällen, gepaart ist mit dem Bemühen, aller Welt klarzumachen, daß man total überarbeitet sei.

Dies ist keineswegs in erster Linie negativ gemeint. Hektik und Zeitdruck führen selten zu richtigen Entscheidungen. Man braucht dazu auch Muße, Ruhe und Gelassenheit. Fleiß ist schließlich auch kein Selbstzweck oder Wert an sich. Problematisch wird es nur, wenn sich der begründete Eindruck aufdrängt, daß die Mühlenflügel der Justiz die doppelte Drehzahl haben könnten, wenn bei manchen Richtern und Gerichten nicht der Schlendrian herrschte.

Staatsanwälte

Am meisten Verwandtschaft mit dem Beruf des Richters hat in der Justiz der des Staatsanwalts. Der Staatsanwalt ist zwar Beamter und als solcher weisungsgebunden, während die Richter, wie wir gehört haben, sich von niemandem herumschubsen zu lassen brauchen. Jedoch gibt es in der Praxis durchaus Annäherungen. Auch einem Staatsanwalt, der eine Planstelle hat, werden von seinem Abteilungsleiter selten Vorschriften gemacht, und es ist auch nicht gerade häufig, daß ihm ein Fall, den er bearbeitet, entzogen wird.

Auch in der Besoldung (Grundgehälter und Gehaltssprünge) gibt es kaum Unterschiede.

Objektivität

Staatsanwälte kann man in zwei Gruppen einteilen: Die erste bemüht sich, sachlich und fair zu sein und damit den alles in allem unverdienten Ruf zu rechtfertigen, daß die deutsche Staatsanwaltschaft die objektivste Behörde der Welt sei. Dieser Ruf ist, um genau zu sein, eher ein positives Vorurteil, das in der Staatsanwaltschaft selbst eine höhere Verbreitung genießt als in der Bevölkerung. Das ist kein Wunder. Der Spruch von der objektivsten Behörde der Welt ist ja nicht in der Öffentlichkeit oder gar unter den »Kunden« der Staatsanwälte formuliert worden, sondern von den Staatsanwälten selbst.

Die andere Gruppe weiß, daß es mit der Objektivität nicht weit her ist. Sie begreift sich als schneidige Vorhut der Strafjustiz.

Dabei muß man wissen, daß ein Staatsanwalt entgegen dem Vorurteil, das sich durch die vielen anglo-amerikanischen Gerichtssaalfilme herausgebildet hat, nicht einseitiger Interessenvertreter des Staates sein darf, der ja das Monopol auf dem Gebiet der Strafverfolgung beansprucht, sondern vielmehr belastende und entlastende Gesichtspunkte bei einem Beschuldigten gleichermaßen berücksichtigen und würdigen muß.

Viele Staatsanwälte lassen dieser Verpflichtung jedoch zumindest unbewußt außer acht und begreifen sich als Verfolger und Rächer. Mit anderen Worten: Der Verursachungsbeitrag der Staatsanwälte zu dem Ruf, den sie *außerhalb* der Staatsanwaltschaften genießen, ist nicht gerade gering. Früher sagte man, die Staatsanwaltschaft sei die Kavallerie der Justiz: schnell, elitär und doof. Die beiden ersten Eigenschaften sind zweifellos vorhanden. Jeder Außenstehende, der einmal das Vergnügen hatte, mehreren Staatsanwälten zuzuhören, wird es bestätigen. Sie reden laut, knapp und zynisch. Die Ähnlichkeit zum Kasinoton der Offiziere ist unüberhörbar.

Elitebewußtsein

Das elitäre Bewußtsein der Staatsanwälte hat verschiedene Wurzeln. Die beiden wichtigsten sind wohl die folgenden:

- Viele Staatsanwälte begreifen sich als die letzten Bollwerke gegen das Überhandnehmen der Kriminalität und den allgemeinen Niedergang des Unrechtsbewußtseins.
- Darüber hinaus glauben sie innerhalb der Justiz die einzigen zu sein, die wirklich Ahnung vom Strafrecht haben.

Beides ist nicht völlig falsch. Im Erwachsenenstrafrecht wird man mit so viel abgebrühter Niedertracht konfrontiert, daß der Eindruck nicht ausbleiben kann, von Ganoven und solchen umzingelt zu sein, die ihnen das Leben leichtmachen wollen (Verteidiger, Gerichte und Teile der Medien). Das ständige Wiedersehen mit alten Kunden läßt im übrigen auch die Zuversicht schwinden, daß so etwas wie Besserung und Wiedereingliederung in die Gesellschaft möglich ist.

Beherrschung des Strafrechts

Auch an dem zweiten Gesichtspunkt ist etwas dran. Niemand kennt sich in der Praxis des Strafrechts so gut aus wie ein ausgewachsener Staatsanwalt, der übrigens den Strafrechts-Hochseilartisten der Universitäten meistens nicht grün ist. Strafrechtsprofessoren geben sich nämlich meistens liberal und täterfreundlich, was der Interessenlage eines Staatsanwalts nicht gerade entgegenkommt.

Außerdem fühlen sich die Staatsanwälte durch die strafrechtlichen Abhandlungen der Universitäten auch deshalb genervt, weil viele Uni-Strafrechtler es für wichtiger halten, eine neue Theorie zum geschützten Rechtsgut bei der Verunglimpfung des Andenkens Verstorbener zu erfinden, als sich um die ca. zehn Paragraphen zu kümmern, die vier Fünftel der Praxis prägen und bestimmen. Das restliche Fünftel deckt zusammen mit den Standardparagraphen etwa jeweils die Hälfte des Strafgesetzbuches und der Strafprozeßordnung ab. Die zweite Hälfte kann man nach den beiden Staatsexamen vergessen.

Die erste Hälfte zu kennen, fällt nicht schwer. Man kann sich sogar den Luxus leisten, ab und zu mit einigen Abgrenzungskunststückchen zu brillieren, die aus einem einfachen Fall des Widerstandes und des Diebstahls plötzlich einen schweren Fall machen, so daß schließlich auch der Angeklagte etwas davon hat.

Strafrecht ist überschaubar

Das Strafgesetzbuch hat noch nicht einmal 400 und die StPO noch nicht einmal 500 Vorschriften.

Zum Vergleich: Richter in Zivilsachen müssen sich in erster Linie mit dem bürgerlichen Gesetzbuch (BGB) und der Zivilprozeßordnung (ZPO) herumschlagen. Ersteres hat, wenn man die später eingefügten Vorschriften mitzählt, etwa 2500 Paragraphen, letztere gut 1050. Hinzu kommen zahlreiche mietrechtliche, baurechtliche, wertpapierrechtliche, handelsrechtliche und sonstige Sondervorschriften, deren Kenntnis und Beachtung einfach keine Zeit zum Bau dogmatischer Arabesken läßt.

Staatsanwälte stehen eben auf einem ziemlich schmalen Brett. Aber es ist zugleich ein dickes Brett, und die Herren Staatsanwälte sind gewohnt, hier tiefe Löcher zu bohren.

Als Bürger tut man deshalb gut daran, nie ohne Verteidiger mit einem Staatsanwalt zu reden (»Verteidiger« wird der Rechtsanwalt genannt, wenn er im Strafrecht auftritt).

Staatsanwalt und Bürger

Staatsanwälte, die sich in Verhandlungspausen an Angeklagte oder auch Zeugen heranmachen, wollen erklärtermaßen nur deren Bestes. Das aber sollten sich die Angeklagten bzw. Zeugen nicht nehmen lassen.

Meistens geht es um den freundlichen Rat, ein Geständnis abzulegen, einer Verfahrenseinstellung gegen Zahlung einer Geldbuße zuzustimmen oder – gegenüber Zeugen – eine Aussage zu korrigieren, um ein Ermittlungsverfahren wegen Meineids abzuwenden. Er wird häufig dann gegeben, wenn die Verweigerung des Geständnisses oder des Einverständnisses mit einer Verfahrenseinstellung unweigerlich zum Freispruch führen würde beziehungsweise die Aufrechterhaltung einer ursprünglichen Aussage den Freispruch des Angeklagten und ein ergebnisloses Ermittlungsverfahren wegen Falschaussage gegen den Zeugen zur Folge hätte. Manchmal allerdings auch das Gegenteil. Wer etwas genauer wissen will, welches Los er zieht, wenn er auf das Angebot eines Staatsanwalts eingeht, hole sich den Rat eines Verteidigers.

Wir wollen unsere Betrachtung der Staatsanwälte mit der Feststellung abschließen, daß auch sie eine unbestreitbare Gemeinsamkeit haben: Sie überarbeiten sich noch weniger als die Richter.

Anwälte

Kommen wir nun endlich zu den Rechtsanwälten. Sie sind im Gegensatz zu Richtern und Staatsanwälten keine Gehaltsempfänger, sondern Freiberufler oder – in selteneren Fällen – Angestellte eines anderen Rechtsanwalts. Ihr Arbeitszimmer ist auch nicht etwa das Dienstzimmer im Gerichtsgebäude oder im Dienstgebäude der Staatsanwaltschaft (jeweils halbtags), sondern das eigene Büro.

Das Anwaltsbüro nennt man auch »Anwaltskanzlei«. Die jüngeren Anwälte reden meist respektlos von ihrem »Laden«. Die Kunden der Rechtsanwälte nennt man »Klienten« oder »Mandanten«.

Anwalts-schwemme

Was die Anwälte an ihren Kollegen am meisten ärgert, ist ihre Zahl. Am 1. 1. 1973 gab es (laut Statistik der Bundesrechtsanwaltskammer) 25 008 Anwälte. Am 1. 1. 1987 waren es 50 247, und es werden immer mehr. Das liegt daran, daß die Anwaltschaft eine Art Auffangbekken für Juristen darstellt, die das zweite Staatsexamen hinter sich haben und weder in der Universität noch in der freien Wirtschaft, der Verwaltung oder im Justizdienst ankommen. Ihnen bleibt meistens gar nichts anderes übrig, als sich ein Schild an die Hauswand zu dübeln, auf dem geschrieben steht: »Rudolf Rindvieh, Rechtsanwalt«. Sonst nichts, insbesondere keine Bürostunden. Der Anfänger, der nicht viel zu tun hat, ist immer im Dienst. Er freut sich über jeden Mandanten. Allerdings nicht lange. Bald wird er merken, daß zu ihm nur die Schuldner mit den aussichtslosen Fällen kommen, die nicht zahlen können und in den alteingesessenen Büros abgeblitzt sind.

Für den Mandanten – hochtrabend gesagt: den rechtsuchenden Bürger – ist die Anwaltsschwemme insofern wichtig, als mit der Zahl der Neuzulassungen die Wahrscheinlichkeit wächst, bei einem Einzelkämpfer zu landen, der ums Überleben kämpft und deshalb aus aussichtslosen Sachen im Gebühreninteresse einen kostspieligen Prozeß machen muß, den ein erfahrener Anwalt, dessen Laden »läuft«, im Interesse des Mandanten gerade vermieden hätte.

Damit sind wir bereits beim Geld. Der Rechtsanwalt lebt von den Gebühren, die ihm vom Mandanten, besser noch vom unterlegenen Gegner und von der Landeskasse (im Strafrecht bei Freisprüchen, im Zivilrecht bei Beratungs- und Prozeßkostenhilfe) gezahlt werden.

Anwaltsgebühren hängen vom Streitwert ab

Angesichts der zahlreichen Mißverständnisse, die sich um das Anwaltshonorar ranken, muß schon an dieser Stelle folgendes festgehalten werden: Das Honorar des deutschen Rechtsanwalts – im Ausland ist alles anders – bemißt sich im Zivilrecht *ausschließlich* nach dem Streitwert, also nach dem Betrag, um den es geht.

In einem Prozeß, in dem es um 100 000,— DM geht, die der Kläger vom Beklagten fordert, erzielt der Anwalt

– eine Beweisaufnahme (Zeugenvernehmung) vorausgesetzt – Gebühren in Höhe von 5707,— DM, und zwar auch dann, wenn die Akte am Ende nur zwei Zentimeter dick ist.

In einer Verkehrsfall-Schadensregulierung, in der der Mandat alles in allem 180,— DM geltend macht, verdient der Anwalt 34,50 DM, und zwar auch dann, wenn am Ende die Akte drei Zentimeter dick ist. Wenn er wegen der 180,— DM einen Prozeß inklusive Beweisaufnahme (etwa der Vernehmung von zehn Unfallzeugen) führt, hat er einen Gebührenanspruch in Höhe von insgesamt 138,— DM netto.

Man sieht: der Zeitaufwand, den die Wahrnehmung eines Mandats verursacht, spielt für die Höhe der Gebühren ebensowenig eine Rolle wie der Schwierigkeitsgrad des Rechtsfalls.

Im Strafrecht: Rahmengebühren

Das gilt nun allerdings nicht für das Sozialrecht und auch nicht – was wichtiger ist – für das Strafrecht und das verwandte Ordnungswidrigkeitenrecht. Hier gelten die sogenannten Rahmengebühren. Bei der Bemessung des Honorars für eine Strafsache vor dem Amtsgericht kann sich der Verteidiger seit dem 1. 1. 87 zwischen 80,— DM und 1060,— DM die angemessene Gebühr aussuchen. Vor die Frage gestellt, auf welchen Punkt der Skala er den Finger legen soll, wird sich der Verteidiger nicht nur überlegen, um was es für den Mandanten ging, sondern auch, wie schwierig die Sache war und wieviel Zeit sie gekostet hat.

In der Regel geht man als Verteidiger von der sogenannten Mittelgebühr aus, das heißt, man haut in die Mitte der Skala. Deshalb kostet die Hauptverhandlung in mittelprächtigen Strafsachen – viele Leser werden es wissen – 570,— DM.

Auch Freiberufler sind abhängig

Selbständige Anwälte haben keine Vorgesetzten, leben aber in einem Geflecht vielfältiger Abhängigkeiten: Sie tun gut daran, sich nicht mit allen Rechtspflegern und Richtern zu überwerfen und im Strafrecht nicht mit jedem Staatsanwalt in der Verhandlung herumzubrüllen. Sie müssen wendig und, schon aus taktischen Gründen, kompromißbereit sein.

Jeder Anwalt ist außerdem von seinem Büro abhängig. Wenn seine Angestellten (im allgemeinen Rechtsanwalts- und Notargehilfinnen) Mist bauen, ist er geliefert. Das fängt bei sinnentstellenden Fehlern in anwaltlichen Schriftsätzen an und endet damit, daß die Post nicht rechtzeitig beim Landgericht landet, mit der Folge, daß auf den Anwalt ein Regreßprozeß in manchmal erheblicher Größenordnung zukommt.

Vor allem aber ist ein Anwalt davon abhängig, daß genug Mandanten zu ihm kommen. Nur dann hat er die viele Arbeit, über die er sich beklagen kann. Dabei müssen Rechtsanwälte viel »schlucken«. Ein Staatsanwalt kann seinen »Kunden«, also den Angeklagten, während der Verhandlung anblaffen. Wenn ein Rechtsanwalt das mit seinem Mandanten tut, hat er ihn meistens zum letzten Mal gesehen.

Kampf an allen Fronten

Was den Beruf aber einzigartig macht, ist der ständige Zwang, die eigenen Kollegen – oder Konkurrenten – zu bekämpfen. Wer einen Kläger vertritt, stößt auf einen Gegner, der von einem Kollegen vertreten wird, und gegen den muß man dann nach Möglichkeit gewinnen. Obwohl die Wahl des Waffenarsenals begrenzt ist, fliegen manchmal ganz schön die Fetzen.

Alles in allem: Rechtsanwälte müssen den ganzen Tag über (die gutverdienenden im Schnitt 10 Stunden lang) knietief durch die Probleme anderer Leute stapfen und müssen sich dabei zwangsläufig mit vielen anderen Beteiligten (Richtern, Staatsanwälten, Kollegen und anderen Mandanten) anlegen. Die Möglichkeiten zum »Dampfablassen« sind gering. Das nervt. Aber es prägt auch. Es führt – wie auch in anderen Berufen – zu berufsbedingten Macken, etwa dem Verlust des Überschwangs, einer Neigung zum Zynismus und manchmal auch der Angewohnheit, in privaten Gesprächen den anderen einfach zu unterbrechen, um zu dem zu gelangen, was der Anwalt in seiner Betriebsblindheit für den »wesentlichen Punkt« hält.

Notare

Zu guter Letzt wollen wir noch einen Blick auf die Notare werfen. Zwischen notarieller und anwaltlicher Tätigkeit besteht ein großer Unterschied. Der Rechtsanwalt ist zur einseitigen Wahrnehmung der Interessen seines Mandanten verpflichtet. Der Notar muß dagegen alle Beteiligten eines Notariatsgeschäfts – etwa eines Erbvertrages oder eines Grundstückskaufvertrags – objektiv und unparteiisch beraten.

Notare haben die Aufgabe, die Beteiligten bestimmter Rechtsgeschäfte – nämlich derjenigen, in denen notarielle Beurkundung vorgeschrieben ist – vor laienhaften Überlegungen und Bedenkenlosigkeit zu schützen.

Sicherheit durch Beurkundung

Das soll an einem Beispiel erläutert werden: Es sind Bestrebungen im Gange, auch an Kraftfahrzeug-Kaufverträgen, insbesondere an Kaufverträgen über Gebrauchtwagen, Notare zu beteiligen. Wenn die notarielle Beurkundung Wirksamkeitsvoraussetzung für einen Gebrauchtwagen-Kaufvertrag würde, so könnte und müßte der Notar insbesondere den Käufer über den Ausschluß von Gewährleistungsansprüchen – wir kommen noch darauf – ebenso beraten wie über die Ausnahmemöglichkeiten, trotz Gewährleistungsausschluß den Kaufvertrag rückgängig zu machen (etwa im Falle des arglistigen Verschweigens eines vorangegangenen Unfallschadens). Man kann getrost darauf wetten, daß in diesem Fall die Zahl der Gebrauchtwagenprozesse schlagartig auf etwa 10 bis 20 Prozent des derzeitigen Standes sinken würde.

Anwaltsnotare

Wie wird man Notar? Das ist in der Bundesrepublik ganz unterschiedlich geregelt. In den meisten Gebieten gibt es die sogenannten Anwaltsnotare, also Rechtsanwälte, die nach einer gewissen Zeit zum Notar ernannt werden.

Das sind: *Berlin, Bremen, Hessen, Niedersachsen, die rechtsrheinischen Gebiete von Nordrhein-Westfalen, Schleswig-Holstein und der Oberlandesgerichtsbezirk Stuttgart.*

Nur-Notare

In anderen Gegenden gibt es das sogenannte Nur-Notariat. Nur-Notare sind Notare, die *nicht* gleichzeitig Rechtsanwälte sein dürfen. Das freiberufliche Nur-Notariat besteht in folgenden Ländern: *Bayern, Hamburg, Nordrhein-Westfalen (linksrheinische Gebiete), Rheinland-Pfalz und Saarland.*

Amtsnotariat Schließlich gibt es noch das sogenannte beamtete Notariat, allerdings nur in *einigen Teilen Baden-Württembergs, und zwar im OLG-Bezirk Karlsruhe und – neben den Anwaltsnotaren – im OLG-Bezirk Stuttgart.*

Die Nur-Notare halten sich natürlich für die Fähigsten. In Bayern sorgt ein Auswahlsystem dafür, daß nur Eins-a-Juristen Notare werden. Sie bekommen von der Notarkammer eine Einkommensgarantie, und Spötter sind der Auffassung, daß es in Bayern nur eine einzige Methode gibt, sich auf legalem Wege selbst Geld zu drucken. Na, welche wohl?

In den Gebieten, in denen es Anwaltsnotare gibt – und das sind die meisten –, liegt der Arbeitsschwerpunkt selten auf dem Gebiet des Notariats, mit der Folge, daß die notarielle Arbeit selten frei von kleinen Mängeln ist, die in Gegenden mit dem Nur-Notariat ungewöhnlich sind.

Wie wird der Anwalt Notar? In den meisten Gebieten, in denen es das Anwaltsnotariat gibt, hat ein Anwalt drei Möglichkeiten, an das Notariat zu kommen:

- Er wartet 15 Jahre ab (ggf. abzüglich der Zeit beim Barras) und klaut keine silbernen Löffel.
- Er läßt sich gleich in einer Gegend mit geringer Notardichte nieder und hofft, daß er vor Ablauf der 15-Jahres-Frist ein sogenanntes Bedürfnisnotariat verliehen bekommt. Ein Bedürfnis besteht, wo der Durchschnitt der Urkundenrollen-Nummern der Notare des Amtsgerichtsbezirks pro Jahr eine bestimmte Zahl überschreitet. Dann haben die Notare nach Auffassung der Justizverwaltung in diesem Bezirk zuviel zu tun, so daß ein weiterer Anwalt zum Notar bestellt werden muß. Da plötzliche Konjunktursprünge in Notariatsgeschäften nicht mehr vorkommen, klappt es mit dem Bedürfnisnotariat nur noch dann, wenn ein alter Notar gestorben ist. Vor seinem seligen Ende gibt kaum ein Notar das Notariat ab.
- Der Anwalt drängelt sich in der Warteschlange vor, indem er einem tatterigen Notar, dessen Geschäfte nicht so gut laufen, und seiner künftigen Witwe eine

Altersversorgung verspricht (die sich übrigens fingieren läßt) und anschließend an seine Stelle tritt.

Anwältinnen und Notarinnen

Die Rechtsanwälte und Notare wollen wir nicht verlassen, ohne zuvor wieder den weiblichen Gegenpart erwähnt zu haben. Etwa 13,2 Prozent der Rechtsanwälte und 4,7 Prozent der Anwaltsnotare sind weiblichen Geschlechts. Am 1. 1. 1987 gab es unter den 7483 Anwaltsnotaren 349 Frauen.

Diese Zahlen besagen zweierlei. Zum einen ist der Anwaltsberuf immer noch ein Männerberuf. Das hat einen einfachen Grund. Die Arbeitsbelastung und auch das Arbeitstempo sind so hoch, daß einfach keine Zeit für Haushalt und Kindererziehung bleibt. Anwältinnen haben deshalb die Wahl zwischen Kinderlosigkeit und rechtzeitiger Anschaffung eines Hausmanns. Viele versuchen es mit der dritten Möglichkeit, nämlich der, sich die Hälfte des Tages dem Anwaltsberuf und die zweite Hälfte den Kindern und dem Haushalt zu widmen. Das klappt nicht, weil die Mandanten die Angewohnheit haben, erst nach Feierabend zu kommen und am Nachmittag anzurufen, um nach dem Ergebnis der vormittäglichen Verhandlung zu fragen. Man kann als Frau gleichzeitig Richterin und erziehende Mutter oder Staatsanwältin und erziehende Mutter sein, erst recht, wenn man sich »auf halbe Stelle setzen« läßt. Im Anwaltsberuf ist die berühmte Doppelbelastung jedoch ausgeschlossen. Denn der Anwaltsberuf ist bereits eine Doppelbelastung.

Zum anderen halten Frauen den Anwaltsberuf – natürlich aus den oben genannten Gründen – selten so lange durch, bis sie zu Notarinnen werden. Die Quote bröckelt, wie wir gesehen haben, von knapp 13 auf knapp 5 Prozent.

Urteil statt Gerechtigkeit

Widmen wir uns nun endlich der Lösung unseres Ausgangsfalls: Kuno Klopper, der auf der Anklagebank sitzt, weil er anläßlich eines Schützenfestbesäufnisses seinem Widersacher unprovoziert eine angebrochene Bierflasche genüßlich in die Wange gedreht hat, hofft vergeblich, daß durch das Öffnen des Fensters die Gerechtigkeit hereinweht. Durch die Gerichtsverhandlung bekommt er nämlich keine Gerechtigkeit, sondern ein Urteil, und das wird wahrscheinlich richtiger ausfallen als das, was Kuno Klopper unter Gerechtigkeit versteht.

Mit dem Befangenheitsantrag gegen die drei Richter wird sich ein anderer Richter des Gerichts auseinandersetzen müssen, ohne daß eine Unterbrechung der Verhandlung eintritt. Dabei wird kein Unterschied zwischen dem vorsitzenden Berufsrichter und den beiden Schöffen gemacht.

Wer über die Befangenheit des Gerichts zu befinden hat, muß sich außerdem mit dem Befangenheitsgesuch gegen die Staatsanwältin befassen, denn auch die der Objektivität verpflichtete Staatsanwältin kann befangen sein.

Typische Befangenheitsgründe

Klassischer Befangenheitsgrund ist etwa die Bemerkung eines Richters, der Angeklagte könne ihm nichts erzählen, er sei allemal schuldig. Ein Befangenheitsgrund läge auch vor, wenn das von Kuno Klopper geöffnete Fenster den Effekt hätte, daß aus der Gerichtsakte ein loses Blatt flattert, auf dem der Vorsitzende bereits handschriftlich die Urteilsformel niedergelegt hat. Das ist vor einigen Jahren zur Freude des Verteidigers einmal vorgekommen.

Unsinnig und unzulässig sind dagegen die Befangenheitsgesuche gegen die Protokolltante und die beiden Rechtsanwälte. Die Protokollführerin hat mit der Verhandlungsführung und der Urteilsfindung nichts zu tun. Der Nebenklägervertreter – eine Art privater Ankläger, der die Interessen des Verletzten mit der aufgeschlitzten Backe vertritt – muß befangen sein. Er ist einseitiger Interessenvertreter des Verletzten.

Parteiverrat

Mit dem Befangenheitsantrag gegen den eigenen Verteidiger ist möglicherweise der Vorwurf des Parteiverrats verbunden, also der Vorwurf, fremde Interessen gegen die Interessen des eigenen Mandanten (des Angeklagten) zu vertreten. Dieser Vorwurf ist der schlimmste, den man überhaupt gegen einen Anwalt erheben kann. Er gleicht dem Vorwurf gegen einen Gynäkologen, eine Patientin vergewaltigt zu haben. Der Verteidiger wird deshalb, wenn er Wahlverteidiger ist, das Mandat sofort niederlegen.

Wenn der Verteidiger dagegen Pflichtverteidiger ist, muß er zähneknirschend weitermachen. Er wird vom Gericht also nicht »entpflichtet«. Da sind die Gerichte eisern. Es gibt Beispiele aus Terroristenprozessen, in denen Pflichtverteidiger von ihren sauberen Mandanten beleidigt und verprügelt worden sind. Es nützte alles nichts. The show must go on. Das gilt auch in der Justiz.

Und damit wollen wir schließen, um uns in den nächsten Kapiteln einmal die typischen Fälle zu betrachten, mit denen es Juristen wie Laien gleichermaßen zu tun haben.

3. DER VERKEHRSUNFALL

Fall 1:

Beate Bibbrich befährt mit ihrer Ente die Teichstraße. In einer Entfernung von etwa 50 Meter sieht sie rechts am Zebrastreifen die 70jährige Kunigunde Kalk, die plötzlich, ohne nach links und rechts geschaut zu haben, die Fahrbahn zu überqueren beginnt. Beate Bibbrich leitet eine sofortige Vollbremsung ein und kommt etwa drei Meter vor Kunigunde Kalk zum Stehen.

Sekundenbruchteile später fährt der Sportwagen-Pilot Hugo Hammer auf die Ente von Beate Bibbrich auf. Durch den Aufprall wird die Ente nach vorne gestupst. Sie trifft Kunigunde Kalk. Diese stürzt und zieht sich einen Oberschenkelhalsbruch zu.

Beate Bibbrich erleidet eine Gehirnerschütterung. Sie war nicht angeschnallt.

Verkehrsunfall als Rechtsfall

Viele mögen nun denken, ein Verkehrsunfall sei noch kein richtiger Rechtsfall, und wer einem anderen in die Karre oder in den Kadaver fahre, bekomme es noch nicht mit den Trägern schwarzer Roben zu tun. Von wegen! Zwar lassen sich etwa 90 Prozent aller Verkehrsunfälle außergerichtlich regulieren, aber zum einen haben es die restlichen zehn Prozent in sich, und zum anderen gilt diese erfreuliche Quote nur für den zivilrechtlichen Zweig der Auseinandersetzung.

Vorsorglich wollen wir an dieser Stelle nochmals klarstellen – Wiederholung ist die Mutter der Weisheit, wie ein ukrainisches Sprichwort sagt –, daß wir den Begriff »zivilrechtlich« nicht als Gegensatz zu einem dienstrechtlichen, militärrechtlichen oder kirchenrechtlichen Verfahren verstehen, sondern als Gegensatz zum Strafrecht und zum verwandten Ordnungswidrigkeitsgesetz (OWi-Recht). Den straf- oder owi-rechtlichen Zweig eines Verkehrsunfalls werden wir weiter unten noch beleuchten.

Hier geht es zunächst um die Frage, ob und in welchem Umfang ein Geschädigter vom Unfallgegner Schadensersatz bekommt. Hier muß man zunächst wissen, daß man als derjenige, der bei einem Unfall etwas falsch gemacht hat, nicht selbst dran ist. Vielmehr zahlt die eigene Kraftfahrzeughaftpflichtversicherung. Dafür ist sie schließlich auch da. Wenn man ihr jährlich 500,— bis 1000,— DM in den Rachen stopft, will man auch etwas davon haben, wenn's gekracht hat und der unschuldige Unfallgegner die Hand aufhält. Der Geschädigte hat also einen Direktanspruch gegen die Haftpflichtversicherung dessen, der Mist gemacht hat.

Schadensersatz von der Haftpflicht-versicherung

Zum »Mistbauen« gehören nun zwei Elemente: Verursachung und Verschulden. Zum einen muß man also für den Unfall ursächlich geworden sein (Kontrollüberlegung: Wenn man das eigene Tun oder Unterlassen wegdenkt, wäre der Unfall dann geschehen?). Zum anderen muß man sich Verschulden in Form von Vorsatz oder Fahrlässigkeit vorwerfen lassen.

Verschulden

Legen wir nun diese Maßstäbe an die Beteiligten unseres obigen Falles an, so ergibt sich folgendes: Ohne den Beitrag von Kunigunde Kalk wäre der Unfall zwar nicht denkbar gewesen. Sie trifft aber kein Verschulden. Sie hat sich völlig korrekt verhalten. Wer als Fußgänger auf einem Fußgängerüberweg geht, hat nämlich immer Recht – es sei denn, daß er einen Kraftfahrer sozusagen in die Falle lockt, indem er zunächst den Anschein erweckt, als wolle er stehenbleiben, um dann im letzten Moment loszulatschen. Aber wer tut das schon?

Fußgänger und Autofahrer

Noch einmal: Der Fußgänger hat immer Recht (§ 26 Straßenverkehrsordnung [StVO]).

Umgekehrt hat jeder Kraftfahrer eine erhöhte Sorgfaltspflicht und Aufmerksamkeitspflicht, wenn er an einen Zebrastreifen heranfährt.

Diese Pflicht hat hier Beate Bibbrich erfüllt. Sie hat Kunigunde Kalk gerade noch rechtzeitig gesehen und erfolgreich gebremst.

Wer aber hat hier etwas falsch gemacht? Hugo Hammer natürlich. Entweder hat er den notwendigen Sicherheitsabstand nicht eingehalten, oder er war unaufmerksam. Oder beides.

Fahrlässigkeit Eins von beidem genügt schon. Jedenfalls ist er draufgebrettert. Vorsätzlich hat er den Unfall bestimmt nicht angerichtet, wohl aber fahrlässig. Was Fahrlässigkeit bedeutet, weiß so ziemlich jeder, aber die Juristen haben natürlich noch eine Definition dafür erfunden, die aus den gleichen Gründen blödsinnig ist wie die meisten Definitionen: Man muß nämlich die einzelnen Bestandteile der Definition wiederum definieren, und das kann endlos so weitergehen. Dennoch möchte ich zur Erheiterung für die juristischen Laien an dieser Stelle bekanntgeben, daß Fahrlässigkeit die »Außerachtlassung der im Verkehr erforderlichen Sorgfalt« bedeutet, wobei unter »Verkehr« selbstverständlich nicht nur der Straßenverkehr gemeint ist, sondern der allgemeine »Rechtsverkehr«. Alles klar?

Bleiben wir bei der Alltagssprache: Hugo Hammer ist hier der Dumme, keine Frage. Seine Haftpflichtversicherung muß deshalb einspringen. Und nun kommen Beate Bibbrich und Kunigunde Kalk – so gut es geht – angelaufen und wollen ihr Geld haben.

Betrachten wir zunächst einmal die bedauernswerte alte Frau. Unmittelbar ist sie zwar durch die Ente von Beate Bibbrich geschädigt worden, mittelbar und schuldhaft jedoch durch den Pkw von Hugo Hammer. Das ist entscheidend. Die Haftpflichtversicherung von Hugo Hammer – nennen wir sie »Interblech AG« – muß also zahlen, und zwar nicht nur für den Blechschaden.

Schmerzensgeld Zunächst einmal muß die Versicherung ein anständiges Schmerzensgeld berappen, wobei gleich gesagt werden muß, daß die in Deutschland gezahlten und von deutschen Gerichten festgesetzten Schmerzensgelder eher niedrig sind. Bei einer Gehirnerschütterung mit dem bei Auffahrunfällen häufigen Halswirbelsäulenschleudersyndrom (HWS-Syndrom), einer Verletzung also, die in schweren Fällen zu einer schicken Halskrause aus Gips führt, bekommt man um die 1000,— DM. Wer sich den linken Flügel bricht und deshalb wochenlang nicht richtig zulangen kann, bekommt 2000,— bis 3000,— DM. In die fünfstelligen Zahlen geht es erst dann, wenn einer monatelang im Krankenhaus liegen muß oder wenn unerfreuliche Narben zurückbleiben. Eine Chance, in die Kiste mit den sechsstelligen zu greifen, hat nur derjenigen, der durch einen Unfall querschnittsgelähmt wird, sein Augenlicht oder seine Zeugungsfähigkeit verliert. Da sieht man doch lieber zu, daß man heil bleibt.

Schmerzensgeld in den USA

An dieser Stelle werden manchem Leser die Nachrichten auf Seite drei der Tageszeitung in den Sinn kommen, wo oft von horrenden Schmerzensgeldforderungen und -zahlungen in den USA berichtet wird. Ich will nun beileibe nicht die deutsche Rechtsprechung zum Schmerzensgeld in Schutz nehmen, darf aber in aller Bescheidenheit anmerken, daß in den USA auch bei der Durchsetzung relativ hoher Forderungen unter dem Strich oft nicht viel übrigbleibt. Das liegt vor allem daran, daß das soziale Netz in Amerika wesentlich weitmaschiger ist. Mit anderen Worten: Was bei uns zunächst vom Arbeitgeber (Lohnfortzahlung für die ersten sechs Wochen), von der gesetzlichen Krankenkasse (Krankengeld), von der Landesversicherungsanstalt (Rehabilitationsmaßnahmen, Berufsunfähigkeitsrente, Erwerbsunfähigkeitsrente) und gegebenenfalls von der Berufsgenossenschaft gezahlt wird, muß in Amerika im wesentlichen vom Schmerzensgeld abgedeckt werden, wobei das Schmerzensgeld noch unter einer ganz erheblichen Kürzung durch das Anwaltshonorar – manchmal Erfolgshonorar bis zu 50 Prozent – leidet, was bei uns völlig ausgeschlossen ist. Hier trägt nämlich die Versicherung die Anwaltskosten.

Zurück zur armen Kunigunde Kalk. Nehmen wir einmal an, daß sie drei Wochen im Krankenhaus verbringt und sich danach wieder so gemächlich fortbewegen kann wie zuvor. In diesem Fall bekommt sie, wenn sie Glück hat, 4000,— DM Schmerzensgeld.

Pauschale Nebenkosten: 30 DM

Außerdem hat die Versicherung ihr die Nebenkosten zu ersetzen, also etwa die Kosten für die Fahrt zwischen Wohnort und Krankenhaus im Fall der ambulanten Nachbehandlung, ersatzweise die sogenannte Parteikostenpauschale (pauschale Nebenkosten) in Höhe von

30,— DM. Das ist die Pauschale, die in allen Unfallsachen an den Geschädigten dafür gezahlt wird, daß er nach dem Unfall herumtelefonieren, Briefe schreiben und sich die Hacken abwetzen muß, um zu seinem Anwalt zu kommen.

Nicht angeschnallt: Mitverschulden

Bei Beate Bibbrich wird die Palette der Schadenspositionen schon etwas breiter. Zunächst einmal wollen wir auf den Schmerzensgeldanspruch eingehen, weil wir den schon kennengelernt haben. Hier gilt die Besonderheit, daß Beate Bibbrich nicht angeschnallt war. Infolgedessen wird man ihr kaltlächelnd entgegenhalten, sie habe die Verletzung (Gehirnerschütterung) dadurch mitverschuldet, daß sie den Sicherheitsgurt nicht angelegt habe. Die Gerichte ziehen heute in derartigen Fällen ein Drittel bis die Hälfte der Schmerzensgeldforderung ab. Nehmen wir einmal an, daß Beate Bibbrich sich die Gehirnerschütterung dadurch zugezogen hat, daß sie mit dem Kopf gegen das Lenkrad gedonnert ist – was ja nicht passiert wäre, wenn sie angeschnallt gewesen wäre –, dann wird die Versicherung die Hälfte abziehen. Es bleibt also ein Schmerzensgeldanspruch in Höhe von 500,— DM.

Nun ist aber auch die Ente von Beate Bibbrich im Eimer. Hinten ist, um bei dem Bild zu bleiben, der Bürzel zermatscht, vorn ist der Schnabel geknickt (Kunigunde Kalk war halt eine beinharte Lady). Also: Front- und Heckschaden. So was kann teuer kommen.

Sachverständigen-Gutachten zum Fahrzeugschaden

Nehmen wir einmal an, daß Beate Bibbrich das einzig richtige tut, nämlich zum nächsten Anwalt läuft. Dieser wird sich sofort über Hugo Hammer oder auf sonstigem Wege (Schadensschnellruf der Autoversicherer oder Kraftfahrzeugzulassungsstelle des Landkreises) nach der Versicherung von Hugo Hammer erkundigen und parallel dazu einen Kraftfahrzeugsachverständigen mit der Schadensschätzung beauftragen.

Wir wollen einmal annehmen, daß die Ente gut ein Jahr alt ist und daß die Reparatur 4351,— DM (inklusive Mehrwertsteuer) kostet. In diesem Fall hat Beate Bibbrich einen Anspruch auf Ersatz der vollen Kosten, und zwar unabhängig davon, ob sie die Reparatur durchführen läßt oder nicht. Wenn die Reparaturkosten deutlich höher sind als der Wert des Fahrzeugs vor dem Unfall, ist wirtschaftlicher Totalschaden eingetreten. Dann bekommt man bloß den Wiederbeschaffungswert abzüglich des Schrottwerts.

Wertminderung

Ferner hat sie einen Anspruch auf Ersatz des merkantilen Minderwerts (Wertminderung). Diese Forderung ersetzen die Versicherungen als Ausgleich dafür, daß ein relativ neuer Pkw durch einen Unfall einen zwar nicht technischen, wohl aber kaufmännischen Minderwert erleidet. Dem Auto haftet sozusagen der üble Geruch eines Unfallwagens an – auch dann, wenn die Unfallschäden tadellos beseitigt sind.

Den Minderwert hat man früher etwas grobschlächtig mit 10–30 Prozent der Reparaturkosten bemessen, wobei immer die Zwei-Jahres-Grenze (Erstzulassung bis Unfall) galt: Wenn das Auto älter war, gab es keinen Ersatz des Minderwerts.

Über die Wertminderung entschieden meist die Sachverständigen – ohne übrigens ihre Berechnungsmethode offenzulegen. Man tut gut daran, hier grobe Daumenpeilung zu unterstellen.

In den letzten Jahren sind Tabellen entwickelt worden, mittels derer man den Minderwert errechnen kann. Die bestimmenden Faktoren sind dabei das Alter des Fahrzeugs, die Höhe der Reparaturkosten und der Verkehrswert vor dem Unfall.

Am ergiebigsten für den Geschädigten ist die von mehreren Oberlandesgerichten anerkannte und von den Versicherern bekämpfte Methode von Ruhkopf-Sahm. Damit sollte man als Geschädigter zunächst einmal einsteigen. Man kann sich dann immer noch ein wenig herunterhandeln lassen. Nach Ruhkopf-Sahm beläuft sich der merkantile Minderwert je nach Verhältnis zwischen Reparaturkosten und Wiederbeschaffungswert auf 1–7% der Summe beider Werte. Der Wiederbeschaffungswert ist dabei der Betrag, den man aufwenden muß, um ein gleichwertiges Ersatzfahrzeug zu kaufen. Die Rechtsprechung nimmt hier die üblichen Gebrauchtwagenpreise und schlägt 15 Prozent drauf (Verkehrswert + 15 Prozent = Wiederbeschaffungswert). Der Wiederbeschaffungswert versteht sich stets inklusive Mehrwertsteuer!

Hier die Tabelle:

Ruhkopf-Sahm

Zulassungsjahr	Verhältnis der Reparaturkosten zum Wiederbeschaffungswert 10–30%	30–60%	60–90%
1.	× = 5	× = 6	× = 7
2.	× = 4	× = 5	× = 6
3. u. 4.	× = 3	× = 4	× = 5

Nehmen wir einmal an, daß der Wiederbeschaffungswert direkt vor dem Unfall 11000,— DM betrug. Dann machen die Reparaturkosten 39,55% vom Wiederbeschaffungswert aus (4351,— DM von 11000,— DM). Wir sind also hier in der 2. Gruppe (30–60%). Der Pkw ist im zweiten Zulassungsjahr. Sehen wir nun in der Tabelle nach, so finden wir den Faktor × = 5. Der merkantile Minderwert beträgt also 5% von 4351,— DM + 11000,— DM = 15351,— DM. Das sind 768,— DM.

Nutzungsentschädigung...

Weiterhin hat Beate Bibbrich einen Anspruch auf Nutzungsentschädigung. Nutzungsentschädigung ist ein Ausgleich dafür, daß jemand, dessen Auto kaputt ist, das Auto in dieser Zeit nicht nutzen kann. Je nach Wagentyp werden unterschiedliche Entschädigungssätze gezahlt. Hier mögen folgende Beispielsätze genügen (Stand: 1. 5. 1985):

Ente (2 CV)	25,50 DM
Fiat Panda	29,50 DM
Ford Fiesta und Opel Corsa	37,— DM
VW Golf	45,— DM
Ford Escort 1,6 l, Opel Ascona 1,6 l, Jetta und Scirocco	54,— DM
Audi 80 und Renault 18	63,— DM
BMW 323 i	75,— DM
Mercedes 230 E (Baureihe 124)	86,— DM
Porsche 911	128,— DM

... oder Mietwagen

Wer während der Zeit, in der sein Auto repariert wird, nicht ohne Auto leben kann, darf sich natürlich einen Mietwagen nehmen. Der Pferdefuß besteht hier allerdings darin, daß die Versicherungen die sogenannten ersparten Eigenbetriebskosten in Abzug bringen können. In der Regel sind das 15 Prozent. Auf deutsch gesagt: Auf 15 Prozent der Mietwagenkosten bleibt man sitzen, und zwar mit der eigentlich einleuchtenden Begründung, man hätte in der Zeit, in der man den Mietwagen benutzt habe, das eigene Auto nicht zu schlauchen brauchen. Seit Jahren besteht jedoch der Brauch, daß die Versicherungen die Mietwagenkosten *voll* übernehmen, falls als Mietwagen ein Pkw einer niedrigeren Wagenklasse angemietet wird.

Nehmen wir einmal an, Beate Bibbrich benötigte für die ersten drei Tage nach dem Unfall einen Mietwagen (aus beruflichen Gründen - weil sie freiberuflich tätig ist oder einen fiesen Chef hat, denn sonst würde sie sich erst mal für eine Woche ins Bett legen, um ihre Verletzungen auszukurieren) und bekam vom Mietwagenunternehmer eine Ersatz-Ente (eine niedrigere Wagenklasse gibt es nicht). Nehmen wir weiter an, sie brachte den Mietwagen nach drei Tagen zurück und wartete daraufhin weitere sieben Tage, bis die Ente fertig repariert war. Nehmen wir schließlich an, daß der Mietwagenunternehmer ihr 545,17 DM in Rechnung gestellt hat, wovon 35,10 DM auf die Vollkaskoversicherung entfielen.

Es ergibt sich dann - keine Angst - folgende einfache Rechnung:

Gesamtschaden

1. Schmerzensgeld	500,— DM
2. Reparaturkosten	4351,— DM
3. merkantiler Minderwert	768,— DM
4. Mietwagenkosten (545,17 DM abzüglich 35,10 DM Vollkasko)	510,07 DM
5. Nutzungsentschädigung (7 Tage à 25,50 DM)	178,50 DM
6. pauschale Unkosten	30,— DM
	6337,57 DM

Außerdem hat die Versicherung die Kosten des Schadensschätzers und des Rechtsanwalts zu übernehmen, die Frau Bibbrich beauftragt hat. Es sollte also niemand den Weg zum Anwalt scheuen. Man kann dabei nur gewinnen und nicht verlieren.

Alles in allem macht Frau Bibbrich einen ganz ordentlichen Schnitt, und zwar auch und gerade bei einem Blick über die deutschen Grenzen. Die wahnwitzigen Schmerzensgelder in den USA sind ja nach unserer Betrachtung auf ein geradezu menschliches Maß geschrumpft, und man sollte auch nicht verschweigen, daß es Länder gibt, in denen überhaupt kein Schmerzensgeld gezahlt wird, etwa Rumänien, dessen Rechtsordnung die originelle Ansicht vertritt, jegliches Schmerzensgeld verstoße gegen die Prinzipien der sozialistischen Ethik. Und noch etwas: Die Nutzungsentschädigung ist eine deutsche Spezialität. Anderswo gibt es das nicht.

Wenn man all das bedenkt, ist das Opfer eines deutschen Verkehrsunfalls im internationalen Vergleich keineswegs arm dran.

Fall 2:

Hugo Hammer biegt auf der Kreisstraße zwischen zwei Dörfern in eine unübersichtliche Linkskurve ein. Aus der Gegenrichtung kommt ein Lkw der Firma Schrott & Co. mit dem Fahrer Gerd Grummel am Steuer. Als die beiden Fahrer einander sehen, ist es zu spät: Beide Fahrzeuge berühren einander etwa in Höhe der gedachten Mittellinie. Am Sportwagen von Hugo Hammer entsteht ein Schaden in Höhe von ca. 4000,— DM, am Lkw der Firma Schrott & Co. dagegen ein Schaden von nur 600,— DM. Zeugen sind nicht vorhanden, Bremsspuren auch nicht. Wer bekommt was von wem?

Verschuldenshaftung

Im ersten Fall hatten wir es mit der sogenannten Verschuldenshaftung zu tun. Zu deutsch: Wer schuld hat, muß für den Schaden des Unfallgegners blechen, und zwar durch seine Haftpflichtversicherung.

Nun genügt es aber in unserem Zivilrecht nicht, wenn der andere »schuld ist«. Man muß es auch beweisen können – etwa durch Zeugenaussagen, durch Gutachten von Verkehrssachverständigen oder einfach durch die Natur der Sache wie beim Auffahrunfall.

Und plötzlich geschieht dann einer der unerfreulichen Fälle, in denen jeder sagt, der andere sei schuld. Beweisen kann keiner etwas. Und jetzt? Trägt jetzt, wie viele Laien meinen, jeder seinen Schaden selbst? Wird keine Versicherung geschlaucht? Reiben sich die Versicherungen die Hände? Ist die Regulierung schon vorbei, bevor sie angefangen hat?

Gefährdungshaftung

Keine Sorge! Wir haben hier die *Gefährdungshaftung.* Dabei wird der Spieß umgedreht: Als Geschädigter muß man nicht mehr beweisen, daß der andere Schuld ist. Der andere haftet erst einmal voll. So. Und jetzt kann sich der andere nur noch teilweise oder ganz mit dem Argument von der Haftung befreien, der Unfall sei für ihn ein *unabwendbares Ereignis* gewesen. Das bedeutet, daß weder sein Fahrzeug noch er selbst in irgendeiner Weise versagt haben. Beide – Fahrer und Fahrzeug – müssen tadellos funktioniert haben.

Die Gefährdungshaftung beruht auf dem Gedanken, daß derjenige, der ein Risiko in die Welt setzt – also etwa mit einem Auto herumfährt, welches ja ein gefährlich Ding ist –, für dieses Risiko auch geradezustehen hat, falls es einmal kracht. Gefährdungshaftung gibt es deshalb nicht nur für Autofahrer, sondern auch für Leute, die einen Hund haben oder ein Flugzeug ihr eigen nennen. Der Hund kann nämlich anderen Leuten in die Waden beißen, und manche Flugzeuge haben die Neigung, abzustürzen und auf das nächstbeste Haus zu fallen.

Also noch einmal: Bei der Verschuldenshaftung blecht man erst einmal gar nicht, sondern erst dann, wenn der andere bewiesen hat, daß man schuld ist. Bei der Gefährdungshaftung ist man grundsätzlich dran, es sei denn, man kann beweisen, daß man wirklich nichts dafür konnte.

Im übrigen wird dann genauso reguliert wie bei der Verschuldenshaftung, allerdings – wie immer im Recht – mit einer gewichtigen Ausnahme: *Bei der Gefährdungshaftung gibt es kein Schmerzensgeld.*

Entlastungsbeweis

Wenn nun, wie so oft, keinem von beiden Beteiligten der Entlastungsbeweis gelingt, das heißt, wenn beide nicht überzeugend darlegen können, daß der Unfall für sie unabwendbar war, liegt der Gedanke nahe, daß die Versicherung eines jeden Beteiligten den Schaden des anderen voll auszugleichen hat. Bei diesem Gedanken würde aber nun jeder Aktionär einer Versicherung kreidebleich werden. Doch dem Manne kann geholfen werden. Keine Angst!

Quote auf den Schaden

Wenn es sich so verhält, daß beide Beteiligte sich nicht vollständig entlasten können, müssen beide beteiligte Haftpflichtversicherungen eine *Schadensquote* zahlen. In derartigen Fällen macht der Richter, wenn die Sache bei ihm landet, die berühmte grobe Daumenpeilung und setzt dann die Quoten fest. Dabei geht er zum einen der Frage nach, welches Fahrzeug die höhere Betriebsgefahr in sich birgt, zum anderen aber auch der Frage, wessen Verursachungsbeitrag am Zustandekommen des Unfalls der größere war.

Betriebsgefahr

Für unseren Fall bedeutet dies folgendes: Wer welchen Verursachungsbeitrag am Zustandekommen des Unfalls geliefert hat, bleibt unklar, da sich nicht mehr feststellen läßt, wer gegen das Rechtsfahrgebot verstoßen hat. Es kommt hier also allein auf die Betriebsgefahr an. Von einem Lkw geht erkennbar ein größeres Betriebsrisiko aus als von einem Sportwagen. Der Richter wird also wahrscheinlich zu dem Ergebnis kommen, daß die Haftpflichtversicherung des Lkw zwei Drittel des Schadens am Sportwagen von Hugo Hammer zu ersetzen hat, während Hugo Hammers Haftpflichtversicherung ein Drittel des Schadens am Lkw der Firma Schrott & Co. zu ersetzen hat.

In Zahlen bedeutet dies, daß die Versicherung von Hugo Hammer 200,— DM zu zahlen hat (ein Drittel von 600,— DM), während die Versicherung der Firma Schrott & Co. 2666,67 DM blechen muß (zwei Drittel von 4000,— DM). Entsprechend sind die Nebenpositionen zu quoteln.

Arbeitnehmer haften nur in krassen Fällen

Gerd Grummel als Lkw-Fahrer braucht übrigens keine Angst zu haben. Als Fahrzeugführer haftet er bei der Gefährdungshaftung nicht. Im übrigen wäre er hier arbeitsrechtlich auch dann aus dem Schneider, wenn man ihm ein Mitverschulden ankreiden könnte. Diese Frage wäre im Hinblick auf die restlichen 400,— DM Lkw-Schaden interessant. Für diesen Schaden brauchte nämlich die Vollkaskoversicherung der Firma Schrott & Co. - wenn eine besteht - nicht einzustehen, da die Selbstbeteiligung in derartigen Fällen bei 1000,— DM liegt. Aber Gerd Grummel braucht sich, wie gesagt, keine Sorgen zu machen. Beim innerbetrieblichen Schadensausgleich haftet er nämlich nur dann, wenn ihn der Vorwurf der groben Fahrlässigkeit oder des Vorsatzes trifft. Bei »gefahrengeneigter Arbeit«, wie die Arbeitsrechtler sagen, soll der Arbeitnehmer also das Risiko nur dann tragen, wenn er sich wirklich haarsträubend verhält (klassisches Beispiel: Verursachung eines Verkehrsunfalls während der Arbeitszeit in betrunkenem Zustand).

Das Verkehrsunfallrecht wollen wir aber an dieser Stelle mit der Einsicht verlassen, daß es keine Fälle gibt, in denen *beide* beteiligten Haftpflichtversicherungen sich rausreden können. Entweder haftet die eine oder die andere. Wenn beiderseitiges Mitverschulden vorliegt oder wenn wir angesichts der Beweislage von der Verschuldenshaftung auf die Gefährdungshaftung rüberhüpfen müssen, haftet jede Versicherung anteilig für den Schaden des jeweils anderen. Die Haftungsquoten muß der Richter festlegen, wenn keine Einigung zustande kommt.

Merksätze zum Verkehrsunfallrecht

● Wer als Unfallopfer das Verschulden des Gegners zu beweisen vermag (Verschuldenshaftung), kann von dessen Haftpflichtversicherung verlangen:
- **die notwendigen Reparaturkosten, anstelle der Reparaturkosten den Wiederbeschaffungswert abzüglich des Schrottwerts (falls Reparaturkosten um mehr als 30 Prozent höher liegen als der Wert des Fahrzeugs direkt vor dem Unfall),**
- **die Nutzungsentschädigung (Tagessatz, je nach Pkw-**

Typ verschieden) *oder* die Mietwagenkosten (abzüglich Vollkaskoanteil und 15 Prozent der Sparte Eigenbetriebskosten),

- den merkantilen Minderwert, der sich am Alter des Fahrzeugs und der Höhe der Reparaturkosten orientiert,
- bei Verletzungen Schmerzensgeld und die mit 30,– DM pauschalierten Unkosten.

● Wenn man das Verschulden des Gegners nicht beweisen kann und beide Beteiligte nicht beweisen können, daß der Unfall für sie unabwendbar war (Gefährdungshaftung),

- »haften beide« Haftpflichtversicherungen anteilig nach Verursachungsbeitrag und Betriebsgefahr; und:
- Schmerzensgeld kann bei Gefährdungshaftung nicht verlangt werden.

4. VERKEHRSSTRAFTATEN

Fall 1:

Siggi Süffel fühlt sich stocknüchtern und fährt deshalb mit seinem 150-PS-Auto in die Innenstadt, um diesem schlimmen Zustand ein Ende zu bereiten. Auf dem Wege dorthin schiebt er drei parkende Autos aufeinander, fährt einen Dackel flach und kollidiert mit Hugo Hammer, der sich ihm auf dem Zebrastreifen entgegenstellt. Hammer fliegt in Briefkastenhöhe auf den Bürgersteig. Süffel fährt weiter und hält erst vor seiner Stammkneipe, wo er von der Polizei erwartet wird. Diese schafft ihn sofort ins Krankenhaus. Dort wird ein Blutalkoholgehalt von 1,24 Promille festgestellt.

Verbrechen Vergehen Ordnungswidrigkeiten

Das Strafgesetzbuch und die wichtigsten Nebengesetze enthalten – einmal abgesehen von den allgemeinen Vorschriften, die sich mit Beteiligung, Irrtum, Versuch usw. befassen – gut 300 Straftatbestände, also unterschiedliche Vergehen und Verbrechen. Verbrechen sind Straftaten, für die eine Mindestfreiheitsstrafe von einem Jahr vorgesehen ist. Alle Sachen, für die das Gesetz geringere Tarife vorsieht, nennt man Vergehen.

Hinzu kommen dann noch die Ordnungswidrigkeiten, denen wir uns im nächsten Kapitel widmen werden. Diese sind gar keine Straftaten, sondern nur von der Verwaltung ausgesprochene Denkzettel. Ordnungswidrigkeiten (OWis) können auch nur, wie jeder weiß, Bußgelder nach sich ziehen. Im Einzelfall zwar ziemlich satte, aber immerhin.

Die meisten Vergehen, die heute begangen werden, sind Verkehrsstraftaten. Hier die wichtigsten:

Typische Verkehrsdelikte

1. Trunkenheitsfahrt (§ 316 StGB),
2. Trunkenheitsfahrt mit Körperschaden oder Sachschaden von mehr als 1300,— DM (§ 315c StGB),
3. 0,8-Promille-Gesetz (§ 24a StVG [Straßenverkehrsgesetz]),

4. Fahrerflucht (§ 142 StGB),
5. Verkehrsrowdytum (§ 315b StGB, § 315c I 2. StGB),
6. fahrlässige Körperverletzung (§ 230 StGB),
7. fahrlässige Tötung (§ 222 StGB),
8. Fahren mit nicht zugelassenem Pkw (§§ 1, 6 Pflichtversicherungsgesetz und § 370 Abgabenordnung),
9. Fahren ohne Fahrerlaubnis (§ 21 StVG).

Ich muß gleich an dieser Stelle dem Leser ein Geständnis machen: Ich habe oben ein wenig geschummelt, indem ich eine Ordnungswidrigkeit in den Kranz der Delikte mit aufgenommen habe. Welche wohl? Richtig, es ist das 0,8-Promille-Gesetz. Es gehört einfach in den Sachzusammenhang und ist, wie wir noch sehen werden, von den Folgen her schon fast so schwerwiegend wie die benachbarten Vergehen. Wir wollen die einzelnen Delikte ein wenig erklären, weil sie unter zwei Gesichtspunkten die wichtigsten des Strafrechts sind: Zum einen kann jeder mit ihnen – Hand aufs Herz – auf der Täterseite Bekanntschaft machen, zum anderen machen sie mehr als zwei Drittel der Kleinkriminalität aus.

Alkohol am Steuer

1. Das wichtigste und häufigste ist die sogenannte Trunkenheitsfahrt (§ 316 StGB). Danach wird man verurteilt, wenn man

- entweder mehr als 1,3 Promille im Blut hat (absolute Fahruntüchtigkeit) oder
- ein bißchen weniger (relative Fahruntüchtigkeit), dafür aber Ausfallerscheinungen.

Relative Fahruntüchtigkeit – das sagt sich so leicht. Jeder kennt aus den aktuellen Berichten über Erdbeben die »nach oben offene Richter-Skala«. Die relative Fahruntüchtigkeit hat sozusagen eine nach unten offene Blutalkohol-Skala. Die Grenzen in der Rechtsprechung fließen. Die Tendenz scheint aber dahin zu gehen, daß auch niedrige Werte wie 0,3 Promille schon mit einbezogen werden, wenn der Täter oder die Täterin Ausfallerscheinungen zeigt.

Die gängigen Ausfallerscheinungen sind: Fahren in Schlangenlinien, Geradeausfahrt in der Kurve und Auffahrunfälle. **Ausfallerscheinungen**

Man kann sich also nach § 316 einen kleinen Unfall leisten. Er darf aber keinen Sachschaden nach sich ziehen, dessen Beseitigung teurer als 1300,— DM ist – und so was kommt schon fast gar nicht mehr vor –, und es darf auch kein Mensch zu Schaden kommen.

Fassen wir zusammen: *Nach § 316 StGB wird bestraft, wer betrunken ein Kraftfahrzeug fährt, außerdem der, der nur angetrunken ist, aber in beschränktem Umfang Mist baut.*

Die Strafe für Ersttäter beträgt in aller Regel 30 Tagessätze. Ein Tagessatz ist das, was jemand nach Abzug seiner Unterhaltsverbindlichkeiten am Tage netto verdient. Ein Junggeselle muß also bei 30 Tagessätzen ein Monatsnettogehalt hinblättern. **Tagessätze**

Außerdem ist der Täter seinen Führerschein los. Nach insgesamt neun bis zehn Monaten kann er einen neuen beantragen. Darauf werden wir außerhalb dieses kleinen Überblicks noch zurückkommen.

2. Nach § 315c Abs. I Ziff. 1 StGB (das Gesetz spricht von Straßenverkehrsgefährdung) wird bestraft, wer betrunken oder angetrunken ist (siehe oben), dabei aber einen zumindest mittelschweren Unfall baut, also einen, der jenseits des Folgenlimits nach § 316 liegt (Sachschaden von mehr als 1300,— DM und Verletzungen oder Beinaheverletzungen von Menschen). **Alkohol und erheblicher Unfall**

Die Folgen für den Täter sind deshalb auch etwas schwerer: 35 Tagessätze Geldstrafe für den Ersttäter und Fahrerlaubnisentzug von 12 Monaten.

3. Das sogenannte 0,8-Promille-Gesetz, das wir hier hineingeschummelt haben, obwohl es kein Vergehen, sondern eine OWi (Ordnungswidrigkeit) darstellt (§ 24 a StVG), betrifft all die Fälle, in denen jemand ohne Ausfallerscheinungen zwischen 0,8 und 1,29 Promille als Kraftfahrer im Blut hatte (wir sprechen hier immer von »Kraftfahrer« – ein Begriff, der für Laien merkwürdig klingen mag, sich aber ganz einfach daraus erklärt, daß nicht nur Autofahrer, sondern auch Motorradfahrer, **0,8-Promille-Gesetz**

Lkw-Fahrer, Omnibusfahrer usw. – mit einem Wort: alle Fahrer erfaßt werden, die ein Landfahrzeug mit Motor unter dem Hintern haben).

Wer nach dieser Vorschrift belangt werden will, muß also ganz präzise so trinken, daß zwischen 0,8 und 1,29 Promille dabei herauskommen, und er muß außerdem noch sauber fahren: weder zu schnell noch zu langsam und immer schön unter Beachtung aller Verkehrszeichen.

Wenn er das schafft, kann man ihm gratulieren. Zur Belohnung bekommt er dann keine Geldstrafe, die ja, wie wir oben gesehen haben, fast immer in die vierstelligen Beträge hineingeht, sondern die folgenden sauber gestaffelten Sanktionen:

Ersttäter:	500,– DM Bußfeld + 1 Monat Fahrverbot,
Zweittäter:	1000,– DM Bußgeld + 2 Monate Fahrverbot,
Drittäter:	1500,– DM Bußfeld + 3 Monate Fahrverbot.

Fahrerlaubnisentzug und Fahrverbot nicht verwechseln!

Bei den oben erläuterten Delikten sprachen wir vom Entzug der Fahrerlaubnis, während hier vom Fahrverbot die Rede ist. Beide unterscheiden sich voneinander etwa wie Champignon und Shampoo.

Fahrerlaubnisentzug heißt: Der Führerschein wird eingezogen. Nach Ablauf der Frist kann man einen neuen beantragen. Ob man ihn bekommt, ist eine andere Sache. Im Urteil heißt es in derartigen Fällen: »Die Verwaltungsbehörde wird angewiesen, dem Angeklagten vor Ablauf von zehn Monaten keine neue Fahrerlaubnis zu erteilen.« Mit anderen Worten: Sie wird keineswegs angewiesen, ihm *nach* dieser Frist ruck-zuck einen zu geben. Sie *darf* ihm lediglich einen neuen erteilen.

Anders beim Fahrverbot: Hier wird der Führerschein einkassiert, sorgsam verwahrt und nach Ablauf der Frist dem armen Sünder wieder ausgehändigt. Er bekommt also seinen alten Lappen wieder.

Fahrerflucht

4. Die Fahrerflucht (das Gesetz spricht von »Verkehrsunfallflucht«) ist ein Delikt, das so ziemlich jeder schon begangen hat, auch wenn er es nicht zugeben will. Auch wer einen ganz klitzekleinen Unfall baut, das

heißt, einen Schaden von mehr als 40,— DM anrichtet (und man zeige mir bitte mal einen Schaden, der billiger kommt), muß eisern an der Unfallstelle verharren, bis entweder die Polizei oder der Geschädigte eintreffen. Wie lange er nun warten muß, darüber ist sich die Rechtsprechung bis heute nicht einig geworden. Es ist wie immer: Es »kommt drauf an«.

Wartezeit

Im allgemeinen muß man – je nach Schwere des Unfalls und des Wetters – zwischen 30 und 60 Minuten an der Unfallstelle herumhängen, bevor man sich endlich verdrücken darf. Doch halt! Man darf nicht etwa nach Hause fahren, sondern muß sich zur nächsten Polizeidienststelle begeben, und auch derjenige, der sich bereits vor Ablauf der Wartefrist verkrümelt hat, weil er dazu berechtigt war (etwa wegen eigener oder fremder Verletzungen), muß sich danach sogleich melden.

Alles in allem: In bestimmten Situationen ist es schon sauschwer, sich nicht nach § 142 strafbar zu machen. Wer etwa in nüchternem Zustand aus reiner Schusseligkeit einen Leitpfahl auf einsamer, nächtlicher Strecke umfährt, verspürt in aller Regel keine Lust, eine halbe Stunde lang auf die Polizei zu warten, die dann doch nicht kommt.

Wer erwischt wird, bekommt im Schnitt 20 Tagessätze aufgebrummt. Ob auch eine Fahrerlaubnissperrfrist hinzukommt, hängt von der Schadenshöhe ab. Diese Grenze haben wir schon kennengelernt (siehe Ziff. 1 und 2). Wenn der Schaden darüber liegt, gibt's sechs bis acht Monate Sperrfrist.

7 Todsünden

5. Unter »Verkehrsrowdytum« habe ich der Einfachheit halber zwei Delikte zusammengefaßt, nämlich § 315b und § 315c Abs. I Ziff. 2 StGB. Die zweitgenannte Vorschrift enthält die sogenannten »sieben Todsünden des Autofahrers«, nämlich

1. Mißachtung der Vorfahrt,
2. falsches Überholen,
3. falsches Fahren an Fußgängerüberwegen,
4. zu schnelles Fahren an unübersichtlichen Stellen,
5. Linksfahren an unübersichtlichen Stellen,

6. Wenden auf Autobahnen,
7. Verzicht auf Kenntlichmachung von liegengebliebenen Fahrzeugen.

All das kann bestraft werden wie eine Trunkenheitsfahrt. Doch keine Panik: Das Gericht muß nachweisen, daß Rücksichtslosigkeit vorliegt.

Rücksichtslosigkeit

Rücksichtslosigkeit ist das, was die Juristen ein subjektives Tatbestandsmerkmal nennen, also etwas, was sich im Kopf des Täters abspielt, und da der Richter dem Täter nicht ins Hirn gucken kann, wird der Nachweis oft schwierig. Eine Verurteilung kommt also nur dann in Betracht, wenn die äußeren Merkmale der Tat und das, was der Täter von sich gibt, die zwingende Schlußfolgerung zulassen, daß ihm Leib und Leben anderer tatsächlich vollkommen Wurscht waren.

Die Fälle des § 315b StGB betreffen das Bereiten von Hindernissen und ähnliche, ebenso gefährliche Eingriffe in den Straßenverkehr. Wer etwa auf der Straße Scherben ausstreut oder ein Polizeiauto in den Straßengraben schrammt, das ihn verfolgt, ist nach dieser Vorschrift dran, und hier kann es gleich ziemlich teuer werden. Meist ist die Einstiegsstrafe schon eine Knaststrafe, die zur Bewährung ausgesetzt wird.

Fahrlässige Körperverletzung

6. Unter fahrlässiger Körperverletzung (§ 230 StGB) kann sich jeder etwas vorstellen: Wer aus Unachtsamkeit jemanden verletzt, muß natürlich bestraft werden, damit er das nächste Mal besser aufpaßt. Die Strafen sind relativ gering. Sie liegen zwischen 8 und 15 Tagessätzen. Führerscheinsperrfristen werden bei diesem Delikt nicht verhängt.

Fahrlässige Tötung

7. Happiger ist natürlich die fahrlässige Tötung (§ 222 StGB). Dennoch kommt der Ersttäter bei leichter bis mittlerer Fahrlässigkeit mit einer Geldstrafe von 120 Tagessätzen (das sind umgerechnet 4 Monate Freiheitsstrafe) davon. Wichtig ist dabei, daß eine derartige Strafe – egal, ob Geld- oder Freiheitsstrafe – ins *Führungszeugnis* aufgenommen wird. Ins Führungszeugnis kommt alles, was mehr als 90 Tagessätze (= 3 Monate Knast) eingebracht hat.

Manchmal wird auch ein Fahrverbot von einem bis zu drei Monaten ausgesprochen (§ 44 StGB), nicht jedoch ein Entzug der Fahrerlaubnis.

All das gilt natürlich nur dann, wenn der Täter nüchtern war.

8. Wir wollen uns jetzt zwei Delikten widmen, die sich gerade unter Jugendlichen und Heranwachsenden großer Beliebtheit erfreuen. (Heranwachsende sind Leute zwischen 18 und 21 Jahre. Sie haben eine Art Zwitterstellung zwischen Jugendlichen [14–18 Jahre] und Erwachsenen [ab 21 Jahre]. Im Regelfall werden Heranwachsende wie Erwachsene bestraft, also nicht nach dem Jugendgerichtsgesetz, sondern nach dem normalen StGB. Es gibt allerdings zwei wichtige Ausnahmefälle, nämlich zum einen Reifeverzögerungen [der Täter ist noch ein bißchen kindlich] und jugendtypische Verfehlungen [wie etwa Herumknattern mit einem stillgelegten Moped, noch dazu ohne Führerschein].)

Fahren mit abgemeldetem Fahrzeug

Die Rede ist vom Fahren mit einem nicht versicherten und nicht zugelassenen (das heißt zugleich: nicht versteuerten) Kraftfahrzeug. Wer also mit einer abgemeldeten Knatterkiste (im Behördendeutsch: Leichtkraftrad) herumgurkt, kann nicht nur wegen Verstoßes gegen §§ 1, 6 Pflichtversicherungsgesetz belangt werden, sondern zusätzlich wegen § 370 Abgabenordnung (AO). Das ist die berühmte Steuerhinterziehung.

Obwohl das alles sehr furchterregend klingt, gibt es hier für Ersttäter nur eine durchschnittliche Strafe von zehn Tagessätzen – es sei denn, jemand fährt über längere Zeit hinweg mit einem abgemeldeten Fahrzeug herum. Das kann schließlich für andere Verkehrsteilnehmer sehr peinlich werden, insbesondere dann, wenn sie unschuldig in einen Unfall mit dem Schwarzfahrer verwickelt werden. In diesem Fall können sie sich nämlich nicht an seine Haftpflichtversicherung wenden. Er hat ja keine. Es bleibt also nur der Rückgriff gegen den Täter selbst, aber es war schon immer etwas schwierig, einem nackten Mann in die Tasche zu fassen.

Fahren ohne Führerschein

9. Zu guter Letzt wollen wir uns das Fahren ohne Fahrerlaubnis etwas genauer ansehen (§ 21 StVG). Nach

dieser Vorschrift wird vor allem der bestraft, der ohne Führerschein herumfährt. Bestraft werden kann aber auch der Halter, der eine führerscheinlose Person mit seinem Fahrzeug herumfahren läßt. Also: Bevor man jemand anders mit seinem Fahrzeug fahren läßt, sollte man sich den Führerschein zeigen lassen.

Wenn der Fahrer seinen Führerschein lediglich zu Hause vergessen hat, kommt er mit einem Verwarnungsgeld von 5,— DM davon.

Wenn dagegen der Führerschein endgültig entzogen, vorläufig entzogen oder beschlagnahmt ist, folgt ebenso eine Bestrafung nach § 21 StVG wie für den Fall, daß ein Fahrverbot verhängt ist.

Nach dieser Schnellübersicht wollen wir uns endlich wieder unserem Freund Siggi Süffel zuwenden, der mittlerweile Krankenhaus und Polizeirevier verlassen hat, um zu Hause vor einem Glas billigem Weinbrand darüber nachzugrübeln, was ihn nun erwartet.

Unter 1,3‰: relative Fahruntüchtigkeit

Nach dem, was wir oben gehört haben, können wir ihm wohl schon ein wenig auf die Sprünge helfen: Siggi Süffel hatte 1,24 Promille im Blut, war also nicht absolut, aber immerhin relativ fahruntüchtig. Er hat drei Unfälle verursacht. Opfer waren die drei parkenden Autos, ein Dackel und Hugo Hammer.

Schon die drei parkenden Autos sind Sachen von bedeutendem Wert. Man kann getrost davon ausgehen, daß der Schaden in die Tausende geht. Die 1300-DM-Grenze ist also mühelos überschritten, so daß Siggi nach § 315c Abs. I Ziff. 1 StGB zu bestrafen ist (siehe oben das Delikt unter 2).

Tiere = Sachen!

Der Dackel ist, wie alle anderen Tiere, nach dem Gesetz eine sogenannte lebende Sache. Anders Hugo Hammer, der zweifellos ein Mensch im Sinne des Gesetzes ist, wenngleich er sich manchmal tierisch benimmt, wie wir in den folgenden Fällen noch sehen werden. Infolgedessen ist Siggi Süffel auch wegen fahrlässiger Körperverletzung (§ 230 StGB) zu bestrafen.

Daß er nach allen drei Unfällen weitergefahren ist, bringt ihm den Vorwurf der Fahrerflucht ein (§ 142

StGB). Sein Weiterfahren nach dem letzten Unfall ist darüber hinaus eine selbständige neue Trunkenheitsfahrt nach § 316 StGB.

Bewährungsstrafe

Es läppert sich also einiges zusammen. Siggi Süffel kann - wenngleich Ersttäter - froh sein, wenn er noch mit einer Geldstrafe davonkommt. Wahrscheinlicher ist, besonders wegen seiner dreifachen kaltblütigen Fahrerflucht, eine relativ kurzfristige Freiheitsstrafe, die zur Bewährung ausgesetzt wird. Außerdem wird er sich für mindestens eineinhalb Jahre von jedem Führerschein verabschieden können.

Freiheitsstrafe, Bewährungsfrist und Fahrerlaubnissperrfrist

Man muß nun sorgfältig unterscheiden zwischen der Freiheitsstrafe, der Bewährungsfrist und der Führerscheinsperrfrist. Nehmen wir einmal an, Siggi Süffel hat vier Monate Freiheitsstrafe bekommen, die auf drei Jahre zur Bewährung ausgesetzt werden, und zusätzlich eine 18monatige Fahrerlaubnissperrfrist. Spätestens der dritte Kumpel, der von der Sache hört, wird weitererzählen, Siggi habe drei Jahre bekommen. Der vierte wird erzählen, sein Freund Siggi habe drei Jahre Knast gekriegt, der fünfte wird tratschen, der Führerschein sei für drei Jahre weg, und der sechste schließlich wird sich darüber aufregen, daß Siggi Süffel trotz seiner Schandtaten bloß vier Monate Fahrverbot bekommen habe.

Deshalb rate ich jedem, der derartige Äußerungen hört, genau nachzufragen, was mit der jeweiligen Frist gemeint ist (Freiheitsstrafe? Bewährungsfrist? Führerscheinsperrfrist?).

Bewährungsfrist ist die Zeit, in der der Täter zweckmäßigerweise nichts Gleiches oder Ähnliches anrichten sollte. Tut er es doch, wird die Bewährung widerrufen, und dann muß er seine zur Bewährung ausgesetzte Strafe tatsächlich absitzen.

Fall 2:

Nachdem Siggi Süffel sich durch eine halbe Flasche Weinbrand von seinem Schreck über die Beschlagnahme des Führerscheins erholt hat, kommt er zu der Einsicht, daß es nicht gut ist, Weinbrand trocken herunterzuwürgen. Weiterhin stellt er fest, daß kein Bier mehr im Hause ist. Kurzentschlossen schnappt er sich den Motorradschlüssel, schwingt sich auf seine Kawamasaki und landet wenig später in seiner Stammkneipe »Zapfhahn«. Dort verdünnt er bis 2 Uhr nachts den Weinbrand. Anschließend schwingt er sich wieder auf sein Motorrad und braust mit 160 km/h in Richtung Ortsausgang, wo das einzige Auto weit und breit – ein Streifenwagen der Polizei – auf ihn aufmerksam wird. Die Verfolgungsfahrt erweist sich jedoch für die Polizisten als ziemlich frustrierend. Das schwere japanische Motorrad ist einfach zu schnell.

Erst am nächsten Morgen ermittelt die Polizei anhand des bruchstückhaft festgestellten Kennzeichens Siggi Süffel als Halter. Um 8.00 Uhr wird Siggi unsanft von der Polizei geweckt. Er erklärt schlaftrunken, aber schlagfertig, er habe bis 5.00 Uhr morgens durchgesoffen, und deutet auf eine leere Slibowitz-Flasche. Wenn er also besoffen sei, so komme dies ausschließlich von dem nach der Tat getrunkenen Pflaumenschnaps. Die Blutprobe ergibt einen Wert von 3,48 Promille.

Was hat Siggi zu erwarten?

Siggi Süffel und die Polizisten

Die Masche, mit der es Süffel versucht, nennt man »Nachtrunk«. Sie ist die älteste und beliebteste Ausrede bei allen Straftaten, die mit Alkohol am Steuer zu tun haben. Wenn man einen Staatsanwalt zum Gähnen bringen will, braucht man bloß zu behaupten, man habe nach der Tat noch getrunken. Das Problem ist allerdings, daß die Wissenschaft nun auch nicht geschlafen hat. Die Rechtsmediziner haben vielmehr in den letzten Jahren sämtliche auf dem Markt befindlichen alkoholischen Getränke auf ihre Begleitstoffe (für Chemiker: Acetaldeyhd, Methanol, Essigsäureäthylester, Propanol 1, Blutanol 1 u. 2, Essigsäurepropylester, Isobutanol, 2- u. 3-Methylbutanol 1) hin untersucht und können deshalb anhand der Blutprobe nicht nur genau feststellen, wieviel jemand getrunken hat sondern auch welche Art von Alkohol. Aus diesem Grunde wird Süffel mit seiner Nachtrunk-Story voll auf den Bauch fallen. Kein Rechtsmediziner wird nämlich in seinem Blut die Begleitstoffe von Slibowitz feststellen.

Nachtrunk

Begleitstoffe

Damit es gar nicht erst soweit kommt, wollen wir uns an dieser Stelle einmal mit der Faustformel befassen, mit der jeder – bevor er entscheidet, ob er noch fährt oder nicht – seinen Blutalkoholgehalt, also »seine Promille« selbst errechnen kann. Die Promille ergeben sich aus folgender Rechnung:

Eigene Promille ermitteln!

$$\frac{\text{Alkohol-Gramm pro Liter} \times \text{Liter getrunkenen Alkohols}}{\text{Körpergewicht in kg} \times 0{,}7}$$

./. 10% Resorptionsdefizit ./. (0,16‰ × Stunden ab Trinkbeginn)

Die Formel hat zwei Unbekannte, nämlich die Alkoholkonzentration des jeweiligen Getränks und die verputzte Menge. Die nachfolgende Tabelle zeigt den Alkoholgehalt der beliebtesten Getränke (pro Liter):

Alkoholgehalt

Bier	40 g Alkohol
leichter trockener Wein	80 g Alkohol
Sekt	100 g Alkohol
schwerer Süßwein	150 g Alkohol
Schnaps (32 Vol.)	320 g Alkohol
Cognac (38 Vol.)	380 g Alkohol

Wie viele Liter man nun bei dem jeweiligen Gelage trinkt, sollte man im Gedächtnis behalten. Zumindest sollte man in der Lage sein, die Menge zu rekonstruieren, bevor man losfährt. Dabei stellt sich das Problem, daß einen irgendwo zwischen 1,5 und 2,5 Promille die Fähigkeit verläßt, richtig zu addieren. Dann allerdings hat man in der Regel auch ohne komplizierte Berechnungen ein zuverlässiges Gefühl dafür, nicht mehr fahrtüchtig zu sein.

Zum reduzierten Körpergewicht (kg × 0,7) braucht nicht viel gesagt zu werden. Jeder Mensch kennt sein ungefähres Gewicht.

Resorptionsdefizit

Erläuterungsbedürftig bleiben die beiden Abzugsposten. Dabei ist zunächst das Resorptionsdefizit zu nennen. Das ist derjenige Anteil des genossenen Alkohols, der sozusagen nicht bis ins Blut durchsickert, d. h., der vom Körper nicht resorbiert wird, wie die Rechtsmediziner sagen.

Das Defizit kommt nun nicht etwa dadurch zustande, daß, wie viele Nicht-Mediziner meinen, der Alkohol rechtzeitig ausgeatmet oder ausgeschwitzt wird, sondern dadurch, daß es im Magen und im Dünndarm sogenannte alkoholabbauende Fermente gibt, also Stoffe, die den Alkohol im Körper zersetzen, bevor er in den Blutkreislauf eindringt. Das wissen die Wissenschaftler auch erst seit einigen Jahren.

Je mehr Alkohol man zu sich nimmt, desto höher ist die Defizit-Quote. Mit anderen Worten: Wer eine Menge trinkt, die für 4 Promille ausreicht, hat ein Resorptionsdefizit von etwa 20 Prozent, während derjenige, der sich nur einen »normalen« Rausch ansäuft, mit einem Resorptionsdefizit von 10 Prozent rechnen kann. Sicherheitshalber sollte man nicht mehr als 10 Prozent abziehen.

Stündlicher Abbau

Bei stündlichem Abbau des Blutalkohols handelt es sich um körpereigene Reaktionen, die sich im Blutkreislauf selbst abspielen. Der Abbau ist individuell unterschiedlich. Die meisten Menschen bauen aber 0,16 g ‰ pro Stunde ab. Die Extremwerte liegen bei 0,12‰ und bei 0,24‰. Man kann ohne großes Risiko vom Standardabbau (0,16 g ‰) ausgehen. Juristen und Mediziner sprechen hier vom »Mittelwert«, obwohl es sich nicht um den mathematischen Mittelwert handelt. Jedenfalls trifft dieser Wert für die allermeisten Menschen (mehr als 80 Prozent) zu.

Anwendung der Formel

Nun zur Blutalkoholermittlung in unserem Beispielsfall: Vorausschicken müssen wir, daß Siggi Süffel 85 kg schwer ist und mit der Sauferei erst um 23.00 Uhr begonnen hat. Die Blutprobe wird um 9.00 Uhr morgens entnommen.

Zunächst einmal müssen wir ermitteln, wieviel Gramm reinen Alkohols Süffel verdrückt hat.

Hier ergibt sich folgende Aufstellung:

½ Flasche Weinbrand, 0,35 l × 320	112 g
4 Liter Bier, 4 × 40	160 g
10 doppelte Klare, 0,2 l × 320	64 g
	336 g

Die Bruchrechnung sieht jetzt also wie folgt aus:

$$\frac{336}{0{,}7 \times 85}$$

Das Ergebnis lautet, wie uns der Taschenrechner freundlicherweise mitteilt: 5,65 Promille.

Hiervon ziehen wir das Resorptionsdefizit (vorsichtshalber, wie oben erläutert, nur 10 Prozent) ab. Es bleiben dann (abgerundet) 5,08 Promille übrig.

Hiervon wiederum ist der stündliche Abbau abzuziehen. Das sind 10 Stunden à 0,16 Promille, insgesamt also 1,6 Promille.

Daraus ergibt sich folgende Schlußrechnung:

$$5{,}65 - 0{,}57 = 5{,}08 - 1{,}6 = 3{,}48‰.$$

Dieser Wert ist ja bei der Blutprobe letzten Endes auch herausgesprungen.

Wie hoch ist die Strafe?

Bevor ich meinen Lesern nun ein fröhliches »gut Schluck« wünsche, wollen wir uns zu guter Letzt der Frage zuwenden, wie unser Freund Siggi zu bestrafen ist. Fest steht, daß die erste Tat noch nicht abgeurteilt ist; sie hat sich ja erst einige Stunden zuvor abgespielt. Beide Vorfälle werden dann also zusammen verhandelt, und was Siggi Süffel in unserem zweiten Fall angerichtet hat, schlägt auf das Strafmaß gar nicht einmal so sehr durch. Er wird zusätzlich bestraft wegen § 316 StGB und § 21 StVG (Fahren ohne Fahrerlaubnis – sein Führerschein war ja aufgrund der ersten Tat bereits beschlagnahmt). Bei der Sperrfrist wird das Gericht allerdings noch ein halbes Jahr drauflegen.

Wenn dann vier Monate später die Hauptverhandlung stattfindet und der Richter dem zitternden Angeklagten das Urteil verkündet, die Verwaltungsbehörde werde angewiesen, ihm vor Ablauf von weiteren 14 Monaten keine Fahrerlaubnis zu erteilen, so beginnt diese Frist natürlich mit Rechtskraft des Urteils, also in der Regel eine Woche nach Verkündung, und die vier Monate, in denen Süffel seinen Führerschein bereits entbehrt, werden nicht etwa angerechnet. Deshalb ist der Führerschein insgesamt 18 Monate futsch – »18 Monate brutto«, wie manche Juristen sagen.

Merksätze zum Verkehrsstrafrecht

- **Fahrverbot bedeutet die Verwahrung des Führerscheins und seine Wiederaushändigung nach ein bis drei Monaten.**

- **Entzug der Fahrerlaubnis bedeutet den endgültigen Verlust des Führerscheins mit der Möglichkeit der Erteilung eines neuen Führerscheins nach mindestens sechs Monaten.**

- **Wer absolut fahruntüchtig ist (mehr als 1,3 Promille) und keinen Unfall verursacht, riskiert ein Monatsgehalt Strafe und eine führerscheinlose Zeit von neun Monaten.**

- **Wer mit Alkohol im Blut einen mindestens mittleren Unfall verursacht (mehr als 1300,– DM Sachschaden**

oder Verletzungen), riskiert eine Geldstrafe von einem bis anderthalb Monatsgehältern und eine führerscheinlose Zeit von 10 bis 15 Monaten.

● Wer mit 0,8 bis 1,29 Promille unauffällig Auto fährt, riskiert ein Bußgeld von 500,– DM und ein Fahrverbot von einem Monat, beim zweiten Mal das Doppelte, beim dritten Mal das Dreifache.

● Wer sich auf Nachtrunk beruft, muß mit einer Begleitstoffanalyse rechnen und sich im Einzelfall fragen lassen, wie er zwischen Unfall und Erscheinen der Polizei unbemerkt eine Flasche Schnaps ausgetrunken haben will.

● Jeder kann seinen ungefähren Blutalkoholgehalt mit Hilfe einer einfachen Formel selbst ermitteln.

● Wer nach einem Unfall nicht lange genug auf die Polizei oder den Geschädigten wartet, riskiert etwa zwei Drittel Monatsgehälter Strafe und – wenn der Schaden mehr als 1300,– DM beträgt – mindestens ein halbes Jahr Fahrerlaubnisentzug.

5. BUSSGELDSACHEN UND FLENSBURGER KARTEI

Fall 1:

Hugo Hammer fährt mit seinem schnellen bayrischen Auto von seinem Heimatort in die Nachbarstadt. Neben ihm sitzt seine Freundin Susi Sahnebacke. Auf den Rücksitzen lümmeln sich seine Kumpels Kurt Klopper und Bruno Brecher. Der Pkw überquert eine Innenstadtkreuzung etwa drei Sekunden nach Einsetzen der Gelbphase. Hugo Hammer beschleunigt sein Auto in Höhe des alten Friedhofs auf etwa 80 km/h. Ca. 100 Meter vor Erreichen des Ortsausgangsschildes hat er eine Geschwindigkeit von 120 km/h erreicht. Diese Geschwindigkeit wird durch eine Radarmessung bestätigt.

In der Verhandlung vor dem Bußgeldrichter bezeugen Sahnebacke, Klopper und Brecher übereinstimmend, daß Hammers Wagen noch bei Gelb durchgefahren sei. Außerdem erzählen sie, daß der Tachometer auf der Meßstrecke lediglich 60 km/h angezeigt habe.

Was wird auf Hugo Hammer zukommen?

OWis – was ist das?

Verkehrsordnungswidrigkeitenverfahren nehmen die Zeit der Gerichte etwa im gleichen Umfang in Anspruch wie das gesamte Strafrecht. Um nicht noch eine Überlegenheit in der Wortlänge zu schaffen, wollen wir diese Verfahren kurz »OWi-Sachen« nennen und die Ordnungswidrigkeiten selbst »OWis«.

Wer eine OWi begeht, bekommt ein Verwarnungsgeld (»Verwarnung«) von bis zu 40,— DM aufgebrummt oder ein Bußgeld, das bei Verkehrs-OWis einen Betrag von 1500,— DM nur selten übersteigt. Nie jedoch gibt es bei Owis Geld- oder Freiheitsstrafen.

Wer eine OWi begeht, soll nicht »bemakelt« werden, wie die Juristen sagen, das heißt, er soll nicht mit dem Makel oder dem Schandfleck einer Vorstrafe herumlaufen. Für die Befreiung von diesem Makel kann man sich freilich nichts kaufen. Im Gegenteil. Erstens können

Bußgelder ganz schön weh tun, und zweitens gibt es für alle Bußgelder ab 80,— DM aufwärts Punkte im Verkehrszentralregister, besser bekannt als »Flensburger Kartei«.

Flensburger Kartei

Der Leser wird mir sicherlich bestätigen können, daß die Flensburger Kartei im Bewußtsein der Öffentlichkeit eine größere Bedeutung und einen größeren Bekanntheitsgrad hat als das Strafregister. Das zeigt sich schon in blöden Scherzen, wie dem folgenden:

»Was machst'n im Urlaub?« fragt ein Freund den anderen. »Ich fahr' nach Flensburg«, knurrt der andere, »will meinen Führerschein besuchen.« Wo er ihn allerdings nicht finden würde. Der Führerschein ist nämlich beim Straßenverkehrsamt seines Wohnorts und wird nach einer Aufbewahrungsfrist von 2 bis 10 Jahren zerschreddert.

Für welche OWi wie viele Punkte eingetragen werden, was passiert, wenn man einige gesammelt hat, und wann sie schließlich gelöscht werden, werden wir weiter unten erfahren.

»OWi«-Verfahren

Hier wollen wir uns zunächst einmal das Verfahren näher betrachten:

a) Es beginnt damit, daß die Polizei einen bei irgendeiner kleinen Schweinerei ertappt, sei es, daß man im Überholverbot überholt, zu schnell fährt oder das Rotlicht einer Ampel mißachtet.
b) Nach ein bis zwei Wochen kommt einem dann der charakteristische Brief ins Haus geflattert. In Niedersachsen hat er einen grünen Umschlag und enthält einen blauen Anhörungsbogen.

Anhörungsbogen

Der Anhörungsbogen will in der Theorie dafür sorgen, daß der Betroffene – so nennt man nämlich hier im Gegensatz zum Strafrecht den Übeltäter – zu Wort kommt, bevor der Bußgeldbescheid ergeht. In der Praxis läuft der Anhörungsbogen aber darauf hinaus, daß die Verwaltungsbehörde, die den blauen Brief verschickt, also die Bußgeldstelle der Stadt oder des Landkreises, schon einmal erfährt, wie der Betroffene sich rausreden will, vor allem aber: wie er sich nicht herausreden will.

Wer etwa auf der Rückseite die entscheidende Frage »Wird der Verkehrsverstoß zugegeben«? mit »Ja« ankreuzt und dann drauflos winselt, er habe das Überholverbotsschild nicht gesehen, so daß man die Sache doch mit einer Verwarnung erledigen könne usw. usf., tut der Bußgeldstelle einen großen Gefallen, weil er damit erstens zugibt, am Steuer gesessen zu haben, und zweitens einräumt, tatsächlich in der Überholverbotszone überholt zu haben.

»Nein« ankreuzen ...

Die meisten kreuzen »Nein« an und erklären umständlich – manchmal sogar mit einer Anlage zum Anhörungsbogen –, sie seien viel langsamer gefahren, die Ampel sei noch gelb gewesen, die Oma auf dem Rücksitz habe sie abgelenkt und vieles mehr – ohne zu merken, daß sie damit in die Falle gegangen sind. Die Bußgeldstelle wollte ja bloß rauskriegen, ob der Betroffene zugibt, überhaupt gefahren zu sein.

... und nichts schreiben!

Deshalb gebe ich jetzt einen Tip: Wenn so ein Brief ins Haus flattert, entscheidet man sich bei der oben gestellten Frage für »Nein« oder für Nichtbeantwortung und läßt das nachfolgende Kapitel »Falls nein, Begründung:« einfach beiseite. Dann unterschreibt man das Ding und schickt den Brief zurück. Die Herren von der Bußgeldstelle kratzen sich dann verlegen am Kopf. Wenn man Glück hat, wird das Verfahren dann sogar gleich eingestellt. Die Anhörungsbögen enthalten die Aufforderung, binnen einer Woche zu antworten. Viele denken, sie müßten das. Sie verkennen dabei, daß sie sich äußern dürfen, nicht müssen. Es gibt also ein Recht auf rechtliches Gehör, keineswegs aber eine Verpflichtung, sich im Vorverfahren zu äußern.

Bußgeldbescheid

c) Es folgt der rosarote oder weiße Bußgeldbescheid. Gegen diesen Bußgeldbescheid muß man, wenn man sich zur Wehr setzen will, binnen zwei Wochen Einspruch einlegen, genauer gesagt: Innerhalb der zwei Wochen, die auf den Tag der Zustellung des Bescheides folgen, muß der Einspruch bei der Verwaltungsbehörde eingegangen sein. Diese gibt den Einspruch dann routinemäßig an den Staatsanwalt weiter, was im Grunde ein alter Zopf ist, da die Staatsanwaltschaft in aller Regel gar keine Stellungnahme abgibt und die Aktenberge gleich zum Gericht rüberschaufelt.

d) Vor dem Amtsrichter findet dann mit großem Tam-Tam die Hauptverhandlung statt. Das Verfahren läuft ab wie ein Strafverfahren, mit dem Unterschied, daß die Staatsanwaltschaft fast nie vertreten ist.

Hauptverhandlung über den Einspruch

Vorne sitzt also der Richter, links neben ihm die Protokolltante. Schräg rechts vor dem Richter sitzt der Betroffene, wenn er Glück hat, in Begleitung seines Verteidigers. Dem Betroffenen gegenüber sammelt sich Staub auf dem leeren Stuhl des Staatsanwalts.

Dann das übliche Ritual: Der Betroffene wird zur Person befragt. Darauf wird der Bußgeldbescheid verlesen. Anschließend bekommt der Betroffene zu hören, daß er zur Sache aussagen darf, aber nicht muß. In der Regel tut er es. Es folgt der längste Akt des schlaffen Dramas, nämlich die Zeugenvernehmung. Wenn alle Zeugen ausgequetscht sind, plädiert der Verteidiger. Und ganz am Ende verkündet der Richter vor leeren Zuschauerrängen – wie im Strafrecht – ein abschreckendes Urteil.

Rechtsbeschwerde

e) Gegen das Urteil gibt es ein Rechtsmittel. Das kann man aber getrost vergessen. Wenn das Bußgeld unter 201,— DM liegt, kann man einen Rechtsbeschwerdezulassungsantrag stellen. Der hat nur Aussicht auf Erfolg, wenn der Fall eine Rechtsverletzung oder eine Rechtsfrage enthält, die zur Fortbildung des Rechts oder zur Sicherung einer einheitlichen Rechtsprechung endlich einmal von einem Oberlandesgericht entschieden werden muß. Weil das sehr selten ist, werden derartige Zulassungsanträge mit dem unausgesprochenen Argument, daß man die scharfsinnigsten Juristen im Lande nicht mit derartigem Kleinkram nerven soll, mit einer formularmäßigen Begründung abgeschmettert.

Liegt das Bußgeld über 200,— DM, braucht die Rechtsbeschwerde zwar nicht großartig zugelassen zu werden. Das nützt aber nichts, denn dann schmettert das Oberlandesgericht statt des Zulassungsantrags die Rechtsbeschwerde selbst ab.

Wichtig ist bei alldem, daß man in der zweiten Instanz nur Rechtsfehler, also Gesetzesverletzungen rügen kann, nicht aber eine falsche Erfassung des Sachverhalts durch den Richter. Mit anderen Worten: Der Bußgeldrichter ist die erste und letzte Tatsacheninstanz. Da Rechtsfehler selten sind, ist eine erfolgreiche Rechtsbeschwerde etwa so selten wie ein Vierer im Lotto. Es gibt gute Anwälte mit zehnjähriger Berufspraxis, die noch nie eine Rechtsbeschwerde gewonnen haben.

Trotzdem wollen wir einige Beispiele für Rechtsfehler nennen: Das Gericht vergißt, die Ehefrau des Betroffenen über ihr Zeugnisverweigerungsrecht zu belehren oder dem Betroffenen das letzte Wort zu erteilen. Der Richter hört sich einen vom Verteidiger in der Verhandlung präsentierten Zeugen nicht an. Er verurteilt den Betroffenen zu einer halben Stunde Kartoffelschälen statt zu einem Bußgeld von 100,— DM. Letztes Beispiel: Der Richter verurteilt wegen Verstoß gegen das Rechtsfahrgebot, obwohl tatsächlich gegen ein Überholverbot verstoßen wurde.

Kosten Obwohl man alles in allem die zweite Instanz vergessen kann, ist das Bußgeldverfahren immer noch aufwendig und zeitraubend genug. Vor allem kosten die Owi-Sachen die Justiz ein Heidengeld. Deshalb bastelt jede zweite Regierung an Gesetzesinitiativen zur Reform des OWi-Verfahrens herum.

Bei Polizei und Verwaltung hat sich der Eindruck breitgemacht, daß nur Leute mit Rechtsschutzversicherung gegen einen Bußgeldbescheid Einspruch einlegen. Da ist was dran. Ich schätze, daß etwa 80 Prozent der Betroffenen, die eine Hauptverhandlung über sich ergehen lassen, rechtsschutzversichert sind. Die haben dann auch einen Verteidiger dabei. Die restlichen 20 Prozent suchen ohne Verteidiger ihr Recht oder das, was sie dafür halten. Wer einen Verteidiger dabei hat, ist fast immer rechtsschutzversichert. Das ergibt sich schon draus, daß eine Verteidigung mindestens 300,— DM kostet und somit ein Mehrfaches des Bußgeldes ausmacht. Wer alles in allem eine Vervielfachung der

Kosten riskiert, muß schon sehr von seiner Unschuld überzeugt sein.

Rechtsschutz-versicherte Querulanten?

Noch einmal: Die Bestandsaufnahme der Bußgeldstellen ist sicherlich richtig. Falsch ist jedoch die Schlußfolgerung, daß die Leute nur deshalb Einspruch gegen einen Bußgeldbescheid einlegen, weil sie rechtsschutzversichert oder querulatorisch veranlagt sind. In dieser Theorie zeigt sich die ganze Selbstgerechtigkeit der Exekutive – also gerade die Charaktereigenschaft, die den armen Betroffenen angehängt wird. Die Sache sieht nämlich in Wirklichkeit so aus, daß die Unschuldigen oder diejenigen, die mit guten Gründen der Auffassung sind, ein niedrigeres Bußgeld verdient zu haben, in vielen Fällen nur vom zeitlichen und finanziellen Aufwand, außerdem von der unausweichlichen Nerverei des Bußgeldverfahrens davon abgehalten werden, es auf eine Hauptverhandlung ankommen zu lassen.

Frontfotos

Die Chancen, als Schuldiger durch die Maschen zu schlüpfen, werden bei OWis immer seltener und geringer. Noch vor wenigen Jahren haben etwa die berühmten »Blitzkästen« nur Geschwindigkeitsüberschreitungen im abfließenden Verkehr fotografiert, mit der Folge, daß man dann auf den Fotos immer nur ziemlich verschwommene Hinterköpfe sah, die noch dazu zum großen Teil durch die Nackenstütze verdeckt waren. All diese Charakterköpfe konnten zu mehreren möglichen Fahrern passen, so daß man durchaus eine Chance hatte, mit der Ausrede durchzukommen, ein Verwandter sei gefahren. Neuerdings macht die Polizei aber gestochen scharfe Frontfotos, und da ist nun wirklich nichts mehr zu machen.

Vergleichbar ist die Situation bei der Geschwindigkeitskontrolle. Früher gab es etliche Meßgeräte, die für Störungen von außen – etwa durch militärischen Funkverkehr – empfänglich waren und deshalb zu falschen Ergebnissen kamen.

Fehlerquellen bei Radarmessung

Ab und zu macht sich immer noch einmal ein Sachverständiger dadurch einen Namen, daß er neue Fehlerquellen bei bestimmten Geräten entdeckt. Jüngste Affäre dieser Art war die Sache mit der Knickstrahlenreflexion beim Radarmeßgerät Multanova VR 3 F. Auch diese Fehlerquelle ist mittlerweile ausgemerzt, da das Gerät gar nicht mehr oder nur noch für den abfließenden Verkehr genutzt wird (Fehlerquellen gab es nur bei entgegenkommendem Verkehr). Die Tendenz ist ganz klar die, daß die Geräte immer genauer und unbestechlicher werden. Die Polizisten hoffentlich auch.

Rotlichtverstöße

Unvermeidbare menschliche Unzulänglichkeiten treten besonders bei Rotlichtverstößen zutage, und zwar auf beiden Seiten der OWi-Front, also sowohl bei den betroffenen Autofahrern als auch bei den beobachtenden Polizisten. Die maschinelle Beobachtung von Rotlichtverstößen ist noch selten. Meist stellt sich ein Streifenwagen 30 bis 50 Meter von der Ampel entfernt in einem Winkel von ca. 45° zwischen Haltelinie und Straße vor die Ampelanlage. Auf diese Weise wird ein ziemlich fauler Beobachtungskompromiß geschlossen: Den Zeitpunkt der Überschreitung der Haltelinie kann man am besten dadurch feststellen, daß man sich auf gleiche Höhe mit der Haltelinie stellt, während man das Umspringen der Ampel von Gelblicht auf Rotlicht am sichersten dann beobachten kann, wenn man im 90°-Winkel zur Haltelinie direkt vor der Ampel steht.

Während man im ersten Fall die Ampel nicht sehen kann, hat man im zweiten Fall die Haltelinie nicht richtig im Blick. Die Polizei entscheidet sich deshalb für die beschriebene Zwischenlösung und schielt mit einem Auge auf die Haltelinie, mit dem anderen auf die Ampel. Wenn man die Zuverlässigkeit dieser Beobachtung dann in der Hauptverhandlung bestreitet, ist sie immer sehr gekränkt. Besonders schneidige Polizisten schnauzen dann den Betroffenen oder den Verteidiger an, man wolle ihnen doch wohl nicht unterstellen, daß sie lügen. In Polizistenkreisen hat sich – und das ist das eigentliche Problem – immer noch nicht herumgesprochen, daß Irren menschlich ist und daß auch Polizisten irren können.

Hoffnung also für Hugo Hammer? Nein. Überhaupt keine. Es nützt ihm auch nichts, wenn er drei Zeugen auffährt, die allesamt Stein und Bein zu schwören bereit sind, daß die Ampel bei Überschreiten der Haltelinie noch Grünlicht zeigte.

Polizisten irren nicht

Für das Gericht ist es eine Erfahrungstatsache, daß Fahrzeuginsassen immer die Version des Fahrers bestätigen. Sie haben natürlich – so die Gerichte – ein unbewußtes oder bewußtes Interesse daran, daß der Fahrer ungeschoren aus der Sache herauskommt. Die Polizisten dagegen haben einen Objektivitätsvorsprung. Ihnen kann es egal sein, ob irgendwelche Autofahrer, die sie nicht kennen, ein Bußgeld zahlen müssen oder nicht. Sie haben kein persönliches Interesse am Ausgang des jeweiligen Einzelfalls. Die Höhe ihres Gehalts ist nicht davon abhängig, wieviel Rotlichtsünder sie ertappen.

Da spielt es dann auch keine Rolle, daß die Polizisten, wenn sie den Gerichtssaal betreten, an den gerade verhandelten Einzelfall überhaupt keine Erinnerung mehr haben. Sie gucken auf ihren Spickzettel und erklären, sie hätten sich das Kennzeichen ja schließlich nicht notiert, wenn der Betroffene nicht ganz klar bei Rot durchgefahren wäre.

Also, liebe Leser, machen Sie sich bei Rotlichtverstößen keine Hoffnungen, vor Gericht besser abschneiden zu können als im Bußgeldbescheid.

Polizisten haben immer recht, auch dann, wenn es nach den Ausagen 4:1 gegen sie steht.

Ebensowenig wird Hugo Hammer hier mit der von »seinen« Zeugen bestätigten Behauptung, er sei auf der Meßstrecke bloß 60 km/h gefahren, durchkommen.

Entlastungszeugen

Entweder ist der Tachometer im Eimer (und das glaubt dem guten Hammer kein Mensch, schließlich läßt es sich überprüfen), oder Hammer und seine Freunde lügen.

Hammer darf das übrigens, er ist ja der Betroffene. Der Betroffene darf ebenso wie der Angeklagte lügen, daß sich die Balken biegen. Das ist sein gutes Recht. Wenn seine Zeugen lügen und die Sache rauskommt, sieht es freilich böse für sie aus. Für eine absichtliche Falschaussage, auch wenn sie nicht beeidet ist, gibt es gleich mindestens ein halbes Jahr Knast (zur Bewährung).

Bußgeld und Punkte

Alles in allem: Das Radargerät irrt sich nicht, und Hammer ist auch wegen Geschwindigkeitsüberschreitung dran. Für 120 km/h in geschlossenen Ortschaften gibt es 300,— DM bis 400,— DM Bußgeld, einen Monat Fahrverbot und vier Punkte in Flensburg. Hammer kann allerdings Schwein haben und einen Verzicht auf das Fahrverbot erreichen, wenn es dem Verteidiger gelingt, dem Richter klarzumachen, daß kurz vor dem Ortsausgang nun wirklich keine Fußgänger mehr herumturnen, die durch Geschwindigkeitsüberschreitungen gefährdet werden könnten. Freilich hat der Verzicht auf das Fahrverbot seinen Preis: Das Bußgeld wird ordentlich erhöht, wahrscheinlich auf etwa 500,— DM.

Die folgende Tabelle stellt eine Art Auszug aus der OWi-Speisekarte dar. Sie enthält zwar keine Gerichte im eigentlichen Sinne, wohl aber Sachen, die vor den Gerichten landen können.

Ordnungswidrigkeit (OWi)	Fahrverbot	Bußgeld	Punkte
Verursachen eines Verkehrsunfalls		100,— DM	3
Linksfahren an unübersichtlichen Stellen oder wenn man überholt wird		80,— DM	2
Zu schnelles Fahren innerhalb geschlossener Ortschaften			
mehr als 20 km/h		80,— DM	1
mehr als 25 km/h		120,— DM	3
mehr als 30 km/h		200,— DM	3
mehr als 40 km/h		300,— DM	4
mehr als 50 km/h	ja	400,— DM	4
mehr als 60 km/h	ja	500,— DM	4
Das gleiche außerhalb geschlossener Ortschaften			
mehr als 50 km/h	ja	300,— DM	4
mehr als 60 km/h	ja	400,— DM	4
Rechts überholen		100,— DM	3
Rückwärtsfahren auf dem Seitenstreifen der Autobahn		200,— DM	4

Ordnungswidrigkeit (OWi)	**Fahrverbot**	**Bußgeld**	**Punkte**
Rückwärtsfahren oder Wenden auf Autobahnen	ja	300,– DM	4
Verbotenes Parken um mehr als drei Stunden mit Verkehrsbehinderung		50,– DM	0
Fahren ohne Licht trotz Nebel, Schneefall oder Regen		100,– DM	3
Das gleiche innerhalb geschlosener Ortschaften		50,– DM	0
Verbotenes Vorbeifahren an Fußgängern auf Zebrastreifen			
mit Gefährdung von Fußgängern		100,– DM	3
ohne Gefährdung		50,– DM	0
Rotlichtverstoß		100,– DM	3
Abgewetzte Reifen, pro Reifen		50,– DM	0
Erstmaliges Fahren mit 0,8 bis 1,29‰ ohne Ausfallerscheinungen	ja	500,– DM	4

Fall 2:

Gerd Grummel, der seinem Freund Siggi Süffel gegenüber immer angibt, er habe trotz rasanter Fahrweise und ständigen Alkoholgenusses bloß drei Punkte in der Flensburger Kartei, zankt sich eines Abends mit seiner Frau, verläßt wütend das Haus, setzt sich in sein Auto und drischt los.

Die Polizei wird auf ihn aufmerksam, als sie von ihm in einer Überholverbotszone (Linkskurve mit durchgezogener Linie) überholt wird, obwohl der Funkwagen auch schon mit 120 Sachen in die Kurve rauscht. Nach kurzer Aufholjagd fahren die Polizisten etwa einen Kilometer mit gleichbleibendem Abstand hinter Gerd Grummel her. Ihr nichtgeeichter Tacho zeigt konstant 165 km/h.

In der letzten Kurve vor der Stadt gerät Grummel leicht ins Schleudern und nietet einen Leitpfahl um, was ihn allerdings nicht an der Weiterfahrt hindert.

In der Stadt gelingt es Grummel, den Streifenwagen abzuschütteln und in einer Nebenstraße zu verschwinden.

Dort stellt er sein Auto in einer Halteverbotszone ab und verschwindet für 2 Stunden bei seiner Freundin.

Von ihr kehrt er mit weichen Knien, aber ohne inneren Frieden zurück. Er setzt sich wieder ans Steuer und fährt erst einmal bei Rot über die Ampel. Die nächste Ampel will er bei Gelb überqueren, merkt aber zu spät, daß das Rindvieh von Vordermann schon bei Einsetzen der Gelbphase eine lupenreine Vollbremsung hinlegt, mit der Folge, daß Gerd Grummel einen leichten Auffahrunfall (Schaden: ca. 600,— DM) nicht vermeiden kann. Seine Antwort auf den Unfall ist die sofortige Flucht mit quietschenden Reifen.

Ein Quietschen wird auch an der nächsten Kreuzung hörbar. Es stammt allerdings nicht von Gerd Grummel, sondern von einem von rechts kommenden Fahrzeug, dem er die Vorfahrt genommen hat. Am Ortsausgang lauern die frustrierten Polizisten. Die Wiedersehensfreude ist fast so groß wie das Jagdfieber, von dem sie nun gepackt werden. Gerd Grummel wird ausgebremst und muß in eine Tüte blasen. Ergebnis: 0,97 Promille. Grummels Freundin war nämlich nicht nur sehr lieb, sondern hatte auch zufällig etwas zu trinken da.

Man kann den Fall unter diversen Gesichtspunkten betrachten. Die meisten Aspekte – z. B. der psychologische und der sexologische – sind interessanter als die Aspekte, mit denen wir uns herumschlagen müssen. Jedoch haben wir auch einiges zur Auswahl, nämlich die owi-rechtliche, die strafrechtliche und die straßenverkehrsbehördliche Betrachtungsweise.

Punktesystem

Die letzte klingt nun so, als sei sie besonders trocken oder, wie man in Flensburg sagt, dröge. Das Stichwort »Flensburg« führt uns zum Thema, und zugleich führt uns das Thema nach Flensburg. Wir wollen uns nämlich hier einmal das Punktesystem ansehen und uns vor allem von Gerd Grummel vorführen lassen, daß es gar kein Kunststück ist, durch die Untaten eines einzigen Tages auch ohne gerichtliche Entscheidung seinen Führerschein loszuwerden.

An dieser Stelle muß man scharf unterscheiden zwischen den owi- und strafrechtlichen *Maßnahmen der*

Bußgeldstellen und Gerichte einerseits und den *Maßnahmen der Straßenverkehrsbehörden andererseits.*

Zunächst einmal wollen wir das Thema der Bestrafung abhaken, weil wir das schon ein wenig kennengelernt haben. Unter dem, was Gerd Grummel angerichtet hat, befinden sich nicht nur Ordnungswidrigkeiten. Es ist auch ein strammes Vergehen dabei, nämlich . . . na? Natürlich, die Fahrerflucht. Deshalb nimmt die Akte nicht den Weg von der Polizei über die Bußgeldstelle und die Staatsanwaltschaft zum Bußgeldrichter, sondern den Weg über die Polizei zur Staatsanwaltschaft und von dort aus zum Strafrichter. **Strafverfahren**

Letzten Endes läuft das aufs selbe hinaus, mit dem Unterschied allerdings, daß Gerd Grummel im Sitzungssaal nun auch einen Staatsanwalt vorfindet, der ihm ganz schön einheizen wird. Der wäre ihm im OWi-Verfahren erspart geblieben. Und außerdem gibt es natürlich eine satte Geldstrafe und nicht bloß ein Bußgeld und dazu nicht nur eine Eintragung in Flensburg, sondern auch noch eine im Strafregister.

Grummel hat nun keinen Bußgeldbescheid zu erwarten, sondern eine Anklage beim Strafrichter, die die OWi-Sachen mit einbezieht. Wenn die beiden Fälle der Fahrerflucht nicht »mit drin« wären, müßte Grummel etwa mit folgendem Bußgeldbescheid rechnen: Wenn er Glück hätte, würde die Bußgeldstelle Tateinheit zwischen falschem Überholen (150,— DM) und zu schnellem Fahren (200,— DM) annehmen und ein einziges Bußgeld von 250,— DM festsetzen. **OWi-Verfahren**

Die Methode zur Geschwindigkeitsermittlung wird den strengen Anforderungen gerecht: Die Polizisten sind etwa einen Kilometer hinterhergefahren. Der Abstand war stets gleich. Dennoch werden noch 15 Prozent von der gemessenen Geschwindigkeit abgezogen, mit der Folge, daß aus den 165 km/h eine vorwerfbare Geschwindigkeit von 140,25 km/h wird. Grummel ist dann 40 km/h zu schnell gefahren. Das ergibt ein Bußgeld von 200,— DM. Das Umrammen des Leitpfahls (Verursachung eines Verkehrsunfalls) kostet weitere 100,— DM, das anschließende Parken im Parkverbot 20,— **Geschwindigkeitsermittlung durch Hinterherfahren**

DM. Nach dem Schäferstündchen kommt folgendes hinzu: Der Rotlichtverstoß bringt 100,— DM ein, der Auffahrunfall weitere 100,— DM, die Vorfahrtsverletzung nochmals 100,— DM und der Verstoß gegen das 0,8-Promille-Gesetz schließlich 500,— DM.

Keine Ausfallerscheinung, wenn man es auch nüchtern tut

Bevor wir alles zusammenzählen, müssen wir Grummel allerdings dazu gratulieren, daß die Verwaltungsbehörde hier nur von einem Verstoß gegen das 0,8-Promille-Gesetz ausgeht. Wir haben ja weiter oben bereits gelernt, daß immer dann, wenn zu der Promillespanne von 0,8 bis 1,29 eine Ausfallerscheinung hinzutritt, durchaus auch wegen Straßenverkehrsgefährdung (§ 315c StGB) Anklage erhoben werden kann, mit der Folge, daß dann ein gutes Monatsgehalt als Geldstrafe draufgeht und der Führerschein allein hierfür für mindestens ein Jahr futsch ist.

Wir wollen aber annehmen, daß Gerd Grummel der Nachweis gelingt, auch in vorangegangenen Fällen schon das gleiche angerichtet zu haben, *und zwar nüchtern.* Dann sind die Ausfallerscheinungen plötzlich nicht mehr alkoholbedingt, sondern sozusagen persönlichkeitstypisch, und der Täter kommt mit einem relativ billigen Bußgeld (+ ein Monat Fahrverbot) davon. Das ist kein Witz. Man muß also tatsächlich ins Feld führen, derartige Sachen des öfteren schon nüchtern gemacht zu haben, und schon ist man aus dem Gröbsten raus.

Die Additionsaufgabe sieht jetzt wie folgt aus:

1. zu schnelles Fahren mit falschem Überholen	250,— DM
2. Umfahren der Leitplanke	100,— DM
3. Falschparken	20,— DM
4. bei Rot über die Ampel	100,— DM
5. Auffahrunfall	100,— DM
6. Vorfahrtsverletzung	100,— DM
7. 0,97 Promille im Blut	500,— DM
	1170,— DM

Rabatt bei Tatmehrheit

Wenn Grummel besonders großes Glück hat, bekommt er noch den bei Tatmehrheit typischen Rabatt. Ein Gesamtbußgeld von 1000,— DM würde aber an ihm hängenbleiben – wie gesagt, alles für den Fall, daß nicht noch die beiden Fälle der Fahrerflucht hinzukommen.

Bezieht man die mit ein, bekommt Gerd Grummel zusätzlich eine Geldstrafe von 20 Tagessätzen. Nehmen wir einmal an, er ist Junggeselle und verdient 1500,— DM netto im Monat, dann sind 20 Tagessätze 1000,— DM. Alles in allem muß er dann 2000,— DM blechen.

Der Richter wird auch an einen Entzug der Fahrerlaubnis denken, um sich dann angesichts der zahlreichen kleinen Schweinereien, die Gerd Grummel angerichtet hat, mordsmörderlich darüber zu ärgern, daß das nicht geht.

Es geht tatsächlich nicht. Wie wir bereits gesehen haben, muß man, wenn man sich bei Fahrerflucht eine Fahrerlaubnisentziehung einhandeln will, einen Schaden von mehr als 1300,— DM anrichten. Die beiden Schäden, die Gerd Grummel angerichtet hat, liegen bei ca. 200,— DM und bei ca. 600,— DM, also kann der Richter nur ein Fahrverbot ausspucken (§ 44 StGB). Das bedeutet, um es zu wiederholen, daß der Führerschein weggenommen, verwahrt und anschließend wieder ausgehändigt wird, während er beim Entzug eines Tages eingestampft wird.

Durch das Gericht: Höchstens drei Monate Fahrverbot!

Besonders wird sich der Richter darüber ärgern, daß die Höchstdauer des Fahrverbotes drei Monate beträgt (§ 44 StGB). Ein Monat davon entfällt schon auf den Verstoß gegen das 0,8-Promille-Gesetz, so daß für die beiden Fälle der Fahrerflucht nur zwei Monate übrigbleiben.

Alles in allem: Gerd Grummel wird 2000,— DM Geldstrafe zahlen und sich ein Fahrverbot von drei Monaten einfangen.

Wenn wir uns jetzt die Kehrseite der Medaille begukken, werden wir schnell feststellen, daß der Richter sich umsonst geärgert hat. Bevor wir uns aber staunend ansehen, wie Gerd Grummels Punktekonto hochschnellt, wollen wir erst einmal einen Blick auf das Punktesystem werfen.

AUSZUG AUS DEM PUNKTEKATALOG

Straftaten

Fahrerflucht:	7 Punkte
Trunkenheitsfahrt:	7 Punkte
Straßenverkehrsgefährdung (Trunkenheitsfahrt mit nicht ganz leichtem Unfall):	7 Punkte
Verkehrsrowdytum:	7 Punkte
Fahren ohne Fahrerlaubnis:	6 Punkte
Nötigung:	5 Punkte
Fahrlässige Tötung:	5 Punkte
Fahrlässige Körperverletzung:	5 Punkte
Fahren mit einem nichtzugelassenen Fahrzeug:	5 Punkte

Ordnungswidrigkeiten

0,8-Promille-Gesetz:	4 Punkte
Verursachung eines Verkehrsunfalls:	3 Punkte
Rotlichtverstoß:	3 Punkte
Wenden oder Rückwärtsfahren auf Autobahnen:	4 Punkte
Überholen im Überholverbot bei unübersichtlicher Lage:	4 Punkte
Geschwindigkeitsüberschreitung um mehr als 40 km/h im Ort:	4 Punkte
Geschwindigkeitsüberschreitung um mehr als 25 km/h im Ort:	3 Punkte
Ungenügender Sicherheitsabstand bei mehr als 80 km/h:	3 Punkte
Falsches Verhalten beim Abbiegen unter Gefährdung anderer:	2 Punkte
Falsches Verhalten beim Wenden unter Gefährdung anderer:	2 Punkte
Unzulässiger Fahrstreifenwechsel unter Gefährdung anderer:	2 Punkte
Verletzung des Rechtsfahrgebots beim Überholtwerden:	2 Punkte
Gefährdung anderer beim Ein- oder Aussteigen:	1 Punkt
Übermäßiger Krach:	1 Punkt
Alle Ordnungswidrigkeiten, für die ein Bußgeld von weniger als 80,— DM verhängt wird:	kein Punkt

Folgen

9 bis 13 Punkte:	Verwarnung
14 bis 17 Punkte:	Wiederholung der theoretischen oder praktischen Führerscheinprüfung oder auch beider Prüfungsteile
18 und mehr Punkte in mehr als zwei Jahren:	Gutachten einer amtlich anerkannten medizinisch-psychologischen Untersuchungsstelle (auch »Idiotentest« oder »Ballertest« genannt)
18 und mehr Punkte innerhalb von zwei Jahren:	Entziehung der Fahrerlaubnis
Nach Wiedererteilung der Fahrerlaubnis 9 und mehr Punkte innerhalb von zwei Jahren:	»Idiotentest«.

Unser Punktesammler Gerd Grummel hat sein Konto in Flensburg nun wie folgt belastet:

Punktekonto

1. Überholen im Überholverbot in Tateinheit mit Geschwindigkeitsüberschreitung (bei Tateinheit zählt nur die Ordnungswidrigkeit mit der höheren Punktzahl. Hier steht es 4:3 für das falsche Überholen.)	4 Punkte
2. Verursachen eines Verkehrsunfalls in Tateinheit mit Fahrerflucht (7:3 für die Fahrerflucht)	7 Punkte
3. Parken im Parkverbot	0 Punkte
4. Rotlichtverstoß	3 Punkte
5. Auffahrunfall mit Fahrerflucht (7:3 für die Fahrerflucht)	7 Punkte
6. Vorfahrtsverletzung	3 Punkte
7. 0,97 Promille	4 Punkte
	28 Punkte
Auf dem Punktekonto hatte Grummel bereits einiges, nämlich	3 Punkte
Zusammen hat er jetzt	31 Punkte

Durch die Behörde: Fahrerlaubnisentzug!

Er hat damit in weniger als zwei Jahren mehr als 18 Punkte aufgehäuft. Schlußfolgerung: Der Lappen muß weg. Die Straßenverkehrsbehörde wird also sofort das Fahrerlaubnisentziehungsverfahren einleiten. Bis die Entziehungsverfügung rechtskräftig ist, ist das Fahrverbot meistens schon vollstreckt. Kaum hat Gerd Grummel also das Fahrverbot »abgerissen« und den Führerschein wieder ausgehändigt bekommen, wird ihm dieser endgültig von der Verwaltungsbehörde entzogen, und zwar mit dem freundlichen Hinweis, er könne ja in zwei Jahren mal wieder anklopfen und einen Antrag auf Wiedererteilung der Fahrerlaubnis stellen.

Es hat allerdings schon Fälle gegeben, in denen der Betroffene das Fahrerlaubnis-Entziehungsverfahren selbst dadurch beschleunigt hat, daß er sich gegen die Entziehung nicht wehrte und den Führerschein gleich beim Straßenverkehrsamt abgab, um dann gut zwei Jahre später – nach Wiedererteilung – zu erleben, daß die vom Gericht leider vergessene Vollstreckung des Fahrverbots noch hinterhergekleckert kam.

Wie auch immer: Welche Hürden nach Überwindung der zweijährigen Durststrecke vom Betroffenen zu überwinden sind, wenn er seine Fahrerlaubnis wiederhaben will, liegt im Ermessen der Straßenverkehrsbehörde, die von diesem Ermessen auch weidlich Gebrauch macht, da es gegen ihre Entscheidungen praktisch kein Rechtsmittel gibt.

Wahrscheinlich wird Grummel erst einmal einen Idiotentest machen dürfen (vornehm gesagt: MPI-Gutachten). Die Kosten darf er selbst tragen. So ein Gutachten kostet etwa 500,— DM.

Alles in allem: Es lohnt sich durchaus, um jeden Punkt zu kämpfen. Wie Sie gesehen haben, ist es ja kein Kunststück, an einem einzigen Tage das Punktefäßchen zum Überlaufen zu bringen.

Tilgung der Punkte

Zu guter Letzt wollen wir uns ansehen, wie man seine Punkte wieder los wird. Dieses Problem ist vom Gesetz wirklich saukompliziert gelöst worden. Es sind folgende Fälle zu unterscheiden:

1. Wenn die Fahrerlaubnis durch das Gericht oder die Straßenverkehrsbehörde entzogen ist, werden sämtliche Punkte automatisch auf 0 gestellt. Neues Spiel, neues Glück.

2. Zwischen einem und 17 Punkten innerhalb von zwei Jahren oder einem und mehr als 18 Punkten innerhalb von mehr als zwei Jahren wird wie folgt verfahren:

a) Wenn nur eine einzige OWi auf dem Konto ist,

wird diese nach zwei Jahren getilgt, genauer gesagt: zwei Jahre nach Eintritt der Rechtskraft (Unanfechtbarkeit des Bußgeldbescheides oder Rechtskraft des Urteils über die OWi).

b) Sind mehrere OWis eingetragen, was naturgemäß nur dann zustande kommen kann, wenn sie in Abständen von weniger als zwei Jahren rechtskräftig werden, so schleift die jeweils jüngste OWi die älteren mit. Es kann also erst gelöscht werden, wenn nach der jüngsten OWi zwei Jahre lang nichts passiert ist. Einfach gesagt: *Wer Punkte in OWis gesammelt hat, muß zwei Jahre lang sauber bleiben.*

c) Wenn sich auf dem Punktekonto OWis mit *Straftaten* mischen, schleifen diese Straftaten andere Straftaten und die OWis mit, mit der Folge, daß etwa dann, wenn man 17 Punkte hat und unter diesen 17 Punkten eine kleine Fahrerflucht mit sieben Punkten als Flaggschiff dabei ist, *fünf Jahre lang sauber bleiben* muß, um eine Löschung dieser 17 Punkte zu erreichen. Die Sache wird noch komplizierter dadurch, daß bei Straftaten nicht von der Rechtskraft an gerechnet wird, sondern vom Tage des ersten Urteils an (auf diese Weise soll wohl verhindert werden, daß der Täter den zeitraubenden Instanzenweg hochzockelt, um wegen der Voreintragungen das rettende Tilgungsufer zu erreichen).

Anfrage in Flensburg

Wer es ganz genau wissen will, kann sich natürlich auch in Flensburg nach seinem Punktestand erkundigen. Mit Hilfe der obigen Tabelle kriegt er dann ohne Schwierigkeiten heraus, wie lange er noch brav bleiben muß, um eine Tilgung des Kontos zu erzielen. Anfragen sind zu richten an das

Kraftfahrt-Bundesamt (KBA), Fördestraße 16, 2390 Flensburg.
Folgende Angaben will das KBA haben:

- vollständigen Namen,
- Geburtstag und Geburtsort,

– Adresse und – die vom Ordnungsamt beglaubigte – Unterschrift unter dem formlosen Antrag.

Außerdem ist ein Scheck über 9,60 DM beizufügen. Ohne diese Gebühr wird nichts verraten.

Halbherzige Reformen

Ich habe allergrößtes Verständnis dafür, wenn der Leser an dieser Stelle tief durchatmet und sich den Schweiß von der Stirn wischt. Die Sache ist selbst für Juristen ziemlich kompliziert. Es sind von unterschiedlichen Regierungen auch immer wieder Ansätze unternommen worden, das Verfahren zu vereinfachen. Viel ist nicht dabei herausgekommen. Immerhin wurde aber die eintragungspflichtige Grenze von 40,— DM auf 80,— DM heraufgesetzt. Seither gibt es erst ab 80,— DM Bußgeld auch Punkte.

Weitergehende Reform- und insbesondere Entschlakkungsvorschläge scheiterten an dem immer wieder beliebten Arbeitsplatzargument: Wer die Flensburger Kartei schließt, macht ca. 200 hochqualifizierte Punktekontoverwalter arbeitslos, und das auch noch im strukturschwachen Nord-Schleswig. Das geht natürlich nicht.

Der Gedanke verdient es, zu Ende gedacht zu werden. Man stelle sich einmal vor, daß niemand mehr punktebewehrte Ordnungswidrigkeiten begeht, dann müßten die in Flensburg ja dichtmachen. Also: Jeder, der bei Rot über eine Ampel fährt oder nachts auf menschenleerer Straße zu schnell ist, kann sich damit trösten, daß er nicht nur Mist gebaut, sondern auch einen ehrenwerten Beitrag zur Erhaltung von Arbeitsplätzen geleistet hat.

Merksätze zu den Bußgeldsachen

- **Werden Rotlichtverstöße oder Geschwindigkeitsüberschreitungen vorgeworfen, haben die Betroffenen vor Gericht fast keine Chance.**

- **Im OWi-Recht gibt es nur *eine* Tatsacheninstanz.**

- **Die Bußgeldstellen der Landkreise und Städte können Fahrverbote aussprechen.**

- **Die Straßenverkehrsbehörden können – wie Gerichte nach Verkehrsstraftaten – die Fahrerlaubnis entziehen, wenn der Betroffene innerhalb von zwei Jahren 18 Punkte oder in mehr als zwei Jahren mehr als 18 Punkte in der Flensburger Kartei gesammelt hat.**

- **Die Wiedererteilung der Fahrerlaubnis kann von verschiedenen Voraussetzungen abhängig gemacht werden (die erstgenannte gilt für alle Antragsteller):**

– ca 80,— DM einzahlen und Papiere beibringen (Führungszeugnis, Sehtest, Erste-Hilfe-Kurs),
– praktische und/oder theoretische Fahrprüfung,
– MPI-Gutachten (»Idiotentest«).

6. GAUNEREIEN UND NASSE SACHEN

Fall 1:

Kurt Klopper ist arbeitslos. Er bezieht Arbeitslosengeld. Der Sachbearbeiter beim Arbeitsamt hat Klopper mehrfach eingeschärft, daß er jede Arbeitsaufnahme sofort melden müsse. Zwei Monate später bekommt Klopper eine Anstellung als Taxifahrer. Er »vergißt«, dem Arbeitsamt hiervon Mitteilung zu machen, und kassiert acht Monate lang neben Lohn und Trinkgeld als Taxifahrer auch das Arbeitslosengeld, bis die Sache durch einen Zufall herauskommt.

Für alle denkbaren Arten und Weisen, etwas in die eigene Tasche fließen zu lassen, was einem nicht gehört, haben die Strafrechtler den Oberbegriff »Vermögensdelikte« geprägt.

Klauen ist Volkssport

Von Juristen, Pädagogen, Politikern, Soziologen, Sozialpsychologen und Theologen wird seit Jahren der Verlust des Unrechtsbewußtseins und eine allgemeine Verrottung im Gebälk des Wertesystems beklagt. Was die Vermögensdelikte anlangt, so werden diese Kritiker bestärkt und bestätigt durch das ungeheure Anwachsen der Kleinkriminalität auf diesem Sektor, vor allem aber durch die Tatsache, daß nicht nur diejenigen Ladendiebstähle begehen, ihre Versicherung behumsen, den Arbeitgeber beklauen und Steuern hinterziehen, die es wirklich nötig haben, sondern auch und gerade diejenigen, die in wirtschaftlich erträglichen oder gar ausgezeichneten Verhältnissen leben. Die soeben aufgezählten Verhaltensweisen können getrost als Volkssport bezeichnet werden.

Schlechte Ausreden

Auch wenn in diesem Buch kein umfassender Beitrag zur Ursachenforschung geliefert werden kann, sollen zumindest zwei Gesichtspunkte erwähnt werden, die – auch für Laien erkennbar – zum Verlust des Unrechtsbewußtseins geführt haben: Zum einen ist da die Tatsache, daß die Aufklärungsquote immer geringer wird. Sowohl die sozial Angepaßten als auch die Sozialisierungsbedürftigen lassen sich aber bekanntlich am ehesten durch die erhöhte Wahrscheinlichkeit des Erwischtwerdens beeindrucken, und wenn man nicht erwischt wird, kann's so schlimm nicht gewesen sein. Zum anderen wird die Hemmschwelle durch das Bewußtsein herabgesetzt, daß selten jemand individuell geschädigt wird. Egal, ob man in einem Kaufhaus klaut, den Fiskus betuppt oder beim Arbeitgeber (Großkonzern) etwas unterschlägt – der Schaden für den einzelnen wird stets atomisiert.

Der Schaden wird getragen von einer riesigen Aktiengesellschaft, einer riesigen Versicherung oder der Bundesrepublik Deutschland insgesamt. Natürlich ist das alles Humbug und Gewissens-Valium zu Lasten derer, die ehrlich geblieben sind. Aber die Folgen dieses Scheinarguments sind nun einmal da.

Es ist ja auch kein Zufall, daß in einem Leitfaden, der sich ausdrücklich nur denjenigen Fällen widmen will, die jeden betreffen können – auf der Täterseite wie auf der Opferseite –, auch die Vermögensdelikte einen gewissen Stellenwert einnehmen. Geklaut wird von Berufskriminellen, aber auch von Studenten, Soldaten, Arbeitnehmern, Hausfrauen, Oberkonsistorialratsgattinnen, Psychologen, Rechtsanwältinnen und Mitgliedern der Akademie der Wissenschaften der DDR.

Täter und Opfer: wir alle!

Vermögensdelikte betreffen uns – wie die anderen Delikte auch – auf zweierlei Weise, nämlich zum einen als mögliche Täter und zum anderen als mögliche Opfer. Und wenn ich von den Opfern rede, so meine ich natürlich auch die unmittelbar und unabwälzbar Geschädigten, also etwa die, denen Fahrrad oder Handtasche geklaut worden sind, ohne daß eine Versicherung dafür einspringt.

Was die Täterseite betrifft, so wage ich die möglicherweise unangenehme, aber keineswegs kühne Behauptung, daß die meisten schon einmal gestohlen, unterschlagen oder betrogen haben. Wer ein Bierglas als Andenken mitnimmt, ist ein Dieb. Wer den Bleistift vom Arbeitsplatz zu Hause weiterbenutzt und ihn nicht zurückbringt, hat eine Unterschlagung begangen. Wer sich auf 20,— DM statt auf 10,— DM herausgeben läßt und die Verkäuferin nicht über ihren Irrtum aufklärt, ist bereits ein kleiner Betrüger. Zu hochmütigem Moralisieren besteht also kein Anlaß.

Exakte Alltagssprache

Obwohl also alles in allem die Hemmschwellen herabgesetzt sind und die Minderheit, die sich unschuldig fühlt, wahrhaftig keinen Grund hat, sich auf die Schulter zu klopfen, ist in der Alltagssprache durchaus ein lebendiges Gefühl dafür vorhanden, was erlaubt ist und was nicht. Mehr noch: Selbst die Alltagsspache ist in der Lage, die von den Juristen teils geprägten, teils übernommenen Unterscheidungen zwischen den einzelnen Vermögensdelikten nachzuvollziehen.

Hierzu muß man wissen, daß die armen Juristen während ihres Studiums jahrelang mit der Abgrenzung zwischen Diebstahl, Unterschlagung und Betrug gequält werden, obwohl für alle drei Delikte der gleiche Strafrahmen vorgesehen ist und man alle drei Delikte, ohne daß kriminologische Fehlentwicklungen zu befürchten wären, in einer einzigen Vorschrift zusammenpacken könnte.

Vermögensdelikte

Ich will im folgenden versuchen, den fünf wichtigsten Vermögensdelikten die erläuternde Übersetzung in die Alltagssprache hinzuzufügen, um zu demonstrieren, daß dem Volksmund und der Alltagssprache die Unterscheidungen durchaus geläufig sind:

Diebstahl (§ 242 StGB):	Klauen
Unterschlagung (§ 246 StGB):	etwas einstecken, was einem anvertraut ist
Betrug (§ 263 StGB):	sich etwas ergaunern
Raub (§ 249 StGB):	Klauen unter Gewaltanwendung
Hehlerei (§ 259 StGB):	heiße Ware ankaufen

Was im Bewußtsein der Bevölkerung lebendig ist, braucht nicht großartig erläutert zu werden. Wir wollen uns deshalb ausschließlich dem Betrug zuwenden, da er sich ein bißchen schwieriger darstellt als die übrigen Vermögensdelikte.

Zum Betrug gehören vier Merkmale:

Betrug

- Täuschung (durch den Täter),
- Irrtum (beim Opfer),
- Vermögensverfügung (durch das Opfer),
- Vermögensschaden (beim Opfer).

Kurt Klopper hat hier durch Unterlassen einen Irrtum erregt, und zwar einen Irrtum beim zuständigen Sachbearbeiter des Arbeitsamtes. Der Irrtum bestand darin, daß der brave Sachbearbeiter glaubte, Klopper gehe keiner Erwerbstätigkeit nach, während er in Wirklichkeit munter Taxi fuhr.

Die Begehensweise durch Unterlassen (statt durch Handeln) ist nicht in allen Fällen strafbar, wohl aber dann, wenn man – wie hier – eine gesetzliche Verpflichtung zum Handeln hatte. Klopper hätte dem Arbeitsamt mitteilen müssen, daß er einen Job angenommen hatte. Der Anspruch auf Arbeitslosengeld wäre dann erloschen.

Übrigens ist es nicht ganz richtig, wenn der Herr vom Arbeitsamt dem Antragsteller Kurt Klopper gesagt hat, er verliere in jedem Falle seinen Anspruch auf Arbeitslosengeld, falls er arbeite. Zwei Stunden pro Woche sind nämlich anrechnungsfrei. Sie schmälern das Arbeitslosengeld nicht.

Der Täuschung durch Unterlassen steht hier der Irrtum des Sachbearbeiters gegenüber, der das Arbeitslosengeld fleißig weiter an Klopper auszahlte, weil er ihn für arbeitslos hielt.

Die Weiterzahlung von Arbeitslosengeld ist zugleich die Vermögensverfügung im Sinne der Betrugsvorschrift (§ 263 StGB). Durch die Auszahlung von Arbeitslosengeld entsteht schließlich bei der Bundesanstalt für Arbeit ein Vermögensschaden. Fertig ist der Betrug.

Leere Kassen – harte Strafen

Kurt Klopper wird in der Hauptverhandlung ordentlich einen übergebraten bekommen. In der Zeit der leeren öffentlichen Kassen reagieren die Gerichte besonders sauer auf Trittbrettfahrer der BfA. Klopper muß mit einer satten Geldstrafe rechnen (zwei bis drei Monatsgehälter). Wenn er Pech hat, bekommt er sogar eine Bewährungsstrafe, das heißt, eine Freiheitsstrafe von drei bis vier Monaten, die auf zwei Jahre zur Bewährung ausgesetzt wird.

Bewährungsauflage

Wer nun glaubt, eine Bewährungsstrafe sei etwas ganz Harmloses, da man ja nur eine weitere Straftat aus der gleichen Deliktsgruppe vermeiden müsse, um letzten Endes kostenlos aus der Sache herauszukommen, irrt gewaltig. Wenn nämlich ein Gericht eine Freiheitsstrafe zur Bewährung aussetzt, so erteilt es in aller Regel eine schicke Bewährungsauflage, die darin besteht, daß ein Geldbetrag von soundsoviel DM an die Landeskasse zu zahlen ist, und man kann in derartigen Fällen immer darauf wetten, daß die Bewährungsauflage keineswegs unter dem Betrag liegt, der herausgekommen wäre, wenn das Gericht sich mit einer einfachen Geldstrafe begnügt hätte.

Fall 2:

Siggi Süffel hat einen Lebensversicherungsvertrag. Er weist seinen Arbeitgeber Paul Pingelig an, die vermögenswirksamen Leistungen nach dem 624-DM-Gesetz in Höhe von monatlich 52,— DM an die Rammbock-Schlammeimer-Versicherung zu überweisen. Auf den Lohnbescheinigungen von Siggi Süffel tauchen während der nächsten zwei Jahre stets Abzüge in Höhe von 52,— DM als vermögenswirksame Leistungen auf. Erst beim Betrachten des zweiten Jahresauszuges der Rammbock-Schlammeimer merkt Siggi plötzlich, daß Pingelig seinem Namen keine Ehre gemacht hat: Bei seiner Versicherung ist nicht ein einziger Pfennig gelandet.

Der geschilderte Fall kommt in unserem Lande täglich ungezählte Male vor. Er stellt ein Musterbeispiel dafür dar, daß nicht nur Laien, sondern auch ausgebuffte Juristen in der Frage der Strafbarkeit eines bestimmten Verhaltens vollkommen schiefliegen können.

Der erste Gedanke eines Nichtjuristen bei der Betrachtung des obigen Falles ist »Sauerei – so etwas muß bestraft werden!«. Es gibt Staatsanwälte, die sofort Anklage wegen Unterschlagung erheben, andere, die wegen Untreue anklagen, und schließlich solche, die eine Bestrafung wegen Betruges erreichen wollen.

Der Reihe nach:

a) Sehen wir zunächst einmal, ob Pingelig einen Betrug begangen hat: Die *Täuschungs*handlung besteht darin, daß er bei Süffel den Eindruck erweckt hat, er habe 52,— DM monatlich an die Lebensversicherung abgeführt. Entsprechend unterliegt Süffel dem *Irrtum,* daß dies tatsächlich geschehen ist. Wo aber bleibt die *Vermögensverfügung?* Sie könnte allenfalls darin liegen, daß Süffel davon abgesehen hat, die 52,— DM pro Monat über zwei Jahre hinweg nachzufordern. Süffel hat zwar eine Weile davon abgesehen, weil er es nicht besser wußte; nun, da die Sache herausgekommen ist, sagt er natürlich »her mit der Knete«. Süffel hat also nicht durch Unterlassen über sein Vermögen zugunsten von Pingelig verfügt. Ergebnis: Betrug is nich. **Betrug?**

b) Pingelig hat entgegen dem, was der forsche Staatsanwalt meinte, auch keine Unterschlagung begangen. Unterschlagung bedeutet ja die Aneignung fremden Eigentums. Die 52,— DM monatlich stehen jedoch gar nicht im Eigentum von Süffel; sie gehören ihm gar nicht. Er hat lediglich einen Anspruch darauf. Pech gehabt! **Unterschlagung?**

c) Auch mit dem Untreuetatbestand (§ 266 StGB) kommen wir nicht weiter. Die Untreue in der Form des Treuebruchs wird begangen durch die Verletzung der dem Täter obliegenden Pflicht, fremde Vermögensinteressen wahrzunehmen. Die Pflicht, einen Arbeitsvertrag zu erfüllen, ist jedoch noch keine Pflicht zur Wahrnehmung fremder Vermögensinteressen. Also wieder Essig! **Untreue?**

Weder noch!

Man sieht: Pingelig ist leider kein Fall für den Strafrichter, sondern »nur« ein Fall für den Arbeitsrichter. Wenn

Süffel Pech hat, ist Pingelig schon vor Einreichung der Klageschrift beim Arbeitsgericht Pleite.

Lassen Sie uns nun die Vermögensdelikte in der deprimierenden Gewißheit verlassen, daß nicht jede Gaunerei strafbar ist und daß selbst eine Bestrafung dem Opfer noch nicht zu seinem Geld verhelfen würde.

Fall 3:

Kurt Klopper steigt nachts in betrunkenem Zustand (2,1 Promille) in einen Heimwerkermarkt ein und rafft Werkzeuge zusammen, die er zur Ausübung seines Berufs dringend benötigt, nämlich Bolzenschneider, Eisensäge, Glasschneider usw. Weil er betrunken ist, packt er auch noch einen Vorschlaghammer und einen Gartenzwerg dazu.

Als er den Heimwerkermarkt durch die Einstiegsluke wieder verläßt, wird er auf ein Klappern aufmerksam. Es stammt vom Gebiß der Zeitungsfrau Beate Bibbrich, die dem Heimwerkermarkt gerade die Tageszeitung in den Briefkasten stecken will. Der mehrfach vorbestrafte Kurt Klopper weiß, daß von Augenzeugen nichts Gutes zu erwarten ist, schnappt den Vorschlaghammer und schlägt Beate Bibbrich den Schädel ein. Sie ist sofort tot.

Mord und Totschlag

Auf unserem kurzen Spaziergang durch OWis, Verkehrsstraftaten und sonstige Kleinkriminalität sind wir jetzt also endlich bei Mord und Totschlag gelandet. Und damit sitze ich als Autor nun in der Klemme. Das Versprechen, das mit diesem kleinen Leitfaden eingelöst werden soll, geht ja dahin, das »Wichtigste leicht und locker« zu vermitteln. Wichtig waren bisher die Probleme, die jedem einmal mit hoher Wahrscheinlichkeit begegnen werden oder bereits begegnet sind.

An dieser Stelle müssen wir nun hinzufügen, daß auch solche Fälle wichtig sind, von denen wir alle hoffen können und müssen, daß wir ihnen weder auf der einen noch auf der anderen Seite der Front begegnen, wichtig allein deshalb, weil sie, *wenn* sie einmal pasieren, unser Leben verändern oder gar auslöschen.

Nasse Sachen

Letzten Endes gilt für alle Gewaltdelikte das, was wir bereits bei der Kleinkriminalität sehen und einsehen konnten: Nahezu jedem kann alles passieren.

Jeder Leser kann, wenngleich nicht mit großer Wahrscheinlichkeit, Opfer eines Totschlags oder eines Mordversuchs werden, und umgekehrt hat wohl jeder schon einmal in seiner Phantasie einen anderen umgebracht. Hinzu kommt, daß wohl nur wenige dafür garantieren können, daß es nicht einmal tatsächlich geschieht. Die allermeisten Mörder wissen morgens beim Rasieren noch nicht, daß sie am Abend einen Menschen umbringen.

Zu guter Letzt wollen wir uns des Themas aber auch deshalb annehmen, weil auf dem Gebiet der Gewaltkriminalität noch furchterregende Unwissenheit herrscht, so etwa die einfach nicht auszurottende Falschmeldung, daß Mörder derjenige ist, der die Tötung plant, während als Totschläger derjenige bestraft wird, der sich im Zorn vergißt.

Vorsatzformen Die Sache sieht aber wie folgt aus: *Grundtatbestand* ist Totschlag (§ 212 StGB). Totschläger ist demnach jeder, der vorsätzlich einen Menschen umbringt. »Vorsatz« ist im allgemeinen das, was in der Alltagssprache »Absicht« genannt wird. Dabei unterscheidet man drei Vorsatzformen:

Vorsatz ersten Grades:	Die Tötungsabsicht bezieht sich gerade auf das Opfer und auf nichts sonst.
Vorsatz zweiten Grades:	Dem Täter kommt es nicht auf den Tod von Menschen an; er weiß aber, daß bei der Tat unweigerlich Menschen sterben werden (klassisches Beispiel: Er zündet ein bewohntes Haus an, um die Versicherungssumme zu ergeiern).
Bedingter Vorsatz:	Der Täter weiß nicht, ob infolge der Tat Menschen sterben. Es ist ihm aber vollkommen egal. Er nimmt den Tod von Menschen »billigend in Kauf«.

Die letzte Definition ist von besonderer Wichtigkeit für die Abgrenzung des Eventualvorsatzes von der bewußten Fahrlässigkeit. Bewußt fahrlässig handelt jemand, der die Gefahr zwar sieht, aber fest darauf vertraut, es werde schon gutgehen, wobei er keinesfalls will, daß die Gefahr in das statistisch mögliche Ergebnis umschlägt. Typisch für Juristen ist dabei der Versuch, nach der Tat aus einem oft unausgegorenen Gedanken- und Gefühlsbrei aus Wut, Angst, Gier, Bedenkenlosigkeit, Leichtsinn und vielem mehr klare Überlegungen und Vorstellungen herauszusezieren, die in den seltensten Fällen tatsächlich angestellt worden sind. Wer alkoholsiert seinem Nebenbuhler eine volle Flasche über den Kopf zieht, fragt sich vor der Tatbegehung sicherlich nicht, ob er den Eintritt des Erfolges billigend in Kauf nimmt.

Halten wir also fest: Totschläger ist, wer vorsätzlich einen Menschen tötet.

Mord ist ein besonders schlimmer Totschlag

Mord ist nun nicht etwa etwas völlig anderes. Mord ist vielmehr dann gegeben, wenn noch etwas besonders Schlimmes hinzukommt, was die Juristen »mordqualifizierendes Merkmal« nennen. Hier gibt es drei Gruppen, nämlich die niedrigen Beweggründe, die scheußlichen Begehungsweisen und die besonders üblen Ziele. Alle diese Merkmale wollen wir uns in der folgenden Übersicht etwas genauer ansehen:

A. **Niedrige Beweggründe**

1. Mordlust	Perverse Freude an der Vernichtung eines Menschenlebens
2. Befriedigung des Geschlechtstriebes	Geschlechtliche Befriedigung durch das Morden selbst oder nach dem Mord
3. Habgier	Abstoßendes Gewinnstreben um jeden Preis
4. sonstige niedrige Beweggründe	Der Bundesgerichtshof sagt: Das sind Motive, die nach allgemeiner sittlicher Anschauung verachtenswert sind und auf tiefster Stufe stehen. Damit ist man genau so schlau wie zuvor. Klare Fälle sind immerhin die folgenden: Jemand bringt seine Frau um, um eine andere zu gewinnen, oder tötet einen Neger aus blankem Rassenhaß.

B. **Ausführungsweisen**

1. Heimtücke	Ausnutzung der Arg- und Wehrlosigkeit (das Opfer rechnet nicht mit dem Angriff und kann sich auch nicht wehren)
2. Grausamkeit	Jeder weiß, was Grausamkeit ist. Die Juristen liefern aber noch eine überflüssige Definition: Grausam tötet, wer seinem Opfer

	aus gefühlloser, unbarmherziger Gesinnung besondere Schmerzen oder Qualen zufügt.
3. Gemeingefährlichkeit	Der Täter arbeitet mit Mitteln, die eine Gefahr für eine unbestimmte Anzahl anderer Personen mit sich bringen (klassisches Beispiel: Sprengstoffattentat auf belebter Straße oder Brandstiftung in einem prallgefüllten Haus).
C. **Tötungsziele**	
1. Ermöglichung einer anderen Straftat	Beispiel: Tötung des Wächters vor dem Einbruch
2. Verdeckung einer Straftat	Beseitigung des Tatzeugen oder des Verfolgers

Nunmehr sind wir auch in der Lage festzustellen, ob Kurt Klopper ein Mörder ist oder nur ein Totschläger. Gegebenenfalls wissen wir dann auch, welches mordqualifizierende Merkmal wir ihm anhängen können.

Grundtatbestand

Da jeder Mörder zunächst einmal ein Totschläger ist, müssen wir mit der Frage beginnen, ob Klopper den Grundtatbestand des Totschlags erfüllt hat. Also: Hat er vorsätzlich einen Menschen umgebracht? Die Antwort ist klar. Klopper wollte sich nicht nur einer möglichen Verfolgerin entledigen, sondern eine lästige Zeugin endgültig aus dem Wege räumen. Er wollte also töten, und zwar, um es genau zu sagen, mit direktem Vorsatz ersten Grades.

Mordqualifizierende Merkmale

Haben wir nun auch ein mordqualifizierendes Merkmal? Auch hier ist die Antwort klar: Klopper gehört in die Kiste C. 2. Er hat Beate Bibbrich umgebracht, um eine andere Straftat, nämlich einen Einbruchsdiebstahl, zu verdecken. Er wird deshalb die »volle Spule« bekommen, also lebenslänglich.

Der Begriff »volle Spule« stammt aus der russischen Knast- und Lagerliteratur, ebenso wie der anschauliche Begriff »nasse Sachen«, der in die Kapitelüberschrift eingeflossen ist. Nasse Sachen sind Taten, bei denen

Blut fließt. Das ist ein sehr tauglicher Oberbegriff für alle Tatbestände der Gewaltkriminalität.

Mord ist das einzige Delikt, das nur eine einzige Strafe kennt, nämlich lebenslänglich. Allerdings ist es hier wie immer im Recht: Keine Regel ohne Ausnahme.

Verminderte Schuldfähigkeit

Wer etwa im Zustand verminderter Schuldfähigkeit (§ 21 StGB) handelt, kann mit einer Strafmilderung rechnen. Die Strafe *muß* aber *nicht* gemildert werden. So kann dem Täter etwa bei verminderter Steuerungsfähigkeit infolge von Alkohol (unser Freund Kurt Klopper hatte ja immerhin 2,1 Promille) die Strafmilderung durchaus versagt werden, und zwar mit dem Hinweis, daß Klopper sich ja gut genug kannte und insbesondere wissen mußte, daß er bisher bei jedem Bruch blau war.

»Unzurechnungsfähigkeit«

Ferner gibt es da noch den § 20 StGB (Schuldunfähigkeit wegen seelischer oder geistiger Störungen). Diese Vorschrift lebt als »§ 51« im Bewußtsein der Bevölkerung weiter, obwohl der gesamte allgemeine Teil des Strafgesetzbuches mit dem 2. Strafrechtsreformgesetz vom 4. 7. 1969 total umgekrempelt worden ist, mit der Folge, daß unter anderem aus dem § 51 der umformulierte § 20 wurde.

Wer nun jemanden umbringt, weil er eine schwere Macke hat, läuft nicht etwa weiterhin frei rum, sondern kommt auf unbestimmte Zeit ins Landeskrankenhaus. Knast und LKH laufen, das muß man klar sehen, sowohl für den Täter als auch für die schutzbedürftige Öffentlichkeit auf das gleiche hinaus: Der Täter wird weggeschlossen. Es gibt allerdings auch einige besonders bittere Fälle, in denen kranke Täter als geheilt entlassen werden und sich für die Entlassung dann dadurch bedanken, daß sie gleich wieder jemanden umbringen. In unguter Erinnerung ist ein Fall aus München, bei dem ein Täter insgesamt drei Morde begehen durfte, ehe die Sachverständigen dann endgültig einsahen, daß der Täter nicht therapierbar war. Ich sage ausdrücklich »die Sachverständigen«, denn letzten Endes entscheiden sie und nicht etwa die Richter derartige Mordprozesse. Mangels psychiatrischer Fachkenntnisse sind die Gerichte den Sachverständigen ausgeliefert.

Je schlimmer die Tat, desto größer das Gericht

Da wir nun schon beim Verfahren sind, wollen wir über die Andeutungen im ersten Kapitel dieses Buches hinaus doch noch etwas darüber sagen, wer über die Angeklagten urteilt. Die Zuständigkeit des Gerichts richtet sich danach, wo die Staatsanwaltschaft Anklage erhebt. Reicht die Staatasanwaltschaft die Anklageschrift beim Einzelrichter ein, so entscheidet der. Schickt die Staatsanwaltschaft die Anklageschrift dagegen an die große Strafkammer beim Landgericht, so entscheidet die.

Natürlich gibt es auch hier wieder Ausnahmen. Wenn das in Anspruch genommene Gericht den Fall loswerden will oder der Auffassung ist, er passe wegen der Schwere der Tat eher vor ein anderes Gericht, so kommt es zu Abgabe des Falles – etwa von der großen Strafkammer (Schwurgericht) an das Schöffengericht.

Nun wollen wir uns einmal die Besetzung ansehen:

1. Einzelrichter beim Amtsgericht	Kleinkriminalität. Verhängt werden dürfen nur Geldstrafen und Freiheitsstrafen von bis zu drei Jahren; allerdings erhebt die Staatsanwaltschaft nur Anklage, wenn eine Strafe von *bis zu einem Jahr* zu erwarten ist.
2. Schöffengericht beim Amtsgericht (ein Berufsrichter, zwei aus der Mitte der Bevölkerung gewählte Laienrichter)	Mittlere Kriminalität. Ausgeurteilt werden Strafen von bis zu drei Jahren.
3. Große Strafkammer und Schwurgericht (drei Berufsrichter, zwei Laienrichter [Schöffen oder Geschworene])	Der Strafrahmen ist nach unten oder oben offen. Die Schwurgerichte sind zuständig für Gewaltkriminalität, während die in der glei-

chen Weise besetzten großen Strafkammern zur Aburteilung von Wirtschaftskriminellen dienen.

Keine Laien bei höheren Gerichten

Oberhalb des Landgerichts endet die Beteiligung der Bevölkerung an der Rechtspflege. Hier sind die Juristen unter sich. Die Strafkammern nennen sich dann vornehm »Strafsenate«, in denen sich – wie auch in der höchsten Instanz, dem Bundesgerichtshof – ganze Rudel von Richtern tummeln. Die Einzelheiten brauchen wir nicht. Für den Hausgebrauch soll die obige Aufstellung genügen.

Wichtig ist, daß mit der Eröffnung des Strafverfahrens durch das Gericht immer schon eine gewisse Vorentscheidung getroffen worden ist. Wenn etwa jemand einem anderen ein Messer in den Bauch gerammt hat, so hat er Glück, wenn lediglich Anklage wegen gefährlicher Körperverletzung beim Schöffengericht erhoben wird, statt Anklage wegen Mordversuchs beim Schwurgericht. Man sieht also, daß jedes Delikt von seiner Art und Schwere her eine Entsprechung durch das Gericht findet, das die Tat abzuurteilen hat.

Wir wollen unseren Überblick über die Gewaltkriminalität mit einem kurzen Seitenblick auf zwei Delikte abschließen, die insbesondere für die weiblichen Leser von großem Interesse sein dürften: die Abtreibung (§ 218 StGB) und die Vergewaltigung (§ 177 StGB).

Abtreibung

Grundlage des geltenden Rechts über den Schwangerschaftsabbruch ist das 5. Strafrechtsreformgesetz vom 18. 6. 1974, das die jahrelange Reformdiskussion abschloß. Danach sieht der § 218 StGB jetzt wie folgt aus:

1. Wer abtreibt, wird mit Geldstrafe oder einer Freiheitsstrafe von bis zu drei Jahren bestraft.
2. In schweren Fällen bekommt der Täter sechs Monate bis zu fünf Jahren Knast. Ein schwerer Fall liegt vor, wenn

a) der Täter gegen den Willen der Schwangeren abtreibt oder
b) leichtfertig die Gefahr des Todes oder einer schweren Gesundheitsschädigung der Schwangeren verursacht.

3. Treibt die Schwangere selbst ab, so kann sie ein Jahr lang eingesperrt oder mit einer Geldstrafe belegt werden.

Die ersten beiden Fälle sind rechtlich klar und sollen hier außer acht gelassen werden. Der Juckepunkt liegt in Fall 3. Der geht nämlich noch weiter. Erst jetzt öffnet sich nämlich das Tor zur Straflosigkeit, und zwar unter folgenden Voraussetzungen: Die Schwangere wird *nicht* bestraft, wenn

Straflosigkeit

- die Abtreibung nach Beratung von einem Arzt vorgenommen worden ist und
- seit der Empfängnis nicht mehr als 12 Wochen verstrichen sind oder
- wenn sich die Schwangere zur Zeit des Eingriffs »in besonderer Bedrängnis befunden hat«.

In der Praxis hat dies, das dürfen wir vorausschicken, immerhin zur Folge, daß in den letzten Jahren keine Schwangere, die abgetrieben hat, bestraft worden ist.

Um auch die theoretische Gefahr einer Bestrafung zu vermeiden, muß die Schwangere also, wie wir gesehen haben, zum einen eine Beratungsstelle aufsuchen und zum anderen bis Ablauf des dritten Monats nach der Befruchtung den Eingriff hinter sich haben.

Die »Beratung« bedeutet zweierlei:

Soziale Beratung

a) **Soziale Beratung:** Die Schwangere muß sich an eine Beratungsstelle – zum Beispiel *pro familia* – wenden und sich dort über die zur Verfügung stehenden öffentlichen und privaten Hilfen, die die Fortsetzung der Schwangerschaft erleichtern, beraten lassen. In der Regel ist dies eine lästige Formsache, denn wer den als demütigend empfundenen Gang zur Beratungsstelle erst einmal angetreten hat, ist schon fest entschlossen, abtreiben zu lassen.

b) **Ärztliche Beratung:** Ein Arzt muß die Schwangere über ärztlich bedeutsame Gesichtspunkte beraten, und zwar nicht nur über die mit jeder Operation verbundenen Risiken, sondern auch über den definitiv lebensvernichtenden Charakter des Eingriffs, das Schwangerschaftsstadium, die Konstitution von Mutter und Embryo sowie schließlich über geeignete Verhütungsmaßnahmen für die Zukunft. **Ärztliche Beratung**

Der Arzt erteilt dann auch die Indikation, also den Rechtfertigungsgrund für die Schwangerschaftsunterbrechung. Dies ist kein Persil-Schein für die Schwangere selbst, sondern für den Arzt, der den Eingriff vornimmt. Hier gibt es drei Möglichkeiten: **Indikationen**

1. medizinische Indikation (es ist absehbar, daß ein behindertes Kind zur Welt kommt),
2. kriminologische Indikation (der Embryo ist das Ergebnis einer Vergewaltigung) und
3. soziale Indikation (die wirtschaftlichen oder sonstigen Lebensbedingungen der Schwangeren sind so schlecht, daß das Kind mit Sicherheit nicht willkommen ist und deshalb besser ungeboren bleibt). In der Theorie sind die Anforderungen sehr streng. So genügt etwa der mit der Schwangerschaft und Geburt verbundene Zwang zu Wohnungs- oder Arbeitsplatzwechsel nicht. Ebensowenig können Ausbildungs- und Studienverzögerungen für sich allein genügen, es sei denn, daß damit der ganze Ausbildungsabschluß gefährdet wäre. In der Praxis wird die Notlagenindikation aber sehr lax gehandhabt. In vielen Fällen steht auf dem Indikationszettel nur noch »abgeschlossene Familienplanung«.

Alles in allem: Eine Schwangere, die abtreiben will, ohne Bestrafung zu gewärtigen, muß dreifach auf der Matte stehen: bei der Beratungsstelle, dem beratenden Arzt und schließlich dem Arzt, der den Eingriff durchführt.

Ich will das unkommentiert lassen und mich mit der Feststellung begnügen, daß viele Schwangere dieser Prozedur eine Fahrt nach England oder Holland vorziehen. Soweit eine derartige Haltung Gründe hat, die nur für Frauen nachfühlbar sind, wollen wir schweigen.

Nachteile

Nachfühlbar ist allerdings auch für Männer folgendes: Der Gang zu den beiden Beratungsstellen birgt Risiken. Es ist nicht angenehm, sich scheu umblicken zu müssen, bevor man bei *pro familia* auf den Klingelknopf drückt. Es ist auch nicht angenehm, sich im Wartezimmer hinter einer Zeitschrift verstecken zu müssen, wenn die Nachbarin aus der Sprechstunde tritt, oder zuzusehen, wie das Krankenblatt von der weißgekleideten Tochter einer Freundin ausgefüllt wird. Es gibt überall undichte Stellen und damit tausend Einflugschneisen für Klatsch, Tratsch, üble Nachrede und Hetze.

Vergewaltigung

Wenden wir uns nunmehr einem besonders scheußlichen Verbrechen zu, nämlich der Vergewaltigung. Die Vergewaltigung gehört nach der Gesetzessystematik zu den Straftaten gegen die sexuelle Selbstbestimmung (§§ 174 bis 184c StGB), woran man bereits sieht, daß die Tendenz der Strafrechtsreformgesetze der 70er Jahre dahinging, Sexualität nur noch in Verbindung mit Gewaltanwendung oder Ausnutzung Schutzbedürftiger unter Strafe zu stellen (die einfache Homosexualität ist vernünftigerweise ebenso aus dem Strafgesetzbuch hinausgeflogen wie der Ehebruch).

Gewalt und Macht

Ich stimme den Psychologen und Sexualwissenschaftlern zu, die die Auffassung vertreten, daß Vergewaltigung der vordergründig sexuelle Ausdruck der Gewalt und nicht etwa der gewalttätige Ausdruck der Sexualität ist. Mit anderen Worten: Vergewaltigung hat eher etwas mit Machtausübung als mit Sexualität zu tun, und die Frauenbewegung hat richtig erkannt, daß Männer, die zu einer Vergewaltigung imstande sind, das Bewußtsein der Überlegenheit ihres eigenen Geschlechts sowie der Minderwertigkeit und Verfügbarkeit des weiblichen mit sich herumschleppen.

Sind alle Männer Notzüchter?

Wenn von Teilen der Frauenbewegung der Vorwurf erhoben wird, alle Männer seien Vergewaltiger, so sollten gerade die Männer, die auf eine Vergewaltigung mit Zorn und Ekel reagieren, sich darüber im klaren sein, daß an dem Vorwurf in doppelter Weise etwas »dran« ist. Der erste Aspekt läßt sich am sinnfälligsten in Form einer bekannten Anekdote darstellen (da kein gesprochener oder geschriebener Satz dagegen gefeit ist, mißverstanden zu werden, soll an dieser Stelle ausdrücklich betont werden, daß nach Auffassung des Autors eine jede Vergewaltigung frei von komischen oder heiteren Aspekten ist; unbestreitbar lassen sich aber manche Probleme am sinnfälligsten durch eine scherzhafte Anekdote darstellen):

Ein Polizist stellt mitten in der Nacht einen ihm verdächtig vorkommenden jungen Mann, der, wie sich schon bei einer oberflächlichen Untersuchung herausstellt, Bolzenschneider, Eisensäge, Brecheisen und andere wichtige Instrumente bei sich führt, außerdem ein Bündel Geldscheine und einen Sack Hartgeld. Auf die Äußerung des Polizisten, er sei wegen Verdachts des Einbruchsdiebstahls vorläufig festgenommen, da schon die vorgefundenen Werkzeuge einen dringenden Tatverdacht begründeten, erwidert der Einbrecher kaltlächelnd, von einem Notzüchter lasse er sich keine Vorschriften machen. »Wie – was?« stammelt der Polizist und schnappt nach Luft. »Da«, knurrt der Einbrecher und deutet auf die Hose des Wachtmeisters, »Sie führen ja auch das Werkzeug bei sich.«

Das Werkzeug, mit dem das Verbrechen begangen werden kann, ist also konstitutionsbedingt vorhanden, und dieser Umstand ist zweifellos geeignet, den Pauschalverdacht nicht nur zu stärken, sondern auch in gewissem Umfang schlüssig zu machen.

Vergewaltigung und Verführung

Zweiter Gesichtspunkt ist der, daß es zwischen dem Liebesakt, der auf Initiative der Frau zustande kommt, und der Vergewaltigung durch den Mann eine breitgespannte Grauzone gibt, von der ein weiter Bereich eine gewisse strukturelle Verwandtschaft zur Vergewaltigung aufweist. Letzten Endes trägt jede Verführungskunst gewisse Elemente der Vergewaltigung in sich. Verführen bedeutet ja nichts anderes, als jemanden dahin zu führen, wohin er eigentlich nicht will oder wohin er jedenfalls ursprünglich nicht wollte. Natürlich bedient sich Verführung nicht der körperlichen Gewalt, sondern der geistigen – vor allem sprachlichen – und psychischen Gewalt (etwa in Form des Enttäuschungsdramas, das von vielen Männern inszeniert wird), ferner einer gewissen erotischen Fingerfertigkeit. Letztlich ist also auch bei der Verführung die Willensrichtung der Frau nicht immer völlig eindeutig. Viele, die sich dann doch überreden lassen, schwanken zwischen Ja und Nein.

Also nochmals: Die Frauenbewegung hat tendenziell recht, wenn sie meint, wir seien alle Vergewaltiger. Das Instrumentarium ist da und die grundsätzliche Bereitschaft, davon Gebrauch zu machen, obwohl in der Ausgangssituation keineswegs das vorhanden ist, was die Juristen »zwei korrespondierende Willenserklärungen« nennen, ist gleichfalls gegeben.

Verachtung für den Stümper

Gerade dem zuletzt erörterten Gesichtspunkt entspringt auch der wenig beachtete Umstand, daß eine Verachtung der Männer für Notzüchter eine doppelte Quelle hat. Da ist nicht nur der Ekel über die Brutalität gegenüber körperlich Unterlegenen (ich vermute, daß der männliche Beschützerinstinkt hier das moralische Argument sozusagen füttert), sondern da ist auch die Verachtung für den blöden Stümper (»Eine Vergewaltigung«, so sagt einer der befragten Männer im Hite-Report über das sexuelle Erleben des Mannes, »das ist so etwas, wie einen Fisch in der Tonne erschießen«). Soviel zum Grundsätzlichen.

Eine Vergewaltigung wird mit Knast nicht unter zwei Jahren bestraft (§ 177 I StGB). Das ist, meine ich, im »Normalfall« zu wenig für eine solche Sauerei. Dieser Meinung sind erfreulicherweise auch die meisten Gerichte.

Sorgfältige Beweisaufnahme

Aber: Gerade weil es für den jeweiligen Angeklagten um viel geht und weil der erste Verdacht gegen ihn spricht (der Vorwurf ist in der Welt, und der Täter trägt das Werkzeug des Verbrechens mit sich herum), muß man peinlich genau herauszubekommen versuchen, ob an der Geschichte wirklich etwas dran ist oder nicht. Die

Kriminologen meinen, daß nur drei bis fünf Prozent der Ermittlungsverfahren wegen Vergewaltigung auf einer unbegründeten Denunziation seitens der beteiligten Frau beruhen (als Motiv kommt die Vertuschung eines Ehebruchs oder auch enttäuschte Liebe in Betracht). Ich weiß nicht, woher die Fachleute diese Zahlen haben. Möglicherweise ist der Prozentsatz höher, möglicherweise noch geringer. Ich kann mir freilich gut vorstellen, daß ein großer Teil der oben besprochenen Grauzone durch eine verstärkende (aggravierende) Darstellung der beteiligten Frau im nachhinein in die Zone hinüberwandert, die von § 177 StGB besetzt ist.

Abgrenzungsprobleme

Das Problem der Abgrenzung zieht sich wie ein roter Faden durch sämtliche Rechtsprobleme. Überall findet man nebulöse Zonen, in die Licht gebracht werden muß. Wie soll man das bei der Vergewaltigung schaffen, über die naturgemäß nur zwei Personen berichten können, nämlich das Opfer und der Täter?

Oben hatten wir bereits den Fall angesprochen, daß eine »stürmische Verführung« im nachhinein vom Opfer als Vergewaltigung geschildert wird – eine Sache, die den Verführer in eine ziemlich schutzlose Situation hineinmanövriert.

Schwieriger noch sind folgende Grenzfälle (nach: Was ist los mit den Männern, S. 223f. [Aufsatz Blencke], München 1985):

Der Mann fühlt sich durch das Verhalten der Frau zu sexueller Annäherung eingeladen und kapiert nicht rechtzeitig, daß er die Frau, die nur kokettieren wollte, mißverstanden hat.

Ähnlich gelagert ist der Fall, daß die tatsächlich zum Ausdruck gebrachte Einladung ihre Grenzen hat, ohne daß dies für den Mann erkennbar geworden ist. Wenn etwa die Frau mit Petting einverstanden ist, so begreifen viele Männer die beim Beginn des eigentlichen Geschlechtsverkehrs einsetzende Gegenwehr als gespielt.

Dritter Fall ist der der Überrumpelung des Opfers: Nehmen wir einmal an, der Mann hat für die Frau eine gewisse erotische Ausstrahlung, und sie läßt dies erkennen. Der Mann deutet diese erotische Aufgeschlossenheit als weitergehende Bereitschaft und nimmt sie gewaltsam. In allen drei Fällen kann es am Vorsatz fehlen, der Voraussetzung zur Verurteilung ist. Nimmt nämlich ein Täter das tatsächliche Vorliegen eines Rechtfertigungsgrundes (hier: Einwilligung) an, so unterliegt er einem Tatbestandsirrtum und kann allenfalls wegen Fahrlässigkeit bestraft werden. Fahrlässige Vergewaltigung ist jedoch nicht strafbar.

Unterlassener Widerstand

Weitere Probleme können sich daraus ergeben, daß vergewaltigte Frauen keinen Widerstand leisten – entweder deshalb, weil sie einfach gelähmt vor Angst sind, oder ganz bewußt, weil sie einsehen, daß Gegenwehr die Sache nur noch verschlimmert. Beide Fälle können beim Täter zu der falschen Schlußfolgerung führen, daß die Frau eben doch einverstanden ist. Die in solchen Fällen für das Gericht entscheidende Frage ist also die, ob die Verweigerung des Einverständnisses für den Täter erkennbar war. Wenn das nicht der Fall ist, muß der Täter mangels Vorsatzes freigesprochen werden.

Gerade weil aber die Aufklärung des Sachverhalts in Vergewaltigungsfällen so schwierig ist wie nirgendwo sonst, müssen die Anzeigenerstatterinnen bei Vergewaltigungen unausweichlich das über sich ergehen lassen, was andere Zeugen auch über sich ergehen lassen müssen, nämlich einen ganzen Hagelschlag von Fragen. Solange nämlich auch nur die entfernte Möglichkeit bleibt, daß irgendein Unschuldiger im Knast landet, muß man den Sachverhalt penibel aufklären, denn unser Strafrechtssystem ist nun einmal von der Entschlossenheit geprägt, lieber hundert Schuldige laufen zu lassen, als einen Unschuldigen einzubuchten. Und das ist gut so.

Reform

Festzustellen bleibt, daß manche Verteidiger sich bei der Befragung der Vergewaltigungsopfer in der Vergangenheit oft wie offene Hosen benommen haben, so daß die Befragung der Zeuginnen beinahe in eine Wiederholung der Vergewaltigung selbst ausartete.

Dafür, daß so etwas nicht passiert, sind die Kammervorsitzenden da. Allerdings verfügen sie nach geltendem Recht nur über sehr begrenzte Möglichkeiten, Verteidigerfragen zurückzuweisen.

Die Situation hat sich jetzt etwas verbessert. Am 1. 4. 1987 ist nämlich das »Erste Gesetz zur Verbesserung der Stellung des Verletzten im Strafverfahren« (Opferschutzgesetz) vom 18. 12. 1986 in Kraft getreten. **Opferschutzgesetz**

Ein Schwerpunkt des Gesetzes ist der Schutz der Persönlichkeitssphäre des – meist weiblichen – Opfers vor Gericht. Zu diesem Zweck wurden zahlreiche Vorschriften vor allem aus der Strafprozeßordnung und aus dem Gerichtsverfassungsgesetz neu gefaßt, neu geschaffen oder ergänzt.

Schutz der Intimsphäre

So sollen Fragen, die den persönlichen Lebensbereich, insbesondere die Intimsphäre der Zeugin, betreffen, nur noch gestellt werden, wenn es »unerläßlich« ist (§ 68a I StPO). Der Angeklagte kann aus dem Saal entfernt werden, wenn der Zeugin bei ihrer Aussage in Anwesenheit des Angeklagten gesundheitliche Schäden drohen (§ 247 II StPO). Ferner ist die Öffentlichkeit auszuschließen, wenn eine Zeugin, deren Intimsphäre durch Beweisfragen berührt wird, dies beantragt (§ 171b II GVG).

Adhäsionsklage

Weiterhin ist durch das Opferschutzgesetz die Durchsetzung von Schadensersatzansprüchen gegen den Täter effizienter ausgestaltet worden. Die auch schon bisher in der StPO vorgesehene Adhäsionsklage, das heißt, die Geltendmachung insbesondere von Schmerzensgeldansprüchen gegen den Angeklagten – die ja eigentlich vor die Zivilprozeßabteilung des Gerichts gehört –, soll nicht mehr wie bisher vom Schöffengericht oder von der Strafkammer einfach unerledigt mit der Begründung weggeschoben werden dürfen, der Antrag eigne sich nicht zur Erledigung im Strafverfahren, da ein derartiger Antrag das Verfahren verzögern würde (§ 405 S. 2 StPO). Vielmehr sieht die Sache jetzt so aus, daß die Strafrichter das Bestehen des Anspruchs im Urteil festhalten müssen, so daß anschließend das Zivilgericht nur noch über die Höhe des Anspruchs zu entscheiden braucht (§ 406 I S. 2 StPO). Der Adhäsionskläger kann in der gleichen Weise Prozeßkostenhilfe beantragen wie im Zivilrecht.

Mittelbar verbessert wurde auch die Rangfolge des

Opfers in der Warteschlange der Gläubiger. Schmerzensgeld- und andere Schadensersatzansprüche haben in Zukunft Vorrang vor den Kosten- und Geldstrafenansprüchen der Landeskasse (§ 459a I S. 2 StPO).

Nebenklage

Erweitert wurde schließlich durch das Opferschutzgesetz auch das Recht der Nebenklage. Der Nebenklägerin stehen seit Inkrafttreten des Gesetzes alle Rechte zu, die auch der Angeklagte hat, insbesondere das Richterablehnungsrecht, das Fragerecht, das Recht zur Beanstandung von Anordnungen oder von Fragen des Vorsitzenden, das Beweisantragsrecht und das Recht zur jederzeitigen Abgabe von Erklärungen (§ 397 I StPO). Der Nebenklägerin ist auch Prozeßkostenhilfe wie im Zivilrecht zu gewähren (§ 397a StPO – siehe hierzu auch das Kostenkapitel dieses Buches).

Jedes Opfer kann sich in jeder Lage des Verfahrens (§ 395 IV StPO) die Nebenklägerstellung verschaffen und dann auch Rechtsmittel einlegen, wenn ihm das Urteil nicht gefällt.

Prozeßkostenhilfe

Die Beiordnung eines Rechtsanwalts, die im Falle der Gewährung der Prozeßkostenhilfe nichts kostet, kann den Schutz gegen entwürdigende Fragen verstärken und außerdem die Unterstützung der Anklage verkörpern. Die Nebenklägerin kann also mit zusätzlichen Beweisanträgen und Argumenten auf eine Bestrafung hinwirken.

Soviel zu diesem Punkt. Die Reformdiskussion geht trotz Inkrafttreten des Opferschutzgesetzes weiter.

Verfolgungsverjährung

Wir wollen das Strafrecht verlassen mit einem Blick auf die Verjährung. Irgendwann soll der nichterwischte Täter die Gewißheit haben, daß ihm nun nichts mehr blühen kann. Je leichter die Zuwiderhandlung ist, desto schneller verjährt sie natürlich auch. Das zeigt auch der nachfolgende Überblick, wobei zu den OWis gesagt werden muß, daß die Verjährung ständig unterbrochen werden kann (mit der Folge, daß sie dann von vorne losgeht), und zwar durch jede Vernehmung des Betroffenen, Durchsuchungsanordnung, den Bußgeldbescheid, die Anberaumung einer Hauptverhandlung, die Eröffnung des Hauptverfahrens usw.

Verkehrsordnungswidrigkeiten	3 Monate (§ 24 StVG)
Sonstige Ordnungswidrigkeiten (mit Bußgeld bis 1000,— DM)	6 Monate (§ 31 II, S. 4 OWiG)
3000,— DM	1 Jahr
30000,— DM	2 Jahre
darüber	3 Jahre
Vergehen, deren Höchststrafmaß ein Jahr beträgt (Beispiel: Fahrlässiger Falscheid)	3 Jahre (§ 78 III, 5. StGB)
Vergehen mit Höchststrafe zwischen mehr als einem und fünf Jahren (Beispiel: Diebstahl)	5 Jahre (§ 78 III. 4. StGB)
Verbrechen mit Höchstmaß von fünf Jahren bis zehn Jahren (Beispiel: Raub)	10 Jahre (§ 78 III 3. StGB)
Verbrechen mit Höchstmaß von mehr als zehn Jahren Knast (Beispiel: Totschlag)	20 Jahre (§ 78 III, 2. StGB)
Verbrechen, die mit lebenslanger Freiheitstrafe bedroht sind (Beispiel: Mord)	30 Jahre (§ 78 III, 1. StGB)
Völkermord	verjährt nicht! (§ 78 II StGB)

Unverjährbarkeit

Getragen von der Hoffnung, daß nie wieder in diesem Land jemand auf der Täter- oder Opferseite des einzigen unverjährbaren Verbrechens auftaucht, will ich den erschöpften Leser aus dem Strafrecht entlassen.

Merksätze zur allgemeinen Kriminalität

- **Betrug besteht aus Täuschung, Irrtum, Vermögensverfügung und Vermögensschaden.**

- **Diebstahl bedeutet Wegnahme einer fremden Sache.**
Unterschlagung ist das Einstecken einer anvertrauten Sache.
Raub ist Diebstahl unter Gewaltanwendung.
Hehlerei ist das Annehmen von Diebesgut.

- **Wer vorsätzlich einen Menschen tötet, ist Totschläger.**

- **Wenn besonders scheußliche Gründe, Ausführungsweisen oder Ziele hinzutreten, ist der Täter ein Mörder.**

- **Eine Frau, die straflos abtreiben will, muß soziale und ärztliche Beratung über sich ergehen und den Eingriff bis zur zwölften Schwangerschaftswoche vollziehen lassen.**

- **Einziger Zeuge einer Vergewaltigung ist das Opfer. Eine umfassende sachliche Befragung ist zur Vermeidung von Fehlurteilen unvermeidlich.**

7. KAUFRECHT

Fall 1:

Die Hausfrau Klara Klug kehrt vom Einkauf in der Stadt zurück. Beim Auspacken der zahlreichen Tüten bemerkt sie, daß ihr vergammelte Tomaten angedreht worden sind. Das Computerspiel, das sie für ihren Sohn mitgebracht hat, ist zwar in Ordnung, jedoch will der Sohn es gar nicht haben, da sein Freund das gleiche Spiel hat und er schon stundenlang damit herumgespielt hat. Klara Klug fährt verärgert in die Stadt zurück.

Der Gemüsemann will ihr für die faulen Tomaten frische geben, aber kein Bargeld. Der Inhaber des Spielwarengeschäfts bietet ihr gegen Rückgabe des Computerspiels einen Gutschein an, der binnen einem Monat einzulösen ist.

Für Otto und Ottilie Normalverbraucher bilden Kaufverträge nur selten die Einflugschneise für einen Rechtsstreit. Die Sache läuft in der Praxis einfach und unkompliziert ab. Man geht zum Bäcker, kauft sechs Brötchen und bezahlt. Die wenigsten kämen auf die Idee, nicht zu zahlen. Wenn die Brötchen sich als hart und trocken erweisen, bringt der Kunde sie zurück und bekommt entweder sein Geld zurück oder frische Brötchen (freilich erst, nachdem er die Verkäuferin aufgefordert hat, reinzubeißen – vorher bestreitet sie es mit einer geradezu religiösen Inbrunst). Wer im Kaufhaus ein Weihnachtsgeschenk erstanden hat, das dem Beschenkten nicht gefällt oder das er schon hat, gibt es zurück und bekommt dafür entweder einen Gutschein oder gar den Kaufpreis zurück.

Sachmängel

Wer einen Fernseher gekauft hat, dessen Röhre so nachhaltig durchknallt, daß das gesamte schöne Styling deformiert ist, und das schon nach vier Monaten, bekommt anstandslos einen neuen. Das gleiche geschieht, wenn er einen Neuwagen erstanden hat, der sich nach zehn Monaten in Wohlgefallen auflöst. Das ist allerdings unwahrscheinlich – es sei denn, er kauft ein britisches Modell. Meist fällt irgendeine Funktion aus, oder die Karosserie zeigt erste Rostflecke – dann sind Einzelteilaustausch oder Nachbesserung angesagt. Ein Rückgaberecht besteht erst nach mehreren – in der Regel drei – ergebnislosen Reparaturversuchen.

Abstraktionsprinzip

Bevor wir zu den Problemen kommen, die die Praxis beherrschen, wollen wir ausnahmsweise kurz in die Theorie abschweifen: Die Sache verläuft rechtlich nicht so schlicht, wie sie aussieht. Selbst wer nur eine Rolle Drops kauft, läßt sich auf zwei Rechtsgeschäfte ein: Kaufvertrag und Übertragung. Der Kaufvertrag bewirkt noch keine Änderung der Eigentumsverhältnisse, sondern nur die beiderseitige Verpflichtung, 60 Pfennig bzw. die Rolle Drops zu übergeben. Anschließend kommt es dann zu einer wechselseitigen Übereignung über den Tresen hinweg: Geld hinein und Drops heraus. Die Trennung zwischen Verpflichtungs- und Erfüllungsgeschäft, die uns das römische Recht beschert hat, nennt man hochtrabend »Abstraktionsprinzip«. Es geht Juristen dermaßen in Fleisch und Blut über, daß sie jemanden, der ihnen erzählt, er habe ein Fahrrad gekauft, der Verkäufer wolle es aber nicht rausrücken, obwohl es doch nun ihm – dem Käufer – gehöre, angucken wie jemanden, der baskisch spricht. ›Was soll denn das?‹ denkt der Jurist. ›Er hat's gekauft. Na fein. Dann kann er verlangen, daß es ihm auch übergeben wird. Erst dann gehört es ihm. Vorher hat er nur einen Anspruch darauf.‹ Alles klar?

Rücktritt und Wandlung

Wer die ersten Zeilen dieses Kapitels aufmerksam gelesen hat, hat vielleicht gemerkt, daß der Umtausch eines verschmähten Weihnachtsgeschenks etwas völlig anderes und weniger Selbstverständliches ist als der Umtausch der trockenen Brötchen. Das eine ist die Ausübung eines stillschweigend gewährten Rücktrittsrechts, das nach dem Gesetz keineswegs eingeräumt werden muß. Das andere nennt man Wandlung. Es betrifft die Rückgängigmachung eines Kaufvertrages wegen eines Sachmangels. Die Sache taugt nichts, also wird der Film zurückgespult. Darauf besteht ein gesetzlicher Anspruch, der nur manchmal ersetzt werden kann durch andere Käuferrechte wie Nachbesserung – die bei Brötchen ausgeschlossen ist – und Minderung, also Herabsetzung des Kaufpreises, die hier gleichfalls ausscheidet, da man die trockenen Schrippen auch dann nicht abnagen möchte, wenn sie nur die Hälfte kosten. Ausschließen kann man die heilige Dreieinigkeit der Gewährleistungsansprüche (Wandlung, Nachbesserung, Minderung) auf keinen Fall.

Gewährleistungsansprüche

Die meisten Probleme bei der Abwicklung von Kaufverträgen liegen nicht im rechtlichen, sondern im tatsächlichen Bereich: Der Kunde muß zahlen, kann aber nicht. Dann erwirkt der Verkäufer einen Titel. Was das ist, werden wir noch sehen.

Wahlrecht

Nach dieser kleinen Einführung in das Kaufrecht können wir nun auch den Ausgangsfall lösen: Wegen der vergammelten Tomaten hat Frau Klug das Wahlrecht zur Wandlung, Minderung und Nachbesserung. Hier kommt nur Wandlung in Betracht. Also: Tomaten zurück, Geld zurück. Der Gemüsemann hat keinen Anspruch darauf, die faulen Tomaten durch frische zu ersetzen (was man bei einiger Mühe noch unter die Nachbesserung packen könnte) oder einen neuen Kaufvertrag abzuschließen. Das Wahlrecht hat nur die Käuferin. Klara Klug besteht deshalb zu Recht darauf, daß ihr das Geld ausgehändigt wird. Ist ja auch verständlich. In so einem Sauladen will sie natürlich nicht mehr einkaufen.

Kulanz, wenn kein Mangel besteht

Nun zum Spielwarengeschäft. Hier kann Klara Klug froh sein, wenn der Verkäufer ihr anstelle des verschmähten Computerspiels einen Gutschein anbietet. Es besteht nämlich gar kein Anspruch auf Wandlung, und es besteht auch kein vertragliches Rücktrittsrecht, das ja im Ergebnis auf dasselbe hinausliefe. Also ist Frau Klug hier auf das Entgegenkommen des Verkäufers angewiesen. Sie tut gut daran, dessen Vorschlag zu akzeptieren.

Doch jetzt endlich zu den sonstigen kaufvertraglichen Problemen, die sich im täglichen Leben häufen.

Fall 2:

Es klingelt an der Tür. Sabine Säuerlich erhebt sich von ihrem abgewetzten Sofa und öffnet die Wohnungstür. Vor ihr steht ein junger Mann mit ziemlich durchtätowierten Armen, der ihr in außerordentlich zweifelhaftem Deutsch das »Lila Blatt« anzudrehen versucht und dabei unaufhaltsam in die Wohnung vorrückt. Sabine Säuerlich unterschreibt schließlich zitternd den Vertrag, der ihr den Bezug des »Lila Blattes« auf mindestens ein Jahr sichert.

Belehrt von ihrem Neffen Paul Pingelig, der den Volkshochschulkurs »Recht im Alltag« besucht hat, widerruft Sabine Säuerlich drei Tage später ihre Erklärung unter Hinweis auf § 1b Abzahlungsgesetz. Die Agentur, für die Bruno Brecher arbeitet, erwidert kühl, ein Zeitschriftenabonnement sei kein Abzahlungsgeschäft. Also sei die sehr geehrte Frau Säuerlich zur Abnahme und Bezahlung des Jahresabos verpflichtet.

Wir hatten schon gehört, daß ein Käufer verpflichtet ist, nach Vertragsabschluß den vereinbarten Kaufpreis zu zahlen. Das gilt natürlich auch für Kaufverträge, in denen ein bestimmter Artikel periodisch geliefert wird, also etwa für Zeitschriftenabonnements. Allerdings macht das Gesetz nun für die sogenannten Abzahlungsgeschäfte eine Ausnahme.

Bruno Brecher und das ›Lila Blatt‹

Abzahlungsgeschäfte (auch »Teilzahlungsgeschäfte« genannt) sind solche Kaufverträge, bei denen der Kaufpreis nicht auf einmal, sondern in mindestens zwei Raten zu leisten ist. Derartige Vereinbarungen sind etwa beim Neuwagenkauf sehr häufig. **Abzahlungsgeschäfte**

Meistens behält sich der Verkäufer das Recht vor, von dem Kaufvertrag zurückzutreten, wenn der Käufer seine Verpflichtung nicht erfüllt, also der Ratenstrom langsam versiegt. In diesem Fall wird wiederum der Film zurückgespult: Jeder erhält zurück, was er dem anderen gegeben hat.

Am wichtigsten ist die in § 1a Abzahlungsgesetz geregelte Möglichkeit, die Annahme – also die Unterschrift unter den Vertrag – einfach zu widerrufen, bevor die Sache richtig angelaufen ist. Die Vorschrift bestimmt, daß der Vertrag überhaupt erst richtig wirksam wird, wenn die erste Woche ohne Widerruf vergangen ist. **Widerruf**

Der Vertrag ist in dieser ersten Woche sozusagen gezeugt, aber noch nicht geboren. Der schriftliche Widerruf hat etwa die Funktion einer Abtreibung. Sabine Säuerlich hat also – mit Paul Pingeligs Hilfe – eine juristische Abtreibung versucht. War sie erfolgreich?

Die Zeitschriftenagentur wendet ja ein, ein Zeitschriftenabo sei kein richtiges Abzahlungsgeschäft. Schließlich sei keine Sache gekauft worden, die man jahrelang abstottern müsse, sondern es sei ein Vertrag geschlossen worden, bei dem immer wieder etwas geliefert werde, das man dann auch immer wieder bezahlen müsse.

Natürlich versucht die Agentur, Frau Säuerlich zu behumsen. Paul Pingelig, der im Abzahlungsgesetz nachgeschlagen hat, merkt es auch sofort: Die Widerrufsvorschrift gilt nach § 1c Abzahlungsgesetz auch für solche Geschäfte, in denen **Ähnliche Geschäfte**

- eine in sich zusammengehörende Sache häppchenweise geliefert wird (zum Beispiel Lexikon),
- eine ursprünglich vereinbare Menge einer Ware häppchenweise geliefert wird (zum Beispiel Kindernahrung und Zeitschriftenabonnements),
- Erwerbs- und Bestellpflichten unterschiedlicher

Dinge bestehen (zum Beispiel Buchgemeinschaft oder Schallplattenring).

Sabine Säuerlich hat hier in die zweite Kiste gegriffen. So bleiben ihr die Verheerungen, die das »Lila Blatt« in ihrem Hirn angerichtet hätte, erspart.

Fall 3:

Siggi Süffel kauft beim Autohändler Fritz Fusch einen neuen VW Scirocco und gibt dafür seinen alten Golf (Baujahr 1978) in Agentur. Süffel hat seine ehrliche Minute, als er den Agenturvertrag ausfüllt. Unter der Frage »Hat der Pkw einen Unfall erlitten?« kreuzt er das Kästchen »Ja« an.

Fritz Fusch spendiert dem betagten Golf eine schicke Verkaufslackierung und schafft es schließlich, seinen alten Kunden Paul Pingelig für den aufgehübschten Wagen zu interessieren. Nach zähen Verhandlungen unterschreibt Paul Pingelig einen »Kaufvertrag über einen gebrauchten Pkw«, in welchem er den alten Golf zum Preise von 3000,— DM kauft, und zwar, wie es im Vertragstext heißt, »unter Ausschluß aller Gewährleistungsrechte«. Dazu wird ihm eine Durchschrift des Agenturvertrags Süffel/Fusch vorgelegt, aus dem sich ergibt, daß der Wagen einen Unfall hatte. Fritz Fusch beruhigt Paul Pingelig jedoch mit dem Hinweis, der Verkäufer Süffel habe versehentlich das falsche Kästchen angekreuzt; der Pkw sei absolut unfallfrei.

Einige Wochen nach dem Kauf bekommt Paul Pingelig Besuch von seinem Vetter Neidhardt Nörgel, der als Ingenieur sofort erkennt, daß das Auto einen schweren Frontschaden hatte und daß der Rahmen immer noch völlig verzogen ist.

Hat Pingelig Chancen, den Kaufvertrag rückgängig zu machen?

Agenturvertrag

Nun, bevor wir diese Frage beantworten, wollen wir uns erst einmal anschauen, was es eigentlich mit einem Agenturvertrag auf sich hat.

Beinahe jeder hat schon einmal einen derartigen Vertrag abgeschlossen und glaubt wohl auch ungefähr zu wissen, was das eigentlich bedeutet, einen Wagen in Agentur zu geben. Schließlich hat der Verkäufer des Autohauses etwas von Mehrwertsteuer gemurmelt. Es muß also ein Trick sein, Steuern zu sparen. Sonst hätte man den Pkw ja auch gleich in Zahlung geben können, wie es früher üblich war und wie man es auch heute noch allgemein ausdrückt, wenn man sich mit dem rechtlichen Kram nicht so auskennt.

Inzahlungnahme und MWSt.

Damit sind wir der Sache schon auf der richtigen Spur. Wenn ein Autohändler den Gebrauchtwagen eines Kunden kauft (»in Zahlung nimmt«), um ihm einen neuen Wagen andrehen zu können, muß er dafür Mehrwertsteuer zahlen, also immerhin 14 Prozent ans Finanzamt abführen. Nun kann der Kunde natürlich sagen: »Dein Problem.« Aber der Autohändler wird das sehr schnell zum Problem des Kunden machen, indem er die Mehrwertsteuer auf ihn abwälzt, mit anderen Worten: indem er ihm sagt, daß er das Auto leider nicht für 4560,— DM in Zahlung nehmen könne, sondern – weil er ja Mehrwertsteuer zahlen müsse – nur für 4000,— DM. Das sind dann für den Kunden manchmal gerade die 560,— DM, die zur Finanzierung des Neuwagens fehlen. Unter diesen Umständen überlegt er sich vielleicht, ob er nicht doch die alte Karre weiterfahren sollte.

Ist dieser Entschluß erst einmal gereift, guckt natürlich der Autohändler in die Röhre, der seinen Neuwagen nicht los wird.

Alles in allem: Beide haben ein Interesse daran, daß die Mehrwertsteuer wegfällt. Aus diesem Interesse heraus wurde der Agenturvertrag geboren. Es ist eine ziemlich haarsträubende Konstruktion insofern, als zwar wirtschaftlich gesehen der Autohändler den Gebrauchtwagen kauft und weiterverkauft, juristisch gesehen aber der ursprüngliche Eigentümer derjenige ist, der das Auto an den Kunden des Händlers weiterverkauft, wobei der Autohändler dann nur den Vermittler spielt.

Auch bei Agenturvertrag: Der Verkäufer ist den Wagen los

Bleiben wir bei der rechtlichen Konstruktion, statt auf das wirtschaftliche Endergebnis zu starren. Wenn der Autohändler dem Kunden erklären würde: »Ich nehme Ihr Auto in Agentur, stelle es also bei mir auf den Hof und sehe zu, daß sich ein Interessent findet«, würde der Kunde, der seinen Altwagen loswerden will, um sich einen neuen zu kaufen, sofort einwenden: »Ja, aber – wenn Sie keinen finden, dann bleibe ich ja auf der alten Schleuder sitzen!«

Um das zu vermeiden, werden in den Agenturvertrag Elemente eingebaut, die die »Inagenturnahme« für den Verkäufer endgültig machen: So kann der Autohändler den Agenturvertrag nur kündigen, wenn der Verkäufer ihn behumst hat (Verschweigen eines Unfallschadens). Wenn nicht, ist er verpflichtet, den Pkw zu einem bestimmten Mindestpreis weiterzuveräußern, nämlich zu dem Preis, den ihm der Händler auf den Neuwagenpreis anrechnet.

(Beispiel: Der Neuwagen kostet 29460,– DM. Der Altwagen wird für 4560,– DM in Agentur genommen. Der Kunde muß also noch 25000,– DM auf den Tisch des Hauses legen oder finanzieren.) Der Kunde bekommt also sofort sein Geld (gutgeschrieben). Selbst wenn es dem Autohändler nicht gelingt, den von ihm in aller Regel aufgemotzten Gebrauchtwagen weiterzuverkaufen, kann er den Agenturvertrag nicht kündigen, sondern bleibt auf dem Ladenhüter sitzen.

Provision

Umgekehrt kann er ihn natürlich zu einem beliebig hohen Preis weiterverkaufen. Dasjenige, was über den »Agenturpreis« hinausgeht, verbleibt dem Händler an Provision, wobei man allerdings ehrlicherweise zugestehen muß, daß diese Provision nur eine ziemlich kleine Entschädigung für das ist, was der Händler in aller Regel in einen in Agentur genommenen Gebrauchtwagen hineinsteckt. Die Autohändler versuchen, hier mit einem blauen Auge davonzukommen. Wenn die Sache mit ± 0 aufgeht, haben sie immer noch ein gutes Geschäft gemacht, nämlich bei Lichte gesehen einen Neuwagen zum vollen Preis – ohne irgendwelche Skontos und sonstigen Nachlässe – verkauft.

Merken wir uns also, daß ein Agenturvertrag wirtschaftlich gesehen auf eine Inzahlungnahme hinausläuft, den Beteiligten aber die Mehrwertsteuer erspart und rechtlich gesehen nichts anderes ist als ein Kaufvertrag zwischen zwei Privatleuten, der durch den Autohändler vermittelt wird, der dem Verkäufer gewisse Garantien gibt.

Nun wollen wir aber unseren armen Paul Pingelig nicht aus den Augen verlieren, der sich bei der Frage, wie er das aufgehübschte Wrack wieder los wird, die Nägel zerbeißt. Was kann er tun? In seiner Ahnungslosigkeit wird er sich natürlich zunächst an Fritz Fusch wenden. Dieser wird ihm natürlich sagen, er sei nicht der Verkäufer, sondern nur der Vermittler. Pingelig möge sich also gefälligst an Süffel halten.

Das tut Pingelig auch. Süffel lallt ihm aber schon am Telefon entgegen, er wisse gar nicht, was Pingelig eigentlich wolle. Schließlich habe er doch ausdrücklich angekreuzt, daß es sich bei dem Pkw um einen Unfallwagen handelte.

Agent haftet für Mängel

Das ist nun das Stadium, in dem Pingelig keinen anderen Weg mehr sieht, als sich an Rechtsanwalt Fetzer zu wenden. Fetzer schreibt an Fusch, daß er zwar formal betrachtet nur Vermittler des Kaufvertrags sei, wegen seiner eigentümerähnlichen Rechtsposition jedoch wie ein Verkäufer selbst hafte. Infolgedessen könne der Vertrag auch ihm gegenüber rückgängig gemacht werden.

Die Rechtsprechung sieht es ebenso wie Rechtsanwalt Fetzer. Fusch hat ja dem Verkäufer Süffel den Kaufpreis bereits gutgeschrieben und kann das Auto bei wirtschaftlicher Betrachtungsweise auf eigenes Risiko und mit eigener Gewinnchance weiterverkaufen. Deshalb muß er sich auch wie ein Verkäufer behandeln lassen.

Fusch weist im Gegenzug auf die Freizeichnungsklausel (Gewährleistungsausschluß) hin, außerdem auch auf das Kreuzchen, mit dem der Unfallschaden bejaht worden ist.

Bei Arglist haftet Verkäufer immer

Fetzer antwortet ihm, der Gewährleistungsausschluß gelte in solchen Fällen nicht, in denen ein Mangel arglistig verschwiegen worden ist, und benennt einen unabhängigen Zeugen dafür, daß Fusch das Kreuz im »Ja«-Kästchen als Irrtum des Verkäufers hingestellt hatte.

Fritz Fusch stutzt, als er den Brief liest. Jetzt erinnert er sich. Da war doch so ein harmlos dreinblickender Jüngling mit Brille dabei, als Pingelig das Auto kaufte. Ach du Schreck! Womöglich war das gar kein harmloser Trottel, der von seinem Papi nur zufällig mitgeschleift worden war und in Wirklichkeit an seine letzte Lateinarbeit dachte, sondern ein tückisches Bürschchen aus der Nachbarschaft, das im ersten Semester Jura studiert. Eijeijei!

Fritz Fusch barmt nicht zu Unrecht. Falls es zum Prozeß kommt, hat er schlechte Karten. Vor allem nützt ihm die Freizeichnungsklausel gar nichts, weil er geschummelt hat (Hauptfall: arglistiges Verschweigen eines Mangels). Er wird sich wohl an den Gedanken gewöhnen müssen, das Fahrzeug zurücknehmen und Paul Pingelig auszahlen zu müssen – dies freilich gegen Abzug einer angemessenen Kilometerpauschale für die Strecke, die Paul Pingelig mittlerweile zurückgelegt hat.

Zugesicherte Eigenschaft

Aber bevor einige Leser glänzende Augen bekommen, mögen sie sich folgende finstere Warnung zu Herzen nehmen: *Die beiden klassischen Ausnahmefälle, mit denen man den im Vertrag festgehaltenen Gewährleistungsausschluß umschiffen kann, also arglistiges Verschweigen eines Mangels und Fehlen einer zugesicherten Eigenschaft, sind außerordentlich selten.*

Normalfall des Gewährleistungsausschlusses: nichts zu machen!

In der Regel ist es so, daß entweder kein Ausnahmefall da ist oder daß man ihn nicht beweisen kann. Wenn im Vertrag drinsteht »unter Ausschluß aller Gewährleistungsrechte« oder »... Gewährleistungsansprüche«, sieht der Käufer alt aus, wenn der Motor anschließend verreckt. Verkäufer und Autohändler werden mit den Achseln zucken und sagen, das hätten sie nicht gewußt und auch nicht ahnen können. Der Käufer ist also der Dumme.

Wundern darf er sich eigentlich nicht. Schließlich steht der Gewährleistungsausschluß nicht umsonst im

Vertrag, und wenn man mit Hilfe einer Erweiterung der beiden Ausnahmefälle schließlich doch noch zur Wandlung und Minderung kommen könnte, so würde sich der Verkäufer natürlich zu Recht fragen, wozu denn eigentlich der Gewährleistungsausschluß überhaupt noch im Vertrag steht. Das fragt man sich als Anwalt auch oft, wenn die Käufer kommen und den Kauf rückgängig machen wollen.

Lotterie

Sie verkennen dabei meistens, daß der Gebrauchtwagenmarkt etwas Lotterieähnliches ist: Man kann beim Kauf Glück oder Pech haben. Wenn man 3000,– DM gezahlt hat und das Auto noch vier Jahre anstandslos läuft, hat man ein Glückslos erwischt. Wenn man dieselbe Summe hingeblättert hat und die geschminkte Rostlaube macht es nur noch drei Monate, hat man halt eine Niete gezogen. »Man steckt schließlich nicht drin«, sagen die Händler und Verkäufer. So ist es. Wer eine Niete in der Lotterie zieht, ärgert sich, aber beschwert sich nicht. Wer eine Niete im Gebrauchtwagenhandel zieht, sollte sich angewöhnen, ebenso zu denken.

Merksätze zum Kaufrecht

- **Das Eigentum an einer gekauften Sache geht nicht schon mit dem Kauf, sondern erst mit der Übergabe auf den Käufer über.**

- **Wer eine Sache gekauft hat, die in Ordnung ist, hat keinen Anspruch auf Umtausch.**

- **Wer eine mangelhafte Sache gekauft hat, kann zwischen Wandlung (Rückabwicklung), Minderung und Nachbesserung wählen. Das Wahlrecht zwischen den drei genannten Gewährleistungsansprüchen kann durch »Allgemeine Geschäftsbedingungen« bei neuen Sachen eingeschränkt und bei gebrauchten Sachen ausgeschlossen werden.**

● **Abzahlungsgeschäfte sind nur wirksam, wenn die Unterschrift nicht binnen einer Woche widerrufen wird.**

● **Wer einen mangelhaften Gebrauchtwagen gekauft hat, kann sich an den Händler halten und braucht sich nicht an den »Vorbesitzer« verweisen zu lassen.**

● **Alle Formularverträge über Gebrauchtwagen enthalten einen totalen Gewährleistungsausschluß (Freizeichnungsklausel). Der Käufer kann nur etwas ausrichten, wenn »Vorbesitzer« oder Händler**
- **schriftlich eine Eigenschaft zugesichert haben, die nicht besteht (zum Beispiel »unfallfrei«), oder**
- **den Käufer arglistig getäuscht haben.**

Beides ist sehr selten nachweisbar.

8. WERKVERTRAG UND BAUVERTRAG

Fall 1:

Siggi Süffel hat für mindestens zwei Jahre keinen Führerschein mehr. Er will deshalb seinen Pkw am Auspuff reparieren lassen, eine neue TÜV-Plakette besorgen und das Auto anschließend verkaufen. Reparaturbedürftig ist die Auspuffanlage. Im Auspufftopf klafft ein faustgroßes Loch, und Süffel weiß natürlich, daß er damit nicht durch den TÜV kommt. Er erteilt deshalb dem Inhaber der Reparaturwerkstatt Schrott und Co. GmbH & Co. KG, Herrn Fritz Fusch, den Auftrag zur Auswechslung des Auspufftopfes.

Der Auftrag wird sofort von einem Lehrling ausgeführt. Am nächsten Tag wird Siggi Süffel telefonisch davon in Kenntnis gesetzt, daß der Wagen abholbereit sei. Er rührt sich jedoch nicht. Nach einer Woche erhält er die Rechnung über 471,50 DM. Süffel erscheint in der Werkstatt, wirft einen kurzen Blick unter das Auto und erklärt, der Auspufftopf sei so merkwürdig grau. Der alte Auspufftopf sei rostbraun gewesen. Diese Farbe habe sehr viel besser zur Karosserie in ihrem derzeitigen Zustand gepaßt. Der Mangel müsse auf jeden Fall behoben werden. Sonst bekomme Fritz Fusch seine Rechnung nicht bezahlt.

Fritz Fusch quittiert diese Äußerung mit Hohngelächter, läßt das Auto stehen und versendet zwei Mahnungen. Die dritte Mahnung schließlich ist mit dem Hinweis versehen, daß er – Fritz Fusch – von seinem Werkunternehmerpfandrecht Gebrauch machen werde, wenn Süffel die Rechnung nicht bis zum Monatsende bezahle.

Siggi Süffel ist klamm, will das aber nicht zugeben, und schickt der Firma Schrott auf einer Postkarte nochmals eine strenge Mängelrüge wegen der Auspuff-Farbe.

Was wird Fusch tun?

Haftung für Erfolg

Jeder, der für einen anderen etwas flickt, bastelt oder zurechtbiegt, tummelt sich im Werkvertragsrecht (§§ 631ff BGB). Wer sich verpflichtet, ein »Werk« im Sinne des

Gesetzes zu schaffen, hat dafür einzustehen, daß es auch gelingt, das heißt, frei von Mängeln ist. Was ein Mangel ist, werden wir noch sehen. Das ist nämlich gar nicht so klar, wie es sich anhört.

Denjenigen, der ein »Werk« im Sinne des Gesetzes ausführt, nennen wir »Unternehmer«. Der andere ist der »Besteller«. Auch der Besteller hat Pflichten. Vor allem muß er das Werk abnehmen, wenn es in Ordnung ist, und die Vergütung dafür zahlen.

Wenn der Besteller nicht zahlt und das mängelfreie Werk auch noch nicht abgenommen hat, so stellt sich natürlich die Frage, wie der Unternehmer zu seinem Geld kommt. Hierzu ist dem Gesetz eine naheliegende und praktische Lösung eingefallen: Er kann sich an der reparaturbedürftigen Sache schadlos halten. Das nennt man Werkunternehmerpfandrecht (§ 647 BGB).

Unternehmerpfandrecht

Kann Fusch nun vom Unternehmerpfandrecht Gebrauch machen? Wenn ja, wie?

Zunächst einmal müssen wir uns mit der Frage befassen, ob ein Mangel vorliegt, der Siggi Süffel zur Zahlungsverweigerung bis zur Mängelbeseitigung berechtigt.

Mangel

Was ist ein Mangel? Die Antwort gibt das Gesetz (§ 633 I BGB): Mangel ist ein Fehler, der den Wert oder die Tauglichkeit zu dem gewöhnlichen oder dem nach dem Vertrag vorausgesetzten Gebrauch aufhebt oder mindert.

Es liegt auf der Hand, daß die graue Farbe des Auspufftopfs dessen Tauglichkeit nicht mindert. Also kann sich Süffel hier auf keinen Mangel berufen.

Nach etlichen Mahnungen und der letzten Fristsetzung kann Fusch nun auch von seinem Pfandrecht Gebrauch machen. Das bedeutet schlicht und einfach, daß er das Auto jetzt weiterverkaufen kann (§§ 647, 1257, 1247 BGB). Bis zur Höhe seiner Forderung kann er den Erlös behalten. Den Rest muß er an Süffel zurückzahlen.

wegen Nichterfüllung verlangen können (§ 635 BGB), vorausgesetzt, daß der Mangel von Grummel selbst oder von seinen Leuten verbockt worden ist (es gibt ja auch Mängel, für die der Unternehmer nichts kann, für die er aber trotzdem einzustehen hat). Der Schadensersatzanspruch hätte sich dann zusammengesetzt aus den Kosten für die Neulieferung der Austauschbretter, die Montage und für eventuelle Auslagen des armen Bestellers.

Fall 3:

Paul Pingelig kauft sich eine Eigentumswohnung, die, als der notarielle Vertrag geschlossen wird, noch gar nicht steht. Der Vertrag enthält folgende Klausel: »Für Mängel in der Bauausführung haften die Verkäufer gem. den Vorschriften der VOB.«

Etwa ein halbes Jahr nach Vertragsabschluß, nämlich am 1. April 1986, zieht Pingelig mit seiner Familie in die Eigentumswohnung ein. Der Verkäufer Fusch erscheint nicht zur Abnahme. Pingelig fordert ihn dazu auch nicht auf. Die förmliche Abnahme gerät in Vergessenheit.

Nach und nach stellt sich heraus, daß an der Eigentumswohnung und auch an den Teilen des Bauwerks und Grundstücks, die Gemeinschaftseigentum aller Wohnungseigentümer sind, allerhand im argen liegt. Die Fenster sind undicht, zwei Rolladenkästen fehlen, auf dem Balkon steht das Wasser, 15 Badezimmerfliesen sind gesprungen usw. – mit einem Wort: Es bietet sich der Anblick, der bei Neubauten regelmäßig herrscht.

Nach einem Jahr rafft sich Paul Pingelig auf und verlangt Nachbesserung binnen zwei Monaten. Der Verkäufer schweigt.

Anschließend setzt Pingelig ihm eine Nachfrist von einem weiteren Monat, verbunden mit der Drohung, danach die zur Mängelbeseitigung notwendigen Kosten einzuklagen.

Der Verkäufer schweigt abermals. Pingelig bestellt einen Sachverständigen, läßt die notwendigen Kosten ermitteln und erhebt Klage beim Landgericht auf Zahlung die-

Fall 2:

Neidhardt Nörgel bestellt beim Möbeltischler Grummel eine Schrankwand. Dabei macht er genaue Detailangaben über Abmessungen, Fächerzahl, Material usw., vergißt aber, die Vergütung auszuhandeln.

Als Grummels Leute zwei Wochen später die Schrankwand anschleppen, bemerkt Nörgel sofort, daß das Möbel in Birke statt in Mahagoni geliefert worden ist. Er verweigert die Annahme. Grummel ist nicht sicher, ob er verpflichtet ist, eine neue Schrankwand zu tischlern, tut das aber schließlich, weil er die Ausführung in Birke selbst gebrauchen kann. Drei Wochen später erscheinen die Leute von Grummel abermals und liefern die gewünschte Mahagoni-Schrankwand. Nörgel schaut sich das Ding an, bedankt sich und erklärt, sie sei wohl im großen und ganzen in Ordnung.

Drei Monate später stellt Nörgel fest, daß die Bretter der Bücherbordabteilung der Schrankwand nur jeweils 18 mm statt 25 mm dick sind. Die fünf Bretter hängen bereits bauchig nach unten durch. Nörgel ruft bei Grummel an und fordert ihn auf, die Bretter zu ersetzen. Grummel erwidert, Nörgel mache seinem Namen alle Ehre. Er denke gar nicht daran, die Bretter auszutauschen. Er habe schon einmal eine ganze Schrankwand neu geliefert. Nörgel solle sich nicht so anstellen und die Bücherbretter eben etwas weniger belasten.

Nörgel setzt Grummel daraufhin eine Nachbesserungsfrist von drei Wochen. Nichts geschieht während dieser Zeit. Nörgel erklärt nun die Wandlung des Werkvertrages: Er fordert Grummel auf, die gesamte Schrankwand zurückzunehmen und die von ihm bereits gezahlte Vergütung zu erstatten.

Grummel antwortet, seit Abnahme der Schrankwand seien sechseinhalb Monate vergangen. Der Wandlungsanspruch sei demnach verjährt.

Wer hat recht?

Vergütung

Zunächst einmal: Daß Nörgel vergessen hat, mit Grummel den Preis für die Schrankwand auszuhandeln, hat auf die Vertragsabwicklung keinen Einfluß. Wenn nämlich keine Vergütung vereinbart worden ist, so gilt die übliche Vergütung als vereinbart (§ 632 II BGB). Grummel kann also die Preise verlangen, die er immer verlangt, soweit sie den Rahmen, den die ortsübliche Konkurrenz setzt, nicht völlig sprengen.

Im ersten Anlauf hat nun der dumme Grummel versehentlich eine Schrankwand in Birke geliefert. Wie wir gesehen haben, hat er sie dann freiwillig wieder ausgetauscht. Fraglich ist nun, ob er das mußte.

Bei Abnahme: Erfüllung

Die Antwort ergibt sich aus dem Gesetz (§ 640 BGB). Bis zur Abnahme besteht ein Erfüllungsanspruch. Das bedeutet, daß der Besteller einen Anspruch auf eine vertragsgemäße Leistung hat. Irgend etwas anderes oder eine mangelhafte Sache braucht er nicht abzunehmen. Nörgel konnte hier also durchaus eine Neulieferung der Schrankwand verlangen.

Danach: Nachbesserung

Nach der Abnahme ändert sich das Bild. Dann nämlich hat er nur noch einen Nachbesserungsanspruch, das heißt, einen Anspruch darauf, daß die mit einem Mangel behaftete Sache in Ordnung gebracht wird. Nörgel hat also völlig zu Recht den Austausch der fünf durchhängenden Bretter des Bücherregals verlangt.

Nachbesserungsfrist – dann Wandlung oder Minderung

Was soll nun ein Besteller machen, dessen Nachbesserungsanspruch vom Unternehmer einfach ignoriert oder auch noch – wie hier – mit dummen Sprüchen zurückgewiesen wird? Ihm bleibt nur die Möglichkeit, dem Unternehmer eine Nachbesserungsfrist zu setzen. Wenn diese Frist abgelaufen ist, hat der Besteller die Wahl zwischen Wandlung und Minderung, also zwischen Rückgängigmachung des gesamten Kaufvertrags (Schrankwand zurück, Geld her) und Minderung (Herabsetzung des Kaufpreises). Der Nachbesserungsanspruch, also der Anspruch auf Beseitigung des Mangels ist fortan endgültig ausgeschlossen (§ 634 I, letzter Halbsatz BGB).

Der gute Nörgel hat also hier völlig zu Recht nach Fristablauf die Wandlung verlangt. Bei der Wandlung gibt es übrigens eine juristische Bremse für den Fall der Unerheblichkeit des Mangels.

Wenn nur eine Kleinigkeit nicht in Ordnung is
Wandlung ausgeschlossen (§ 634 III BGB). I
Mangel hier unerheblich ist, wird man nicht sag
nen. Mit der Unerheblichkeit käme Grummel
wenn die 18 mm starken Bretter den ästhetisc
samteindruck nicht stören würden und außer
dünnen Bretter nicht zu statischen Problemen
hängen des Regals) führen würden. Die Bretter
nun aber durch. Also kann Nörgel die gesamt
nach Ablauf der Nachbesserungsfrist zurückge
sen.

Doch halt! Das Recht zur Geltendmachung
währleistungsansprüchen hat zeitliche Grenzen.
sprüche verjähren (s. § 638 I BGB)

- in sechs Monaten bei beweglichen Sachen,
- bei Arbeiten an einem Grundstück in einem Ja
- bei Bauwerken in fünf Jahren (wenn nicht die
  siehe unten – vereinbart ist).

Hier haben wir natürlich einen Fall der sechsmo
Verjährung. Der Ablauf der Verjährungsfrist wi
etwa durch ein Aufforderungsschreiben gehem
unterbrochen, sondern nur durch Klageerhebu
Einleitung eines Beweissicherungsverfahrens
mung der Verjährung bedeutet, daß die Verjäh
stoppt wird und nach Ablauf des hemmenden E
ses weitertuckert. Unterbrechnung bedeutet,
Verjährung durch das unterbrechende Ereig
vorne zu laufen beginnt.

Armer Neidhardt Nörgel! Er hat alles ric
macht, aber die Sechs-Monats-Frist verpenn
muß er als juristischer Dünnbrettbohrer selb
Bretter bohren, nachdem er die dünnen rausg
hat. Da hätte er man rechtzeitig einen Anwal
sollen.

Eines wollen wir aber abschließend noch er
obwohl es für Neidhardt Nörgel sicherlich ke
ist: Wenn er rechtzeitig Klage erhoben hätte,
statt Wandlung oder Minderung auch Schade

ser Kosten gegen den Verkäufer, ohne daß zuvor die Mängel beseitigt worden sind.

Wird Pingelig Erfolg haben?

VOB

Dem geneigten Leser ist bereits aufgefallen, daß in dem Bauvertrag auf eine ominöse »VOB« verwiesen wird, die hier bezüglich der Gewährleistungsansprüche an die Stelle der §§ 633 ff. BGB tritt. Hinter dem Kürzel »VOB« verbirgt sich die »Verdingungsordnung für Bauleistungen«, die in nahezu jedem Bauvertrag Anwendung findet.

Die VOB ist *kein Gesetz,* auch keine Rechtsverordnung, auch nicht Niederschlag einer Verkehrssitte oder eines Handelsbrauchs. Die juristische Literatur ist sich darüber einig, daß die VOB so etwas Ähnliches darstellt wie »Allgemeine Geschäftsbedingungen«. Sie führt jedenfalls ein rechtliches Eigenleben, ohne Rechtsnorm zu sein.

Die VOB zerfällt in drei Teile, nämlich Teil A bis C. Teil A ist rechtlich unbedeutend. Es enthält lediglich die Grundsätze für die Maßnahmen vor Abschluß des Bauvertrags (Ausschreibung usw.). Auch Teil C interessiert den Juristen nur am Rande. Dieser Teil enthält für jedes einzelne Gewerk nichtendenwollende DIN-Normen, in denen genau beschrieben ist, in welcher Art und Weise einzelne Handwerksleistungen auszuführen sind.

VOB/B

Wichtig ist Teil B, denn er enthält die inhaltliche Regelung der Rechtsbeziehungen zwischen dem Bauherrn und dem Unternehmer. Die Gewährleistungsvorschriften des Werkvertragsrechts sind hier ausführlicher und teilweise abweichend ausformuliert. Die vielleicht wichtigsten Unterschiede sind die folgenden:

Zwei Jahre Anspruch auf Mängelbeseitigung

- Die »Bauwerksverjährung« nach § 638 BGB (fünf Jahre) wird ersetzt durch die Gewährleistungsfrist nach § 13 Nr. 4 VOB/B (zwei Jahre), wobei nach Abnahme der jeweiligen Mängelbeseitigungsarbeit die Frist von neuem zu laufen beginnt, nach einer abermaligen Mängelbeseitigung abermals usw. – bis in die aschgraue Ewigkeit.

Keine Wandlung

- Während nach dem BGB-Werkvertragsrecht nach der

befristeten Aufforderung zur Mängelbeseitigung nur das Recht auf Wandlung und Minderung, unter besonderen Voraussetzungen auch auf Schadensersatz bleibt, hat der Bauherr in der gleichen Situation das Recht auf Erstattung der Mängelbeseitigungskosten, außerdem nur noch – wenn die Mängelbeseitigung unmöglich ist oder einen unsinnigen Aufwand erfordern würde – das Recht auf Minderung. Unter bestimmten Voraussetzungen hat er dann sogar noch – wie im Werkvertragsrecht – einen Anspruch auf Schadensersatz.

Wichtig ist also, daß an die Stelle des Wandlungsanspruchs der Kostenanspruch tritt und das Minderungsrecht stark eingeschränkt ist.

Fazit: Wer einmal ein Haus gekauft hat, bleibt drauf sitzen und kann nicht den gesamten Film zurückspulen. Das ist sicherlich auch sinnvoll, denn bei beweglichen Sachen ist natürlich die Rückabwicklung einfacher als bei unbeweglichen Sachen. Grundstück und Haus sind rechtlich gesehen ein und dasselbe (außer bei Erbbaugrundstücken). Man spricht deshalb von »Hausgrundstücken«. Das Haus ist wesentlicher Bestandteil des Grundstücks. Das Grundstück nennen wir »unbewegliche Sache«. Das ist zugleich die Übersetzung des lateinischen Fremdworts »Immobilie«.

Nach dieser unvermeidlich langweiligen Einführung wollen wir mal sehen, ob Nörgel seinen Prozeß gewinnt. Zunächst müssen wir uns dabei wie im Werkvertragsrecht um die Frage kümmern, ob die Erfüllungsansprüche denn schon in Gewährleistungsansprüche umgeschlagen sind, mit anderen Worten: ob eine Abnahme stattgefunden hat.

Fiktive Abnahme

Eine förmliche Abnahme hat es jedenfalls nie gegeben. Unterstellen wir aber einmal, daß nicht nur für die Mängel, sondern auch für die Abnahme und überhaupt VOB vereinbart worden ist, was wir derzeit nicht genau sagen können, da Pingeligs Kinder aus weiten Teilen des Vertragswerks Papierschwalben angefertigt haben, so gilt § 12 VOB/B. Nach Nr. 5 II dieser Vorschrift gilt mangels förmlicher Abnahme die Abnahme als erledigt, wenn ab Nutzungsbeginn (Einzug) sechs Tage vergangen sind (die Frist beginnt mit dem Tag nach dem Einzug). Das nennt man dann fiktive Abnahme.

Pingelig hat also die Eigentumswohnung abgenommen, obwohl der davon gar nichts weiß. Man sieht: Wenn der Gesetzgeber oder der Vertragsbastler nicht weiterkommt, unterstellt er einfach irgend etwas.

Und schon sind wir mal wieder im Gewährleistungsrecht. Jetzt können wir anwenden, was wir bereits durchgekaut haben: Die einmonatige Frist zur Mängelbeseitigung ist verstrichen. Pingelig hat auch ganz korrekt geschrieben, daß er die Mängelbeseitigung nach Ablauf der Frist ablehne. Die Gewährleistungsfrist (2 Jahre) ist noch nicht abgelaufen. Alles klar!

Also kann Pingelig jetzt vom Unternehmer die Kosten verlangen, die er zahlen muß, wenn er einen anderen Unternehmer auf die Beseitigung der schlimmen Mängel ansetzt. Hier handelt es sich um lauter Mängel, die behebbar sind. Also hat Pingelig einen Anspruch auf Erstattung der Kosten der Mängelbeseitigung.

Vorschußanspruch

Kann er aber diese Kosten schon einklagen, bevor er all die Mängel beseitigen läßt? Jawohl, das kann er. Das ist sogar der Regelfall des § 13 Nr. 5 Abs. II VOB. In diesem Falle nennt man den Anspruch »Vorschußanspruch«. Wirtschaftlicher Hintergrund ist der, daß dem armen Paul Pingelig, der ja noch von der Zahlung des Kaufpreises für die Eigentumswohnung (180000,— DM) wirtschaftlich völlig ausgelaugt ist, nicht auch noch zuzumuten ist, zunächst einmal sämtliche mit der Mängelbeseitigung beauftragten Handwerker auszuzahlen. Ihm soll vielmehr die Möglichkeit gegeben werden, zu »seinem Geld« zu kommen, damit er anschließend für die Vergütung der Drittunternehmer einen Batzen in der Reserve hat.

Kosten des Sachverständigen

Auch die Kosten des Gutachtens eines öffentlich bestellten und vereidigten Sachverständigen kann er ersetzt verlangen. Wäre ja auch noch schöner, wenn er auf diesen Kosten sitzenbliebe. Die Sachverständigen langen nämlich manchmal ganz schön hin. Um die 3000,— DM hat der arme Paul Pingelig sicherlich berappt.

Beweisen, daß der Brief angekommen ist

Abschließend ein Tip für all diejenigen, die ein Haus gebaut haben und es mit einem Unternehmer zu tun haben, der die Mängel partout nicht beseitigen will: Wenn Sie dem Bauunternehmer schreiben, um Mängel zu rügen, ihm eine Frist zu setzen (zweckmäßigerweise mit Ablehnungsandrohung) oder ihm schließlich die mutmaßlichen Kosten für die Mängelbeseitigung aufs Auge zu drücken, so vergessen Sie nicht, alle Briefe als *Einschreiben mit Rückschein* zu versehen. Dann freut sich nachher auch Ihr Anwalt, den Sie letzten Endes engagieren müssen, weil Sie bei Landgerichtsprozessen (Prozesse mit Streitwerten über 5000,— DM) nach dem Gesetz einen Rechtsanwalt brauchen. Gerade in der Baubranche kommt es nämlich immer wieder vor, daß der Unternehmer, wenn man ihn auf ein bestimmtes wichtiges Schreiben anspricht, ganz erstaunt die Brauen hebt und mit der größten Unschuldsmiene erklärt, er müsse sich doch sehr wundern, ein derartiges Schreiben habe er nie bekommen. Man möge doch einmal bitte bei der Post einen Nachforschungsantrag stellen.

Und schon ist der Bauherr der geleimte. Wer nämlich drauflos gearbeitet hat oder die Mängel von einem Dritten hat beseitigen lassen, ohne nachweisen zu können, daß er den Vertragspartner (Verkäufer oder Bauunternehmer) unter Fristsetzung aufgefordert hat, die Mängel zu beseitigen, bleibt auf all den Kosten sitzen. Der Unternehmer streckt ihm die Zunge heraus. Und das alles wegen ein paar Mark Postgebühren, die man unbedingt sparen wollte.

Auch hier kann man sehen: Das Recht ist mit den Tückischen – es sei denn, man stellt es so an, daß ihre Tricks versagen.

Mit dieser kulturkritischen Äußerung wollen wir dem Werkvertrags- und Baurecht den Rücken zukehren.

Merksätze zum Werkvertragsrecht und zum Baurecht

- **Wer sich als »Unternehmer« auf einen Werkvertrag einläßt, haftet für den Erfolg (das Gelingen).**

- **Bis zur Abnahme hat der Besteller einen Erfüllungsanspruch. Nach der Abnahme hat er**
  - **einen Anspruch auf Nachbesserung innerhalb einer bestimmten Frist sowie**
  - **die Wahl zwischen Wandlung, Minderung und Schadensersatz nach Fristablauf.**

- **Gewährleistungsansprüche bezüglich beweglicher Sachen verjähren in sechs Monaten.**

- **Gewährleistungsansprüche bezüglich Bauwerken verjähren gem. VOB nach zwei Jahren. Die Frist beginnt nach jeder Nachbesserung erneut zu laufen.**

- **Nach Ablauf der Mängelbeseitigungsfrist hat der Besteller gem. VOB kein Wandlungsrecht, sondern statt dessen ein Recht auf Erstattung der zur Mängelbeseitigung erforderlichen Kosten (schon *vor* Durchführung der notwendigen Arbeiten).**

9. MIETRECHT

Ein Mietverhältnis über eine Wohnung, eine Ehe und das Leben im allgemeinen haben eines gemeinsam: Solange sie andauern, gibt es zwar gelegentlich Ärger und Verdruß, aber richtig ernst wird es erst, wenn es sich dem Ende zuneigt, und daran denkt man viel zu selten. Dabei kann es täglich passieren:

Der Unterschied ist: Je schwerwiegender das Ereignis, desto geringer die rechtliche Reglementierung. Zum Tod fällt dem Gesetz nicht viel mehr ein als die Antwort auf die Frage, was mit dem Nachlaß geschieht. Das Ende einer Ehe ist einfach zu besiegeln: Einer zieht aus und stellt nach einem Jahr Scheidungsantrag.

Kompliziertes Rechtsgebiet

Anders bei der Miete: Ein erstaunliches Geflecht unterschiedlichster Voraussetzungen – je nachdem, *wer* kündigt –, Fristen, Vorbehalte und Notbremsen macht das Ende eines Mietverhältnisses zum Unübersichtlichsten, was unser ohnehin schon nicht ganz einfaches Recht zu bieten hat.

Wir wollen versuchen, etwas Licht ins Dunkel zu bringen. Beginnen wollen wir aber mit einem Fall, der die *Kernprobleme* behandelt, die *während* der Dauer des Mietverhältnisses auftreten können.

Fall 1:

Neidhardt Nörgel schreibt seinem Mieter Hugo Hammer folgenden Brief:

6. Juli 1986

Sehr geehrter Herr Hammer!

Da ich weit weg von Ihnen wohne, habe ich mich nie groß um den Zustand der Wohnung gekümmert, die Sie vor acht Jahren gemietet haben. Nun hat mir aber der Handwerker, der die neuen Isolierglasfenster eingebaut hat, berichtet, daß alles völlig verwohnt ist und daß Sie ihm lachend gestanden hätten, während der acht Jahre natürlich noch nie etwas an der Wohnung gemacht zu haben.

Ich mache Sie darauf aufmerksam, daß Sie nach dem Mietvertrag verpflichtet sind, die Küche alle zwei Jahre, das Bad alle drei Jahre und die übrigen Räume alle fünf Jahre zu renovieren. Ich fordere Sie auf, sämtliche Renovierungsarbeiten bis zum Ende des kommenden Monats nachzuholen. Andernfalls muß ich Sie an die Luft setzen und die Arbeiten von einer Drittfirma auf Ihre Kosten durchführen lassen. Danach können Sie dann von mir aus wieder einziehen.

Ich darf bei dieser Gelegenheit auf Ihren Brief vom 17. Juni zurückkommen. Sie teilen dort mit, daß Sie die Grundsteuer, die Haftpflichtversicherung und die Gartenpflegekosten nicht anteilig tragen wollen. Ich muß Sie aber darauf aufmerksam machen, daß Sie das nach dem Gesetz müssen, auch wenn ich das in § 4 des Mietvertrags nicht ausdrücklich angekreuzt habe. Ihre Verpflichtung ergibt sich nämlich aus § 27 der II. Berechnungsverordnung.

Da wir gerade dabei sind, noch dies: Sie zahlen, wie ich soeben feststelle, immer noch eine Kaltmiete von 210,— DM, obwohl die Wohnung 70 qm groß ist. Der Quadratmeterpreis für vergleichbaren Wohnraum in der Nachbarschaft liegt bei 6,— DM. Ich verdoppele deshalb die Miete hiermit auf 420,— DM und forderte Sie auf, die neu festgesetzte Miete vom nächsten Monat an zu zahlen. Andernfalls gebe ich die Sache sofort meinem Rechtsanwalt.

Ich habe, wie Sie wissen, auch neue Fenster eingebaut. Diese haben mich insgesamt 12 310,78 DM gekostet. Es liegt auf der Hand, daß dieser Betrag Ihnen ebenso wie mir zugute kommt. Mir allerdings erst dann, wenn Sie draußen sind. Da dies angesichts unserer sozialistischen Mietgesetze noch lange dauern kann, schlage ich vor, daß wir uns den Betrag teilen. Weil Sie arbeitslos sind und ich ein christliches Gewissen habe, gestatte ich Ihnen, den auf Sie entfallenden Anteil von 6155,39 DM über zwei Jahre abzustottern. Das entspricht einem Monatsbetrag von 256,47 DM, den Sie bitte vom kommenden Monat an zusammen mit der Miete an mich überweisen wollen.

Nicht zufällig am Ende dieses Schreibens lassen Sie mich bitte noch auf die kürzlich von Ihnen fernmündlich und in offensichtlich betrunkenem Zustand erklärte Mietminderung um 30 Prozent eingehen, die Sie allerdings bislang noch nicht realisiert haben – wohl deshalb, weil Sie unfähig waren, den laufenden Dauerauftrag entsprechend ändern zu lassen.

Die Unbegründetheit der Mietkürzung liegt dermaßen klar auf der Hand, daß ich mich kurz fassen kann: Wenn die Kloschüssel entzweigegangen ist, so nur deshalb, weil Sie sie offensichtlich einem übermäßigen Verschleiß ausgesetzt haben, etwa dergestalt, daß Sie sich mit Ihrem gesamten Körpergewicht auf die Brille haben plumpsen lassen, und/oder auch dadurch, daß Sie es, wie ich von Ihrer ehemaligen Lebensgefährtin erfahren habe, nicht für nötig halten, wie jeder aufrechte Mann im Stehen zu urinieren, sondern es vorziehen, sich dafür hinzusetzen.

Es wird von mir gar nicht bestritten, daß es einen Monat gedauert hat, bis der Installateur da war und eine neue Kloschüssel installiert hat. Die deshalb geltend gemachte Mietminderung muß ich aber zurückweisen. Zum einen deshalb, weil Sie, wie gesagt, selbst schuld sind, zum anderen deshalb, weil ein Mangel im eigentlichen Sinne gar nicht vorliegt.

Sie hätten ja Ihre Notdurft ohne weiteres im Garten, bei Ihrem Hausnachbarn oder in jener Kneipe verrichten können, in der Sie, wie böse Zungen behaupten, ohnehin den größten Teil des Tages verbringen.
Hochachtungsvoll!
gez. Neidhardt Nörgel

Wer etwas über das Mietrecht erfahren will, tut gut daran, zunächst einmal die §§ 535 bis 580 BGB, in denen sich die meisten gesetzlichen Regelungen finden, beiseite zu lassen und statt dessen seinen eigenen Formularmietvertrag zu studieren.

Zwingendes Recht

Die BGB-Regelungen zerfallen in zwei Gruppen: Die einen sind abdingbar, das heißt, einzelvertraglich abänderbar, während die andere Gruppe zwingendes Recht darstellt. Die zwingenden Vorschriften erkennt man meist daran, daß hinter dem Paragraphen ein kleiner Buchstabe steht (zum Beispiel § 556a BGB). Diese Vorschriften wurden im Interesse des Mieterschutzes durch diverse Reformgesetze in den 60er Jahren in das BGB hineingebastelt. Ein weiteres, diesmal unverwechselbares Kennzeichen für zwingendes Recht ist eine Formulierung à la »eine Vereinbarung zum Nachteil des Mieters ist unwirksam«.

Vertraglich abänderbares Recht

Was in den §§ 535ff. *nicht* als zwingendes Recht gekennzeichnet ist, kann meistens vergessen werden. So etwa § 548 BGB, der bestimmt, daß Abnutzungen, die durch den vertragsmäßigen Gebrauch herbeigeführt werden, vom Mieter »nicht zu vertreten« sind. Zu deutsch: Der Mieter braucht nicht zu renovieren. Da diese Vorschrift abdingbar ist, steht heute in jedem Formularmietvertrag, daß der Mieter zu renovieren hat, so daß § 548 BGB, den wir hier letztmalig erwähnen und anschließend sofort wieder vergessen wollen, nur noch in den wenigen Fällen Anwendung finden kann, in denen die Leute einen mündlichen Mietvertrag geschlossen haben, in dem außer der Kaltmiete und der Örtlichkeit der Wohnung nichts geregelt ist (mit der Folge übrigens, daß die meisten Leute glauben, sie hätten *gar keinen* Mietvertrag abgeschlossen).

Mit der Renovierung sind wir aber bereits bei unserem ersten Thema. Die meisten Formularmietverträge, etwa der des Haus- und Grundbesitzervereins, erlegt dem Mieter die Pflicht zur periodischen Renovierung der gemieteten Räumlichkeiten auf. Je schneller die Abnutzung, desto kleiner ist die zeitliche Runde, die der Mieter drehen darf. Typisch ist die Regelung, auf die der Vermieter Neidhardt Nörgel in unserem ersten Fall zu Recht hinweist:

Renovierungsperioden

- Küche: alle zwei Jahre,
- Badezimmer: alle drei Jahre,
- übrige Räume: alle fünf Jahre.

Was bedeutet nun renovieren? Da viele juristische Laien glauben, die Renovierung erschöpfe sich im Neuanstrich der Rauhfasertapete, soll hier einmal kurz aufgezählt werden, was alles fachmännisch gemacht werden muß: *Tapezieren, Anstreichen der Wände und Decken, Streichen der Fußböden, Heizkörper, Heizrohre und Innentüren sowie der Fenster und Außentüren von innen.* Diese Renovierungsarbeiten nennt man auch »Schönheitsreparaturen«.

Renovierung = Schönheitsreparaturen

Der Vermieter Nörgel fordert in unserem Fall zu Recht die Durchführung von Schönheitsreparaturen, muß sich aber zugleich sagen lassen, daß er seinen Mieter nicht einfach an die Luft setzen kann, um während der Dauer des Mietverhältnisses die fälligen Renovierungen auf eigene Faust durchzuführen. Er kann höchstens nach Fristablauf das Mietverhältnis kündigen, und zwar vorsichtshalber nicht fristlos, sondern fristgemäß. Da Hammer, wie wir gehört haben, seit acht Jahren in der Wohnung wohnt, beträgt die Kündigungsfrist neun Monate. Das ergibt sich aus der Tabelle zu § 565 BGB:

Kündigungsfristen

Mietverhältnisdauer	Kündigungsfrist
bis 5 Jahre:	3 Monate
ab 5 Jahren:	6 Monate
ab 8 Jahren:	9 Monate
ab 10 Jahren:	12 Monate

Nachfrist zur Renovierung

Nehmen wir nun einmal an, daß Hammer unter dem Eindruck des Briefes seines Vermieters seinerseits kündigt oder daß das Mietverhältnis – ruck, zuck! – durch einen Mietaufhebungsvertrag zum Monatsende beendet wird. Dann sollte Nörgel, um seine Drohung mit der Selbstjustiz, die ja eigentlich schon gegenstandslos geworden ist, sicherheitshalber endgültig zu reparieren, seinem Mieter noch eine Nachfrist mit Ablehnungsandrohung bis zum 15. des Folgemonats setzen, das heißt, ihn auffordern, die Schönheitsreparaturen umgehend nachzuholen, und diese Auffoderung mit der Drohung verbinden, daß er nach Fristablauf durch einen Malermeister renovieren lassen werde, um dem Mieter dann die Kosten aufs Auge zu drücken.

Wenn Hammer dann abermals nicht reagiert, kann Nörgel risikolos verfahren, wie er es angekündigt hat (wobei natürlich immer das Restrisiko bleibt, daß Nörgel auf den Kosten sitzenbleibt, weil Hammer auch nach gewonnenem Prozeß wegen der Kosten der Schönheitsreparaturen zahlungsunfähig ist; in diesem Fall bleibt nur der Rückgriff in die Kaution, der immerhin zu einer teilweisen Befriedigung des Vermieters führen kann).

Ohne Nachfrist: Vermieter zahlt selbst

Ganz falsch wäre es jedoch, dem Mieter nach seinem Auszug *keine* Frist zu setzen, sondern einfach mit der Begründung drauflos zu renovieren, der Mieter hätte die Arbeiten ja doch nicht ausgeführt. Der Vermieter bleibt dann auf jeden Fall auf den Renovierungskosten sitzen. Also: *Nach* dem Auszug des Mieters muß ihm auf jeden Fall noch eine *Nachfrist* mit der Androhung übersandt werden, daß nach Ende der Frist die Schönheitsreparaturen auf seine Kosten von einem Dritten ausgeführt würden.

Aber zurück zu unserem Ausgangsfall, in dem Hammer ja Nervenstärke zeigt und einfach in der Wohnung bleibt. Wir müssen uns jetzt einem besonders unbeliebten Thema zuwenden, nämlich den Mietnebenkosten, genauer gesagt: Betriebskosten.

Mietnebenkosten = Betriebskosten

In den Formularmietverträgen findet sich eine beeindruckende Auflistung der auf den Mieter abwälzbaren Nebenkosten, und zwar nach dem Prinzip »Zutreffendes bitte ankreuzen«. Außerdem geben alle Formularmietverträge einen Hinweis auf eine rätselhafte »Anlage 3 zu § 27 II. BV«. Wenn ein Nichtjurist das liest, bekommt er verständlicherweise leichte Schwindelanfälle. Deshalb soll hier zur Wiederbelebung und zur Vorbeugung folgendes klargestellt werden:

»BV« ist die Berechnungsverordnung und enthält einen ziemlich belanglosen § 27, der seinerseits über drei Anlagen verfügt. Die wichtigste ist die Anlage 3 mit dem Titel »Aufstellung der Betriebskosten«. Diese Aufstellung wird dadurch kompliziert, daß sie bei einigen Positionen alternative Lösungen vorsieht, je nachdem, wie und womit geheizt wird. Geht man von einer Ölzentralheizung aus, so ergibt sich folgende Auflistung von Betriebskosten:

- laufende öffentliche Lasten (vor allem Grundsteuer),
- Wasserkosten einschließlich Grundgebühren und Zählermiete,
- Kanalisationsgebühren,
- Heizöl, Heizöllieferung, Betriebsstrom und alle Wartungskosten,
- Warmwasserkosten,
- ggf. Fahrstuhl,
- Straßenreinigung und Müllabfuhr,
- Hausreinigung und Ungezieferbekämpfung,
- Gartenpflege,
- Beleuchtung gemeinschaftlicher Flächen,
- Schornsteinreinigung,
- Sach- und Haftpflichtversicherung,
- Hauswart,
- ggf. laufende Kosten für TV-Verkabelung,
- ggf. Kosten der gemeinsamen Waschmaschine (Betrieb und Wartung),
- Betriebskosten von Nebengebäuden, Anlagen und Einrichtungen.

Mieter zahlt alles, was nicht gestrichen ist

Man tut also gut daran, schon bei Abschluß des Mietvertrages diejenigen Betriebskosten aus dem im Mietvertrag meist einigermaßen vollständig enthaltenen Katalog herauszustreichen, die man auf keinen Fall mittragen will.

Zu einer Einigung gehören natürlich zwei, nämlich Mieter *und* Vermieter. In einigen Fällen wird der Vermieter aber ein Einsehen haben, etwa bei der Gartenpflege, wenn dem Mieter die Mitbenutzung des Gartens gar nicht gestattet ist.

Zurück zu unserem Fall: Hugo Hammer muß, wenn die Position Grundsteuer, Haftpflichtversicherung und Gartenpflegekosten im Mietvertrag nicht gestrichen sind, auch diese Betriebskosten anteilig mit tragen. Alles, was nicht gestrichen ist, steht nun einmal drin, und wenn Hammer sich jetzt die Augen reibt, so kommt das ein bißchen zu spät. Man soll eben, bevor man unterschreibt, alles sorgfältig durchlesen – notfalls nach der Anschaffung einer Lupe für das Kleingedruckte.

Der dritte Punkt des Schreibens von Neidhardt Nörgel befaßt sich mit der Mieterhöhung. Die Mieterhöhung ist geregelt im sogenannten MHRG (Mietgesetz zur Regelung der Miethöhe vom 18. 12. 1974). Obwohl das 1975 in Kraft getretene Gesetz schon sieben Jahre später (1982) ein wenig geändert und vereinfacht worden ist, gilt es unter Fachleuten immer noch als »Gesetz zur Verhinderung der Mieterhöhung«. **Mieterhöhung**

Die zulässige Mieterhöhung ist geregelt in § 2 MHRG. Das darin vorgeschriebene Verfahren ist zur Freude der Mieter immer noch so kompliziert, daß viele Vermieter, wenn sie davon Wind bekommen haben, nur noch resigniert abwinken und alles beim alten lassen. Eine Mieterhöhung kann verlangt werden, wenn

1. die Miete seit einem Jahr unverändert ist,
2. die Miete unterhalb der ortsüblichen Miete liegt und
3. die Miete innerhalb der drei davorliegenden Jahre nicht schon um 30 Prozent erhöht worden ist.

Bei der ortsüblichen Vergleichsmiete und bei der »Kappungsgrenze« nach Ziffer 3 bleiben diejenigen Mieterhöhungen unberücksichtigt, die auf Wertverbesserungsarbeiten (siehe unten) zurückzuführen sind.

Der Teufel steckt wie immer im Detail. Um dem Mieter nämlich nachzuweisen, daß er wirklich nicht die ortsübliche Miete zahlt, sondern weniger, muß der Vermieter sich ganz schön reinknien. Er hat drei Möglichkeiten, nämlich die folgenden:

- Verweis auf den Mietspiegel (den gibt es leider nur in größeren Städten), **Mietspiegel**
- Sachverständigengutachten (die Kosten hierfür – mindestens etwa 800,— DM – trägt der Vermieter!), **Gutachten**
- Benennung von drei Vergleichswohnungen (das heißt: in den wesentlichen Merkmalen gleichartigen Wohnungen). **Drei Vergleichswohnungen**

Wenn es keinen Mietspiegel gibt, geht der Vermieter meist den Weg über die Vergleichswohnungen, wobei er seit der jüngsten Änderung im Jahre 1982 auch eigene Vergleichswohnungen heranziehen kann. Der Mieter kontert dann meist mit dem Argument, hier würden Äpfel mit Birnen verglichen (andere Lage, Größe, Ausstattung usw.). Oft hat er damit Erfolg.

Zustimmung des Mieters

Hat der Vermieter diese Hürde überwunden, wird er vom Gesetzgeber in den Fristendschungel gestupst: Er kann nämlich die Miete nicht einfach unter Hinweis auf Mietspiegel, Sachverständigengutachten oder Vergleichswohnungen erhöhen, sondern muß den Mieter um *Zustimmung zur Mieterhöhung* ersuchen, und zwar keinesfalls mit Wirkung ab sofort, sondern, wie das Gesetz sagt: »von dem Beginn des dritten Kalendermonats ab, der auf den Zugang des Erhöhungsverlangens folgt.«

Nehmen wir einmal an, das Schreiben Nörgels datiert vom 6. Juli 1986. Der dritte Monat, der auf den Zugang des Erhöhungsverlangens folgt, ist der Oktober 1986. Mit anderen Worten: Die Mieterhöhung läuft erst drei bis vier Monate später an.

Hammer hat nun, nachdem er den Brief von Nörgel bekommen hat, zwei bis drei Monate Zeit, sich dazu zu äußern. Um bei unserem Beispiel zu bleiben: Wenn er den Brief Nörgels vom 6. Juli am 8. Juli bekommen hat, so beginnt seine zweimonatige Überlegungsfrist mit dem 1. August und endet am 30. September.

Hat er sich bis dahin nicht geregt, so kann Nörgel binnen zweier weiterer Monate (Oktober und November) Klage auf Zustimmung ab 1. Oktober erheben.

Für diejenigen Leser, die angesichts dieses Fristenchaos kribblig werden, möchte ich noch einmal die folgende Übersicht geben:

Fristenübersicht

1. Schriftliches Ersuchen des Vermieters auf Zustimmung zur Mieterhöhung im ersten Monat,
2. Überlegungsfrist des Mieters im vollen zweiten und dritten Monat,
3. Klagemöglichkeit des Vermieters im vierten und fünften Monat auf Zustimmung zur Mieterhöhung ab viertem Monat.

Gewinnt der Vermieter den Prozeß, so ersetzt das Urteil die nicht gegebene Zustimmung des Mieters. Mit anderen Worten: Es wird so getan, als habe der Mieter zugestimmt. Er muß dann in unserem Beispiel ab Oktober (also vom Beginn des vierten Monats an) die erhöhte Miete zahlen.

Urteil ersetzt Zustimmung

Nörgel ist also, um auf unseren Fall zurückzukommen, schief gewickelt, wenn er tatsächlich meint, vom Folgemonat an (also ab August 1986) die Miete einfach neu festsetzen zu können. Statt die Miete einfach ab August auf 420,— DM festzusetzen, hätte Nörgel nur die Zustimmung zur Mieterhöhung ab Oktober 1986 anfordern dürfen.

Kappungsgrenze

Zu guter Letzt wollen wir uns nun ansehen, ob das Mieterhöhungsverlangen, wenn es denn ordnungsgemäß zum Ausdruck gebracht worden wäre, der Höhe nach hätte Erfolg haben können. Unterstellen wir einmal, daß vergleichbare Wohnungen tatsächlich einen Quadratmeterpreis von 6,— DM aufweisen, daß also für die von Hammer gemietete Wohnung gewöhnlich 420,— DM monatlich an Kaltmiete gezahlt werden. Nützt alles nichts! Nörgel hat zu seinem Pech die 1982 eingeführte Kappungsgrenze (30 Prozent) übersehen. Wenn die Miete in den letzten drei Jahren - rückwärts gerechnet ab Oktober 1986 - konstant geblieben ist, so darf sie jetzt keinen Hüpfer um mehr als 30 Prozent machen. Das ist also die Obergrenze der Mieterhöhung im dreijährigen Turnus.

Das bedeutet für unseren Fall: Nörgel kann nur eine Erhöhung um 30 Prozent von 210,— DM verlangen. Mit anderen Worten: Er kann von 210,— DM auf 273,— DM erhöhen.

Wenn Nörgels Anwalt das Schreiben vom 6. Juli 1986 in die Hände bekommt, wird er es sofort neufassen, und zwar etwa mit folgendem Wortlaut:

Sehr geehrter Herr Hammer!

...

Namens Ihres Vermieters haben wir Sie hiermit aufzufordern, Ihre Zustimmung zu einer Erhöhung der

Kaltmiete von monatlich 210,– DM auf 280,– DM mit Wirkung ab Oktober 1986 zu erteilen.

...

Das – und nichts sonst – wäre in unserem Fall erfolgversprechend.

Man sieht: Eine überfallartige Mieterhöhung ist ebenso ausgeschlossen wie eine »Explosion« der Miete, und das ist auch gut so.

Modernisierungskosten

Nun zu dem Versuch von Neidhardt Nörgel, seinen Mieter an der Hälfte der Modernisierungskosten zu beteiligen. Nörgel ist auch hier deutlich über das Ziel hinausgeschossen. Was er hätte ausrichten können, ergibt sich aus § 3 MHRG. Danach hätte Nörgel die Jahresmiete ab August 1986 nur um 11 Prozent der Modernisierungskosten erhöhen dürfen. Insgesamt hat Nörgel 12310,78 DM aufgewendet. 11 Prozent davon sind 1354,19 DM.

Öffentliche Billigkredite anrechnen!

Diesen Betrag muß man durch 12 teilen, um die monatliche Erhöhung zu ermitteln. Es ergeben sich dann 112,85 DM, die ab August 1986 auf die Miete draufgeschlagen werden können. Ein kompliziertes Erhöhungsverlangen braucht man hierzu nicht. Hier genügt die einseitige Mieterhöhung durch den Vermieter, der allerdings nachweisen muß, daß er tatsächlich 12310,78 DM ohne zinsverbilligte oder zinslose Darlehen aus irgendwelchen Haushalten verbraten hat. Hat Nörgel billige Kredite in Anspruch genommen, so werden von der jährlichen 11-Prozent-Quote der Gesamtkosten zunächst einmal die ersparten Zinsen abgezogen. Das ist eine ziemlich üble Rechnerei, und die wollen wir uns an dieser Stelle ersparen. Wenn Hugo Hammer meint, sein Vermieter habe ein dreiprozentiges Darlehen in Anspruch genommen, während die Banken normalerweise acht Prozent Zinsen verlangen, so mag er seinen Taschenrechner heißlaufen lassen, um dann schließlich die Zinsersparnis von der 11-Prozent-Quote zu subtrahieren.

Ist nichts dergleichen nachweisbar, so bleibt es bei dem oben ermittelten Betrag, der an die Stelle der von

Neidhardt Nörgel in freier Rechtsschöpfung verlangten 256,47 DM pro Monat tritt.

Zum Schluß wollen wir einmal die Mietminderung unter die Lupe nehmen. Nach § 357 BGB ist der Mieter während der Zeit, in der die »Gebrauchstauglichkeit«, also die Brauchbarkeit und Benutzbarkeit der Wohnung, durch irgendeinen Mangel eingeschränkt ist, nur zur Entrichtung eines verhältnismäßig herabgesetzten Mietzinses verpflichtet. **Mietminderung**

Hugo Hammer und das Mietrecht

Dabei besteht unter den Gerichten noch keine Einigkeit darüber, ob die Mietminderungsquote sich nur auf die Kaltmiete bezieht oder auch auf die Betriebskostenvorauszahlung. Allmählich scheint sich aber die Auffassung durchzusetzen, daß die Mietminderung (Kürzung der Miete) nach der Gesamtmiete zu errechnen ist (also Grundmiete und Nebenkostenvorauszahlung). **Quote der Gesamtmiete**

Wichtig ist, daß der Mieter, wenn die Wohnung erhebliche Mängel aufweist, nicht erst eine Fristsetzung mit Ablehnungsandrohung wegen der Behebung des Mangels hinaussenden muß, bevor er die Miete mindern kann. Vielmehr bekommt er das Recht zur Mietminderung schon von dem Tag an, an dem der Mangel einsetzt.

Der Anspruch auf Mietkürzung ist ausgeschlossen, wenn

Mieter muß Mangel melden

- der Mieter völlige Gleichgültigkeit gegenüber dem Mangel zeigt, d.h. vor allem die volle Miete weiter zahlt und sich eine künftige Mietminderung wegen des jeweiligen Mangels auch gar nicht vorbehält, mit anderen Worten: dem Vermieter nicht einmal Bescheid sagt;
- der Mieter den Mangel selbst verursacht hat.

Zu unserem Fall: Der Versuch von Neidhardt Nörgel, seinem Mieter die Schuld am Bersten der Kloschüssel in die Schuhe zu schieben, ist natürlich zum Scheitern verurteilt. Wenn die Kloschüssel durch, sagen wir einmal, grobschlächtige und nachhaltige Benutzung kaputtgeht, so ist dies nicht die Schuld des Mieters.

Hugo Hammer hat sich die Mietminderung vorbehalten, so daß er sie für die Vergangenheit geltend machen kann, auch wenn gerade im entscheidenden Monat mangels Änderung des Dauerauftrags noch die volle Miete gezahlt worden ist. Nörgel wird auch mit seinem Anspruch keinen Erfolg haben, der Mangel sei unwesentlich, auch wenn er hier fadenscheinige Alternativlösungen für die Verrichtung der Notdurft anbietet.

Wenn Hammer die Miete um 30 Prozent mindert, so liegt er quotenmäßig ziemlich richtig. Bei den meisten Richtern wird er mit dieser Quote Erfolg haben, und einige von ihnen werden ihm möglicherweise sogar den verstohlenen Tip geben, die Klage noch zu erhöhen.

Minderungsquoten

Aus der *folgenden Tabelle* ergeben sich einige der in der Praxis häufigsten Mängel – jeweils gepaart mit der Mietminderungsquote, die sich hierfür in der Rechtsprechung eingependelt hat:

Mangel	Mietminderungsquote (betr. Kaltmiete + Betriebskostenvorauszahlung)
– defekter Hausmüllschlucker	2,5%
– Briefkasten fehlt	3%
– der Keller ist feucht	5%
– die Fenster schließen nicht richtig	10%
– Mitmieter machen nachts Krawall	10%
– die Badewanne ist unbenutzbar	20%
– das Wohnzimmer ist wegen Einsturzgefahr der Zimmerdecke infolge eines Wasserschadens unbenutzbar	30%
– die Wohnung erreicht im Winter nur eine Durchschnittstemperatur von 15° C	30%
– es tropft in mehreren Zimmern durch die Decke	50%
– in sämtlichen Heizkörpern ertönen unzumutbar laute Knackgeräusche	75%
– die Heizung fällt mitten im Winter total aus	100%

Fall 2:

Der Vermieter Neidhardt Nörgel hat einen auf fünf Jahre befristeten Mietvertrag mit Hugo Hammer abgeschlossen. Dieser zieht eines Tages aus und schreibt seinem Vermieter einen Brief, in dem er erklärt, die Wohnung sei ihm zu teuer und zu abgelegen. Außerdem vermisse er die Fernsicht, die ihm nur eine Hanglagenwohnung bieten könne. Er habe aber drei Nachmieter, nämlich Bruno Brecher, Kurt Klopper und Susi Sahnebacke. Einen von denen könne Nörgel sich aussuchen. Er selbst habe damit seine Verpflichtungen erfüllt, wie der Mieterverein ihm mitgeteilt habe.

Nörgel läßt die von Hugo Hammer präsentierten Interessenten einzeln antraben und winkt jeweils entsetzt ab. Nach heftigen Bemühungen, einen Nachmieter zu finden, schließt er einen neuen Mietvertrag mit Kunigunde Kalk ab, die er durch ein Mietgesuch in der Zeitung kennengelernt hat.

Vertrag ist Vertrag

Aus einem Mietverhältnis kann man sich nicht nach Belieben verdrücken. Vertrag ist Vertrag. Wer also einen Vertrag über fünf Jahre abgeschlossen hat, ist daran auch gebunden. Unter denen, die das einsehen, sind allerdings viele, die in einer fristlosen Kündigung ein Schlupfloch sehen.

Fristlose Kündigung

Schön und gut – dann muß man sie aber auch begründen können, und das geht nur bei Vorenthaltung der Mietsache in Form eines besonders schweren Mangels oder durch sonstige schwerwiegende Vertragsverletzungen des Vermieters. Weil das sehr selten ist, fallen sehr viele Mieter, die sich aus dem Mietverhältnis herausstehlen wollen, mit ihrer an den Haaren herbeigezogenen fristlosen Kündigung auf die Nase.

Der Unfug von den drei Nachmietern

Was übrig bleibt, ist der von den üblichen Bescheidwissern propagierte Trick mit den drei Nachmietern. Weiß der Teufel, wer das Gerücht in die Welt gesetzt hat, daß man sich seiner Verpflichtungen aus dem Mietvertrag durch Benennung von drei Nachmietern zum Aussuchen entledigen könne. Quatsch ist es allemal. Der Vermieter ist keineswegs verpflichtet, unter drei besseren Galgenvögeln einen Nachmieter zu erwählen. Er hat den Mietvertrag ja gerade mit Hugo Hammer abgeschlossen und mit niemandem sonst, weil er ihn für einen verträglichen und zahlungskräftigen Zeitgenossen hielt. Er braucht deshalb den ihm angetragenen schlechten Tausch keineswegs mitzumachen. Dabei ist er seinem Mieter gegenüber auch nicht rechenschaftspflichtung dafür, warum er keinen der drei Interessenten für die Position des Nachmieters akzeptieren will. Das ist seine Sache.

Wenn Neidhardt Nörgel dennoch eigene Anstrengungen unternommen hat, einen Nachmieter zu finden, so hat Hammer guten Grund, ihm dafür dankbar zu sein. Je eher das dem Vermieter nämlich gelingt, desto eher wird Hammer von seinen Verpflichtungen aus dem Mietvertrag befreit, wobei es dann übrigens letzten Endes gleichgültig ist, ob man den Abschluß des neuen Mietvertrags mit Kunigunde Kalk als schlüssige Annahme eines Angebots von Hugo Hammer zum Abschluß eines Mietaufhebungsvertrages ansieht oder diesen neuen Mietvertrag durch eine fristlose Kündigung des alten Mietvertrages (wegen Zahlungsverzug) gegenüber Hugo Hammer ergänzt.

So oder so: Bis zum Beginn des Mietverhältnisses Nörgel/Kalk muß Hugo Hammer auf jeden Fall die vereinbarte Miete weiterzahlen. Tut er es nicht, kommt eines Tages der Gerichtsvollzieher. Was dann passiert, werden wir in dem Kapitel über die Zwangsvollstrekkung noch sehen.

Fall 3:

Martha Mäkel ist Vermieterin eines Mehrfamilienhauses mit sechs Mietparteien. Von diesen beschweren sich fünf über den Mitmieter Kurt Klopper, der allabendlich seine Stereo-Anlage bis zum Anschlag aufdreht und gegen Mitternacht in betrunkenem Zustand seine Verlobte vermöbelt. Ihr Gekreische weckt dann auch die Mieter im Erdgeschoß, deren Nachtruhe durch die vorangegangenen akustischen Emissionen nicht spürbar gestört war. Die Mitmieter beschweren sich außerdem darüber, daß der Dobermann-Rüde Hektor, der im zweiten Stock bei Kurt Klopper wohnt, ständig ins Treppenhaus scheißt. Die Vermieterin stellt fest, daß der hoffnungsvolle junge Mann seine Miete stets drei Tage zu spät zahlt, und setzt sich an den Schreibtisch, um eine fristlose Kündigung aufs Papier zu zittern.

Nachdem wir den Ausstieg des Mieters aus einem Zeitmietvertrag geprobt haben, lassen wir jetzt einmal die Vermieterin kündigen. Schon der gesunde Menschenverstand sagt einem, daß das mit Kurt Klopper nicht so weitergehen kann. Die Mitmieter im Haus gehören zu jener merkwürdigen wuseligen Minderheit, die man »arbeitenden Teil der Bevölkerung« nennt. Sie sind auf ihren Nachtschlaf angewiesen. Der Vermieterin steht der Angstschweiß auf der Stirn: Was, wenn die anderen Mieter wegen des Radaus ihrerseits kündigen? Es bleibt also nur eine Lösung: Kurt Klopper muß raus.

Gründe für fristlose Kündigung durch Vermieter

Da gibt es nur zwei Möglichkeiten, nämlich entweder die fristgemäße oder die fristlose Kündigung. Die Frage ist also, ob das, was Kurt Klopper hier angerichtet hat, für eine fristlose Kündigung ausreicht.

Der Reihe nach: Daß Klopper seine Miete stets drei Tage zu spät zahlt, berechtigt *nicht* zur fristlosen Kündigung. Das ergibt sich aus § 554 BGB. Danach ist bei Zahlungsverzug eine fristlose Kündigung nur dann drin, wenn der Mieter mit insgesamt zwei Monatsmieten in Verzug geraten ist.

Auch daß Hektor – wie es im Urteil heißen würde – seine Notdurft im Treppenhaus verrichtet oder daß jedenfalls »im Ergebnis«, wie die Juristen sagen, seine Stoffwechselendprodukte dort herumliegen, berechtigt gleichfalls nicht zur fristlosen Kündigung, es sei denn, es geschieht täglich mehrfach, ohne daß der Mieter sich darum kümmert, und/oder es ist schon mehrfach jemand drauf ausgerutscht. So recht Verlaß ist jedoch auf diesen Kündigungsgrund nicht.

Hausfrieden

Was bleibt, ist der von Kurt Klopper ausgehende Krawall. Dieser Radau gibt dem Mietverhältnis endgültig den Todesstoß, und zwar nach § 554a BGB. Danach kann fristlos gekündigt werden, wenn eine Partei (welche wohl?) den Hausfrieden so nachhaltig stört, daß es dem anderen nun wirklich nicht mehr zuzumuten ist, das Mietverhältnis fortzusetzen. Es liegt auf der Hand, daß nächtliches Gekreische und Gedröhne nicht im Sinne des Hausfriedens ist.

Alles in allem: Martha Mäkel hat bei der Abfassung der fristlosen Kündigung unseren Segen, vorausgesetzt, sie stützt die Kündigung auf das, was die Juristen vornehm »akustische Emissionen« nennen.

Fall 4:

Neidhardt Nörgel hat jahrelang in seinem Haus friedlich mit der Mieterin Kunigunde Kalk zusammengelebt. Eines Tages kommt er jedoch in wirtschaftliche Schwierigkeiten und muß sein Haus verkaufen. Käufer ist Gerd Grummel, der im Lotto gewonnen hat. Dieser schreibt Kunigunde Kalk sofort einen saugroben Brief, in dem er erklärt, ihm gehöre jetzt das Haus, also sei der Mietvertrag zwischen Nörgel und ihr beendet.

Als Frau Kalk nicht reagiert, beauftragt Grummel den Rechtsanwalt Dagobert Dümmlich, der das Mietverhältnis mit der Begründung kündigt, Grummel wolle selbst ins Haus einziehen, und zwar in beide Etagen, da er eine Frau und zwei beinahe volljährige Kinder habe.

Darauf meldet sich für Frau Kalk der Gegenanwalt, Frederick Fetzer, der dem Kollegen Dümmlich schreibt, Kunigunde Kalk sei alt und krank. Ersatzwohnraum sei zu zumutbaren Preisen nicht zu erhalten. Außerdem möge Dümmlich erst einmal nachweisen, daß Grummel schon als Eigentümer des Hausgrundstücks im Grundbuch eingetragen sei.

Stellen Sie sich vor, Sie sind Gerd Grummel. Sie haben bisher immer zur Miete gewohnt. Das Denken und Fühlen des Mieters ist Ihnen vertraut. Der Vermieter ist demnach ein mehr oder weniger unsympathischer Mensch, dessen ganzes Sinnen und Trachten darauf gerichtet ist, Ihnen die Miete aus der Tasche zu ziehen, Reichtümer aufzuhäufen und sich vor dringend notwendigen Reparaturmaßnahmen zu drücken.

Frontenwechsel

Und jetzt plötzlich: Frontenwechsel! Sie haben ein Einfamilienhaus gekauft, in dem sich ein Mieter mit Familie breitmacht.

Nun, Sie waren zuvor selbst Mieter. Machen Sie sich nichts draus. Keine falsche Solidarität! Vollziehen Sie bewußtseinsmäßig einen sofortigen Bruch mit der Mentalität der geknechteten Mieter. Sonst sind Sie verraten und verkauft, weil Sie sich dann schon gleich zu Beginn moralisch in die Defensive drängen lassen (»gerade *Sie* müßten doch eigentlich verstehen...«). Keine Hemmungen! Die Mieter genießen hinreichenden Schutz nach dem Gesetz. Nieder mit dem Mieterverein! Es lebe der Maus- und Hundaufschlitzer-Verein!

Nachdem Sie sich solcher Art gewappnet und durch einen Blick in den Spiegel festgestellt haben, daß Ihnen bereits Vampirzähne gewachsen sind, können Sie sich den nötigen Überlegungen mit der gleichfalls nötigen Unbefangenheit widmen.

Lassen wir zunächst die Frage beiseite, ob und wann

gerade der Käufer die Kündigung aussprechen kann, und widmen wir uns erst einmal der Frage, ob ein Eigentümer überhaupt mit der Begründung kündigen kann, er wolle selbst ins Haus einziehen. Die Antwort gibt § 564b II, 2 BGB. Die dort geregelte *Eigenbedarfskündigung* ist geradezu der klassische Fall des berechtigten Vermieterinteresses an einer Kündigung.

Eigenbedarf

Dabei sollte Gerd Grummel vorsichtshalber – man weiß ja nie, an welchen Richter man gerät – in sein Kündigungsschreiben die Bemerkung mit aufnehmen, daß ihm die bisher von ihm bewohnte Wohnung nicht gehört und daß sie außerdem nur halb so groß ist wie das von ihm gekaufte Einfamilienhaus. Der Umstand, daß das Wohnen im Haus immer Vorzug vor dem Wohnen in einer Mietwohnung verdient, bedeutet für Grummel hier einen weiteren Pluspunkt. Die Eigenbedarfskündigung geht also in Ordnung.

Sozialklausel

Was kann Frau Kalk dem entgegensetzen? Genau das, was Rechtsanwalt Fetzer getan hat, nämlich die *Sozialklausel* (§ 556a BGB). Danach kann der Mieter die Fortsetzung des Mietverhältnisses verlangen, wenn dessen Beendigung für ihn eine nicht zu rechtfertigende Härte darstellen würde. Eine Härte liegt nach dem Gesetz auch vor, wenn angemessener Ersatzwohnraum zu zumutbaren Bedingungen nicht beschafft werden kann.

Daß Kunigunde alt und krank ist, kann für die Sozialklausel eine Rolle spielen. Hohes Alter allein reicht zwar nicht aus, kommen jedoch Krankheit und Gebrechen in einem Ausmaß hinzu, das den Mieter an der Wohnungssuche hindert oder potentielle Vermieter vom Abschluß eines Vertrages abhält, so hat der Vermieter ein ziemlich schlechtes Blatt. Er kann, wenn Frau Kalk auf einen verständnisvollen Richter stößt, nur noch zähneknirschend auf die biologische Lösung hoffen.

Wir müssen Herrn Grummel an dieser Stelle auch vor dem Zynismus-Vorwurf in Schutz nehmen. Wer ein eigenes Haus gekauft hat, will natürlich dort in absehbarer Zeit auch einmal einziehen und ist verständlicherweise zornig, wenn eine alleinstehende und starrsinnige alte

Frau sich weigert, eines der von ihm möglicherweise schon freiwillig gemachten Alternativangebote anzunehmen.

Unterstellen wir aber einmal, daß Kunigunde Kalk entgegen ihrem Namen putzmunter und rüstig ist und daß ihre angebliche Krankheit auf einem Gefälligkeitsattest des Arztes beruht. In diesem Fall müssen wir Familie Grummel natürlich endlich aus den Startlöchern lassen.

Erst Eigentümer werden, dann kündigen

Doch halt! War da nicht noch etwas? Natürlich, klar. Grummel ist ja noch gar nicht als Eigentümer im Grundbuch eingetragen. Die Sache zieht sich hin, ohne daß Grummel etwas dafür kann. Nehmen wir einmal den Fall, daß der Verkäufer – was üblicherweise gemacht wird – die Verpflichtung eingegangen ist, das Grundstück lastenfrei zu verkaufen, das heißt, vor allem frei von Hypotheken und Grundschulden, und daß es dem Notar bislang nicht gelungen ist, die Löschungsbewilligung der Bank zu ergattern. Die Sache zieht sich hin. Die Bank kommt einfach nicht in die Gänge. Möglicherweise deshalb, weil der restliche Kaufpreis nicht ausreicht, ihre letztrangige Grundschuld voll abzudecken. Die Bank gerät in tiefes Grübeln, ob es nicht vielleicht doch besser ist, die beantragte Zwangsversteigerung durchzuziehen, usw. usf. Grummel versteht von alledem nichts, muß aber zur Kenntnis nehmen, daß er zwei Monate nach Abschluß des Kaufvertrages immer noch nicht Eigentümer ist.

Ein Trick für Vordrängler

Gibt es eine Möglichkeit, ihm trotzdem ein Kündigungsrecht an die Hand zu geben? Es gibt eine, aber man ist natürlich darauf angewiesen, daß das Gericht den dogmatischen Zaubertrick, der dem Käufer das Kündigungsrecht an die Hand gibt, anerkennt.

Ich würde den Leser sicherlich überfordern, wenn ich an dieser Stelle versuchen würde, das Kunststück nachvollziehbar zu machen. Deshalb nur folgende Anregung: Wenn Sie in ähnlicher Lage sind, gehen Sie zu Ihrem Anwalt und lassen sich beraten. Wenn er Sie dann mit betretener Miene anschaut und Ihnen den Rat gibt, erst einmal abzuwarten, bis Sie als Eigentümer eingetragen sind, dann ziehen Sie einen Zettel aus der Tasche und lesen den folgenden Text ab:

> Herr Rechtsanwalt, ich habe hier eine rückdatierte Erklärung des Verkäufers, mit der er mir sein Kündigungsrecht abtritt, das ihm in Analogie zur Drittschadensliquidation zusteht. Sie kennen ja sicherlich den Aufsatz von Dr. Schmid in BlGBW 1979, S. 108ff., und die einschlägige Kommentarliteratur hierzu. Oder etwa nicht?

Wenn Sie ein normaler Mensch sind, wird Ihr Anwalt an dieser Stelle kaltblütig erklären, die Ausführungen von Schmid - die er übrigens nie gelesen hat - seien durch neuere Tendenzen in der höchstrichterlichen Rechtsprechung überholt. Nachdem Sie gegangen sind, wird er der Sache dann genau nachgehen.

Wenn Sie dagegen Lehrer sind, wird er Sie hinauswerfen, noch bevor Sie den Zettel zu Ende rezitiert haben. Wenn Sie Lehrerin sind und hübsch anzuschauen, liegt der Fall wiederum anders. Dann wird er Sie, ohne weiter auf die Sache einzugehen, für Ihre erstaunlichen Detailkenntnisse loben und sich mit Ihnen noch eine ganze Weile über Dinge unterhalten, die mit Ihrem Fall eigentlich gar nichts mehr zu tun haben. Da haben wir's wieder: Es gibt einfach keine Gerechtigkeit.

Merksätze zum Mietrecht

- **Wer nach seinem Auszug nicht renoviert, muß nur dann die Renovierungskosten bezahlen, wenn der Vermieter ihm zur Renovierung eine Nachfrist gesetzt hat.**

- **Wer Nebenkostenvorauszahlungen leistet, muß letztlich seinen Anteil an allen in Frage kommenden Betriebskosten zahlen. Wer eine Nebenkostenpauschale gezahlt hat, braucht außer der Pauschale keinen Pfennig mehr auf die Nebenkosten zu zahlen.**

- Zur Mieterhöhung:
- Ein Zustimmungsverlangen zur Mieterhöhung kann nur mit
  - Mietspiegel,
  - Sachverständigengutachten oder
  - drei Vergleichswohnungen

  begründet werden.
- Die erhöhte Miete muß frühesten im dritten auf das Erhöhungsverlangen folgenden Monat gezahlt werden.
- Um mehr als 30 Prozent kann keine Miete erhöht werden.

- Modernisierungskosten können in Höhe von 11 Prozent pro Jahr auf den Mieter umgelegt werden.

- Ist die Wohnung mangelhaft, sinkt die Miete automatisch um einen angemessenen Prozentsatz ab, bis der Mangel behoben ist (Mietminderung). Der Mieter muß den Schaden sofort melden.

- Wer einen Zeitmietvertrag abschließt, muß ihn einhalten. Die Benennung von drei Ersatzmietern nützt nichts.

- Fristlos kann gekündigt werden, wer mit zwei Mieten in Rückstand gerät oder eine sonstige schwere Verletzung des Mietvertrages begeht.

- Beruft sich der Vermieter auf Eigenbedarf, kann das Mietverhältnis fristgemäß gekündigt werden. Dem Mieter bleibt die »Notbremse« der Sozialklausel.

- Wird das Haus verkauft, tritt der Käufer auf der Vermieterseite in den Mietvertrag ein, und zwar von seiner Eintragung im Grundbuch an. Ob er sich schon nach dem Kauf oder erst nach Eigentumsübergang auf Eigenbedarf berufen darf, ist umstritten.

10. SCHEIDUNGSRECHT

Fall 1:

Sabine Malz, geb. Säuerlich, erscheint bei ihrem Rechtsanwalt. Sie erklärt ohne Umschweife, sich scheiden lassen zu wollen.

Aus ihrer Ehe sind zwei Kinder hervorgegangen. Der Ehemann erzielt ein monatliches Nettoeinkommen von ca. 4000,— DM als Handelsvertreter.

Er hat – so Sabine Malz – die Angewohnheit, jeden zweiten Abend seinen sechzehnjährigen Freund zu besuchen, spät nachts volltrunken nach Hause zu kommen, die gesamte Familie zu verprügeln und etwas später ins Bett zu pinkeln.

Frau Malz fragt, ob

- *das Scheidungsverfahren sofort durchgeführt werden kann,*
- *die Wohnung ihr und den Kindern zugesprochen werden kann,*
- *die elterliche Sorge für die beiden minderjährigen Kinder auf sie übertragen werden kann und,*
- *ein Anspruch auf Herausgabe von Teilen des Hausrats an Siggi Malz besteht.*

Natürlich fragt Sabine Malz ihren Anwalt auch nach der Möglichkeit, schnell Unterhalt zu bekommen. Diese Problematik haben wir ausgekoppelt, um ihr ein eigenes Kapitel zu widmen.

Scheidungsverbund

Kennzeichnend für das Scheidungsverfahren ist der sogenannte Scheidungsverbund. Er bedeutet, daß im Scheidungsverfahren nicht nur die sogenannte Hauptsache – also die Scheidung selbst – geregelt wird, sondern alles, was sich darum herumrankt. Die wichtigsten Folgesachen sind:

- Betreuungsunterhalt für die Ehefrau,
- Kindesunterhalt für die minderjährigen Kinder,
- elterliche Sorge über die minderjährigen Kinder,
- Umgangsrecht (Besuchsrecht),

- Zuweisung der Ehewohnung,
- Hausratsteilung,
- Zugewinnausgleich,
- Teilung der Schulden und
- Versorgungsausgleich.

Bevor Sie nun, liebe Leser, in den Scheidungsverbund einsteigen, gestatten Sie bitte noch einige Vorbemerkungen.

Zwei Haushalte

Jedes Scheidungsverfahren ist wirtschaftlich gesehen ein *Minusgeschäft.* Wo drei Leute satt werden, werden bekanntlich auch vier satt. Anders ist es, wenn der Mann von der Familie getrennt lebt und einen neuen Hausstand gründen muß. In mehrerlei Weise fallen dann doppelte Kosten an. Derjenige, der ausgezogen ist, muß eine neue Wohnung mieten. Für diese Wohnung fallen Betriebskosten an. Er muß sich selbst versorgen, wozu er angesichts der typisch männlichen Defizite auf diesem Gebiet meist nicht in der Lage ist. Ihm muß also jemand das Essen kochen, wenn ihm Bartkartoffeln mit Spiegelei zum Halse heraushängen. Er muß in den Waschsalon zockeln, um seine Wäsche zu waschen. Er braucht jemand, der ihm die Bude pflegt, wenn er sich dafür zu schade ist. Er muß sich denjenigen Teil der Möbel, die in der ehelichen Wohnung verblieben sind, neu anschaffen (meist Herd, Kühlschrank, Bett und Farbglotze). Er braucht schließlich jemanden, der ihm nicht nur das Bett macht, wenn er dazu zu faul ist, sondern sich auch freundlicherweise hineinlegt. Das gibt es schließlich auch nicht immer umsonst.

Selbstbehalt

Kurzum: All das kostet Geld, und wenngleich die Männer, wie wir im nächsten Kapitel noch sehen werden, ordentlich geschröpft werden, so muß ihm doch ein Mindestbetrag (der sogenannte Mindestselbstbehalt von 990,— DM) verbleiben, damit sein Existenzminimum gesichert ist und er nicht völlig die Lust daran verliert, sich für Leute kaputt zu malochen, die ihn meist alle nicht mehr leiden können.

Was aber dem getrenntlebenden Alleinverdiener verbleibt und auch verbleiben muß, fehlt am anderen Ende, also bei den Unterhaltsberechtigten, die sich dann in vielen Fällen fälschlicherweise auf eine Lebensstandardgarantie berufen, die ihnen niemand gegeben hat.

Krisen meistern

All dies ist schon Grund genug, sich zu vertragen und den ernsthaften Versuch zu unternehmen, eheliche Probleme gemeinsam zu lösen. Das klingt ziemlich platt, ist es aber nicht. Die meisten Ehekrisen rühren nämlich daher, daß einer von beiden nicht bereit ist, eine Schwierigkeit, die von dem einen als Problem empfunden wird, als solche anzuerkennen. Wenn z. B. einer zum anderen sagt: »Mach doch kein Drama draus«, liegt meistens wirklich ein Drama zugrunde, mit dem der, der abzuwiegeln versucht, nichts zu tun haben will. Es nützt ihm nichts. Das Problem holt ihn immer wieder ein. Es geht nicht darum, irgendwelche Kleinigkeiten künstlich zu problematisieren, sondern darum, tatsächlich aufgetretene Probleme auch als Probleme beider Beteiligter zu analysieren und, wenn möglich, zu bewältigen.

Erst wenn man sich guten Gewissens sagen kann, sich nicht aus der Ehe getrollt zu haben wie die Sau vom Troge, erst wenn feststeht, daß trotz aufopfernden Bemühens beider Seiten die Ehe hoffnungslos im Eimer ist, sollte man den Sprung in die Trennung wagen.

Ideologie und Religion

Falsch ist es auf jeden Fall, aus ideologischen und religiösen Gründen an einer Ehe festzuhalten und innerhalb derselben Wohnung an einem Partner vorbeizuleben oder sich täglich mit ihm in die Wolle zu kriegen. Falsch ist es auch, sich vorzumachen, man mache der Kinder wegen weiter. Hier ist insbesondere ein gesundes Mißtrauen gegenüber den stockkonservativen Kritikern des derzeitigen Ehescheidungsrechts angebracht, die stets vollmundig erzählen, die intakte Familie sei die »Keimzelle des Staates« und bedürfe schon deshalb des besondern Schutzes der Rechtsordnung – natürlich vor allem im Interesse der Kinder. Diese Prediger sind die Nachfolger derer, die noch vor gut hundert Jahren die Familie glorifiziert haben, während eben diese Familie einschließlich zehnjähriger Kinder halbnackt in die Bergwerke abgeseilt wurde, in denen sie dann die Kohlen für die Elite zusammenkratzen durfte.

Kinder als Alibi

Bei all dem ideologisierenden Gerede wird meistens vergessen, daß die Trennung einer Familie mit all den unausweichlichen seelischen Folgen für die Kinder in vielen Fällen immer noch die bessere Lösung ist, besser jedenfalls als der Zwang, unausgesetzt Zeuge elterlicher Konflikte zu werden, die ja – machen wir uns nichts vor – im Stadium der Zerrüttung der Zweierbeziehung immer mit unglaublicher Gehässigkeit, bis hin zu körperlichen Auseinandersetzungen, ausgefochten werden.

Örtliche Zuständigkeit

Genug der Vorrede und hinein ins Scheidungsrecht. Das unkomplizierteste am Scheidungsverbund ist die Scheidung selbst. Empfehlenswerter Regelfall ist der, daß beide Eheleute geschieden werden wollen und einer von beiden nach einjähriger Trennung den Scheidungsantrag beim Familiengericht einreicht. Zuständig ist das Familiengericht, in dessen Bezirk der Elternteil mit den Kindern wohnt.

Wenn aus der Ehe keine Kinder hervorgegangen sind, ist das Familiengericht des Bezirks zuständig, in dem die Eheleute zuletzt zusammen gewohnt haben, vorausgesetzt, wenigstens einer ist noch weiterhin in diesem Bezirk ansässig (§ 606 II S. 1 ZPO). Wenn beide mittlerweile woanders wohnen, ist der Wohnsitz des Antraggegners maßgeblich. Hat der sich ins Ausland verkrümelt, ist endlich auch einmal der Gerichtsstand des Antragstellers dran.

Streitige Scheidung

Wenn nach einjähriger Trennung einer der beiden Eheleute der Scheidung widerspricht, während der andere sie unbedingt will, hat der Scheidungswillige zwei Möglichkeiten: Entweder beweist er, daß die Ehe hin ist (etwa dadurch, daß er den neuen Partner in den Zeugenstand schickt), oder er wartet, um keine schmutzige Wäsche waschen zu müssen, das Ende der Drei-Jahres-Frist ab, nach deren Ablauf das Gesetz »unwiderlegbar« unterstellt, daß die Ehe kaputt ist.

In Härtefällen gibt das Gesetz dem Nichtscheidungswilligen unsinnigerweise auch noch die Möglichkeit, zur Verlängerung pfeifen zu lassen. Nach fünf Jahren ist dann aber endgültig Feierabend.

Diesseits des Regelfalls der einjährigen Trennung gibt es allerdings die Möglichkeit der Abkürzung in Form der sofortigen Einleitung des Scheidungsverfahrens. Diese Möglichkeit werden wir uns gleich noch etwas genauer ansehen. Zuvor wollen wir aber einen kleinen Überblick geben, damit nichts in Vergessenheit gerät:

Trennungsfristen

– Sofortige Trennung bei unzumutbarer Härte	§ 1565 II BGB
– Einverständliche Scheidung nach einjähriger Trennung	§ 1566 I BGB
– Streitige Scheidung nach einjähriger Trennung	§ 1565 I BGB
– Scheidung nach dreijähriger Trennung gegen den Widerstand des anderen mit gesetzlicher Zerrüttungsvermutung	§ 1566 II BGB
– Scheidung in Härtefällen nach fünfjähriger Trennung	§ 1568 II BGB

Unzumutbare Härte

Zurück zum Ausgangsfall: Wenn Martin Malz sich nachweisbar tatsächlich so verhalten hat, wie seine Frau es beschreibt, liegen unzweifelhaft die Voraussetzungen für eine unzumutbare Härte vor. Der armen Frau Malz ist es dann nicht mehr zumutbar, mit so einem Schwein weiter zusammenzuleben. Mehr noch: Ihr ist es auch nicht zumutbar, die Ehebande zu so einem Menschen unzerschnitten zu lassen. Sie darf also das sofortige Scheidungsverfahren einleiten.

Ein weitverbreitetes Mißverständnis besteht nun darin, daß nach Ablauf der Trennungsfrist sofort geschieden wird. So schnell geht das nicht. Der Ablauf der Trennungsfrist ermöglicht es nur dem Scheidungswilligen, das Scheidungsverfahren einzuleiten, und zwar durch Einreichung der Antragsschrift beim Familiengericht. Dann heißt es wiederum warten. Ein normales Scheidungsverfahren dauert etwa neun bis zehn Monate. Die lange Dauer erklärt sich im wesentlichen daraus, daß der Versorgungsausgleich (siehe unten) sehr viel Zeit in Anspruch nimmt, besonders dann, wenn die beteiligten Ehegatten vollständige Angaben zu ihrem Versicherungsverlauf, und das heißt im Grunde: zu ihrem beruflichen Werdegang, vermissen lassen.

Die erste Frage, die Frau Malz dem Anwalt stellt, ist damit in ihrem Sinne beantwortet.

Entsprechendes gilt für die zweite Frage. Mit dem am 1. April 1986 in Kraft getretenen Änderungsgesetz zum Scheidungsrecht ist endlich das gesetzlich gefaßt worden, was vorher schon als Richterrecht anerkannt war, nämlich die bis dahin aus allerhand Gesetzesanalogien herbeigezauberte Möglichkeit, schon vor Einreichung des Scheidungsantrags die Zuweisung der ehelichen Wohnung an die Frau zu erreichen. Von dieser Möglichkeit muß Frau Malz im vorliegenden Fall Gebrauch machen, denn auch die sofortige Scheidung bei unzumutbarer Härte kann nur dann anlaufen, wenn die Eheleute erst einmal getrennt leben. Wenn derjenige, der sich nachhaltig daneben benommen hat, nicht freiwillig auszieht, muß man ihn eben mit Hilfe einer gerichtlichen Entscheidung hinaussetzen, sprich: mit Hilfe der einstweiligen Anordnung auf alleinige Zuweisung der Ehewohnung an Frau und Kinder.

Alleinige Zuweisung der Wohnung

Schließlich läßt sich auch die dritte Frage im Sinne von Frau Malz beantworten. Nach § 1672 BGB kann die elterliche Sorge über minderjährige Kinder einseitig einem von beiden Elternteilen zuerkannt werden, und zwar zunächst für die Zeit ab Trennungsbeginn bis zur Rechtskraft der Scheidung. Im Scheidungsverfahren selbst muß dann über die elterliche Sorge für die Zeit nach der Rechtskraft der Scheidung nochmals entschieden werden. Die Entscheidung fällt in aller Regel so aus wie die Entscheidung für die Zeit der Trennung.

Vorläufiges Sorgerecht

Nun, da für Frau Malz das wichtigste geregelt ist, wollen wir uns einmal die Folgesachen für die Zeit nach Rechtskraft der Scheidung, über die ja mit dem Scheidungsurteil zusammen entschieden wird, etwas genauer ansehen.

Zunächst einmal ist weiterhin Kindesunterhalt zu zahlen. Ob auch Ehegattenunterhalt zu zahlen ist, hängt davon ab, ob die geschiedene Frau auch nach der Trennung weiterhin unterhaltsbedürftig ist. Meistens ist das der Fall. Vor der Trennung spricht man von Trennungsunterhalt, nach der Trennung von Betreuungsunterhalt. Es läuft meist auf dasselbe hinaus. Genaueres erfahren

Unterhalt

wir im nächsten Kapitel. Schon an dieser Stelle kann aber gesagt werden, daß vom Mann zunächst der Kindesunterhalt zu zahlen ist.

Von dem, was dann übrigbleibt, bekommt die Frau 40 bis 43 Prozent. Allerdings muß dem Mann ein Selbstbehalt verbleiben, der in etwa der Hälfte der OLG-Bezirke nicht über dem Selbstbehalt gegenüber Kindern liegt, mit der Folge, daß die Frau dann meist finanziell auf dem Schlauch steht. Wenn der neue Freund nicht aushilft, bleibt nur der Weg zum Sozialamt oder in die Erwerbstätigkeit.

Endgültige Regelung der elterlichen Sorge

Die elterliche Sorge (früher Sorgerecht) haben wir schon kurz beleuchtet. Wenn bis zur Rechtskraft des Scheidungsurteils noch keine Entscheidung ergangen ist, wird sie jetzt nachgeholt. Wenn bereits eine ergangen ist, wird sie sozusagen bestätigt. In mehr als 95 Prozent aller Fälle bekommen die Frauen (Mütter) das Sorgerecht über die minderjährigen Kinder, einfach deshalb, weil die Frauen in der Regel gar nicht oder nur halbtags berufstätig sind und deshalb immer das Argument ins Feld führen können, die Kinder hätten in ihnen eine Bezugsperson, die sich zumindest halbtags um sie kümmern könne. Die in der Regel ganztags tätigen Väter unternehmen meist den untauglichen Versuch, ihre neue Freundin oder ihre Mutter in die Sorgerechtsarena zu schicken, in der sie dann aufs Ganze gesehen etwa so oft unterliegen wie der Stier beim Stierkampf. Aus Vätern werden auf diese Weise reine Zahlväter. Manche von ihnen haben allerdings begriffen, daß sie schlechte Karten haben, und verfahren – besonders die Ausländer unter ihnen – nach dem Prinzip »erst Fakten schaffen, dann darüber reden«: Sie entführen die Kinder. Und dann versuchen Sie als Mutter mal, ein Kind aus dem Irak wieder herauszubekommen! Aber auch in Fällen ohne Ausländerbeteiligung verbessert derjenige seine Lage, bei dem sich das Kind aufhält, ohne sich dagegen zu sträuben.

Umgangsrecht (Besuchsrecht)

Diese – in beiden Fällen – durchaus brutale Entwicklung wird nur wenig abgemildert durch die Umgangsrechtsregelung. Sie sieht im Regelfall so aus, daß der Vater an zwei Wochenendtagen im Monat das Kind oder die Kinder zu sich nehmen darf. Zusätzlich bekommt er einen von zwei Doppelfeiertagen (Weihnachten, Ostern und Pfingsten). Wenn die Kinder dem Grundschulalter entwachsen sind, kommt noch, wenn er Glück hat, ein zweiwöchiger Urlaub hinzu.

Meist verstehen es jedoch die Mütter entweder bewußt oder unbewußt, die Kinder so in ihr Kielwasser zu bringen, daß diese vom Vater nichts mehr wissen wollen. Die Kinder spielen mit, um die Mutter, mit der sie täglich zu tun haben, nicht zu enttäuschen. Der Gelackmeierte ist der Vater, von dem sich schließlich alle abwenden, ohne daß er umgekehrt der Verpflichtung enthoben wird, fleißig Unterhalt zu zahlen.

Die Zuweisung der ehelichen Wohnung ist nur noch eine Formsache, wenn die Wohnung vor Beginn der Trennung bereits der Frau zugewiesen worden ist.

Hausratsteilung

Ein besonders schlimmes Kapitel ist die Hausratsteilung. Das gilt besonders dann, wenn bis zum letzten Termin im Scheidungsverfahren noch keine abschließende Einigung über den Hausrat erzielt worden ist. Jeder Anwalt kennt das Phänomen, daß der beiderseitige Haß, der sich in der Hauptsache nicht richtig ausleben kann, weil entweder beide die Scheidung wollen oder der eine dem anderen die Waffe aus der Hand schlägt (siehe Dreijahresregelung), sich plötzlich auf einem Nebenkriegsschauplatz wie der Hausratsteilung mit Urgewalt entlädt, was wiederum zu Situationen führt, bei denen die beteiligten Juristen – alles abgebrühte Hunde – nahezu von Wein- und Lachkrämpfen geschüttelt werden. Ich habe vor Jahren erlebt, wie ein veritabler Professor sich mit seiner Frau, die nicht zufällig Lehrerin war, eine halbe Stunde lang über ein Sofakissen stritt – nicht etwa über ein von der Oma gesticktes Erinnerungsstück, sondern irgendein mieses, billiges Kaufhauspölsterchen. Die Richter sitzen in solchen Fällen haareraufend dabei und wiederholen periodisch, die Parteien bekämen »Steine statt Brot«, wenn sie es auf eine gerichtliche Entscheidung ankommen ließen. Man kann natürlich Teppiche, Teller und Stereoanlage jeweils in der Mitte durchschneiden bzw. -sägen. Damit ist aber niemandem gedient.

Der Kampf ums TV

Hausratsteilung tut immer weh, weil sie darauf hinausläuft, daß beiden etwas genommen wird, wovon sie bislang ungehindert Gebrauch machen konnten. Dennoch kann man nur jedem Scheidungswilligen raten, hier Großzügigkeit walten zu lassen. Was er dazubekommt, wenn er sich knickerig anstellt, hat einen zu hohen Preis. Finanziell, zeitlich und nervlich.

Zugewinnausgleich

Den Zugewinnausgleich erklärt man Jurastudenten so: Bei beiden Eheleuten ist das Anfangs- und Endvermögen zu ermitteln. Anfangsvermögen ist dasjenige, was jeder am Tage der Hochzeit hatte. Endvermögen ist dasjenige, was jeder am Tage der Zustellung des Scheidungsantrags hatte. Übersteigt das Endvermögen das Anfangsvermögen, so hat der Betreffende einen Zugewinn erwirtschaftet. Liegt das Endvermögen unter dem Anfangsvermögen, so wird der Zugewinn mit »0« bewertet (nie also mit irgendwelchen Minuszahlen). Anschließend muß dann derjenige, der den höheren Zugewinn erzielt hat, dem anderen die Hälfte desjenigen Betrages abgeben, um den sein Zugewinn den Zugewinn des anderen überragt. Alles klar?

Angleichung der Pegel

Man kann es auch einfacher sagen: Die Zugewinne beider Ehegatten kann man sich als zwei nebeneinanderstehende Glasröhren vorstellen, die mit Flüssigkeit gefüllt sind. Beide Röhren sind unten durch eine Querröhre miteinander verbunden, die in der Mitte eine Ventilsperre hat. Zugewinnausgleich bedeutet nun, daß man das Ventil öffnet. Die Flüssigkeitspegel gleichen sich einander sofort an. Der Teil, um den die Röhre mit dem ursprünglich höheren Stand absinkt, ist der Zugewinnausgleich. So einfach ist das.

Zugestandenermaßen ist das Schema insofern etwas vereinfacht, als wir hier jeweils vom Anfangsvermögen »0« ausgegangen sind. Zwar fangen die meisten Ehen in puncto Vermögen bei »0« an, aber das muß natürlich nicht so sein. Rechenbeispiel: Der Mann hat bei der Hochzeit 20000,— DM und bei Zustellung des Scheidungsantrags (Stichtag für das Endvermögen) 100000,— DM. Sein Zugewinn beträgt also 80000,— DM. Die Frau hatte bei der Hochzeit gar nichts und bei Zustellung ihres eigenen Scheidungsantrags Vermögenswerte von 20000,— DM. Der Zugewinn des Mannes übersteigt also den der Frau um 60000,— DM. Die Hälfte davon, also 30000,— DM muß er abgeben.

Schicksal des Hauses

Wertneutral beim Zugewinnausgleich ist das gemeinschaftliche Vermögen, etwa ein Hausgrundstück, das im ideellen Miteigentum beider Ehegatten steht. Hier muß man sich über die Auflösung der Teilungsgemeinschaft Gedanken machen. Diese hat jedoch, wie selbst viele Anwälte verkennen, mit dem Zugewinnausgleich nichts zu tun. Beiden Eheleuten gehört ja gleich viel an dem Haus, also ist auch nichts auszugleichen. Wenn einer das Haus zu Alleineigentum übernimmt, muß er natürlich den anderen auszahlen. Wenn das Haus verkauft wird, machen beide Kasse und teilen sich den Reibach. Schlimm ist es nur, wenn sie sich nicht auf einen Käufer einigen können. Dann findet letzten Endes eine Auseinandersetzungsversteigerung statt, die den unbestreitbaren Nachteil hat, daß der Ersteigerer, wenn er Schwein hat, das Haus schon im ersten Anlauf für 70 Prozent des Verkehrswertes bekommt, wenn er noch mehr Schwein hat, sogar für die Hälfte des von einem Sachverständigen geschätzten Verkehrswerts.

Schuldenteilung

Das nach der elterlichen Sorge zweittraurigste Kapitel ist die Schuldenteilung, von Anwälten – eher scherzhaft – auch »negativer Zugewinnausgleich« genannt. Es geht hier darum, welche der während der Ehe aufgehäuften Schulden von dem einen oder anderen zu bedienen sind. In der Regel sind die Anwälte und Richter bestrebt, entweder den Mist hälftig zu teilen, falls beide Eheleute etwas verdienen, oder aber dem Mann allein die Tilgung zu überlassen, wenn er Alleinverdiener ist, dann aber natürlich auf Kosten der Unterhaltsansprüche der Frau.

Gesamtschuldnerische Haftung

So weit, so gut. Leider hat man aber in derartigen Fällen die Rechnung ohne den Wirt gemacht. Der Wirt ist der Standardgläubiger, nämlich die nächstgelegene Bank. Diese Bank hat meist beide Eheleute in der gesamtschuldnerischen Haftung. Das bedeutet: Sie kann sich einen von beiden rauspulen und auf Zahlung des gesamten Restbetrages in Anspruch nehmen. Wenn nun etwa die Eheleute sich dahingehend einigen, daß der Kredit bei der Kreissparkasse allein von der Frau getilgt wird und die Frau dann nicht zahlt, kann es zu dem unerfreulichen Ergebnis kommen, daß der längst geschiedene Mann, der an dieser Front nichts Böses mehr ahnte, plötzlich einen höflichen, aber bestimmten Brief von der Sparkasse erhält, in welchem er aufgefordert wird, doch bitte schön die Rückstände zu begleichen, die seine geschiedene Frau zu erledigen nicht für nötig befunden habe. Die Folge davon ist, daß der Mann wohl oder übel zahlen muß und dann gleichfalls wohl oder übel einen Regreßprozeß gegen seine geschiedene Frau führen darf, in dem sich dann alle Emotionen entladen, die im Verlaufe des Scheidungsverfahrens durch die erfolgreichen Bemühungen der beteiligten Anwälte nicht zur Explosion gekommen sind.

Aus diesem Grunde kann man nur allen Scheidungswilligen raten, wenn irgend möglich, spätestens bei Rechtskraft der Scheidung definitiv so umzuschulden, daß die jeweilige Bank sich nur noch an einen von beiden geschiedenen Eheleuten heranmachen kann. Meist ist man dabei allerdings auf die Gnade der Bank angewiesen. Wenn etwa die Eheleute für einen Kredit in Höhe von 10000,— DM gesamtschuldnerisch haften, begibt sich die Bank in eine schwächere Position, wenn sie den 10000-DM-Kredit zugunsten zweier 5000-DM-Kredite ablösen läßt, für deren ersten nur noch der eine und für deren zweiten nur noch der zweite Ehegatte allein haftet. Wenn dann der eine nicht zahlen kann, beißt sich der Banker auf die Nägel, setzt seine Borgen-bringt-Sorgen-Miene auf und sagt seinem Vorstand, daß es bestimmt nicht wieder vorkommt. Warum, liegt auf der Hand: Während er ohne die Operation die vollen 10000,— DM vom Verdiener bekommen hätte, bekommt die Bank nach der Operation nur noch 5000,— DM vom Alleinverdiener und guckt wegen der weiteren 5000,— DM in die Röhre.

Ziel: nur ein Schuldner pro Kredit

Am besten nimmt man, wenn es in der Ehe kriselt, gar keine gemeinsamen Schulden mehr auf.

Versorgungsausgleich

Mit der Erfindung des Versorgungsausgleiches hatte der Gesetzgeber vor knapp zehn Jahren zweifellos eine seiner seltenen Sternstunden. Der Versorgungsausgleich hat folgenden Grundgedanken: Drinnen waltet die züchtige Hausfrau, draußen geht der Mann malochen. Die Hausfrau erwirbt auf diese Weise keine Rentenanwartschaften, während der Mann sich den Anspruch auf eine satte Rente nach und nach zusammenverdient.

Das ist im höchsten Maße ungerecht. Ein Anrecht auf eine Altersversorgung kann nämlich der Mann in der traditionellen Hausfrauenehe nur dadurch erwerben, daß die Frau ihm zu Hause sozusagen den Rücken freihält, und zwar dadurch, daß sie den Löwenanteil der Kindererziehung übernimmt und den Haushalt in Schwung hält. Bei Lichte besehen, leisten also beide Eheleute einen gleichwertigen Beitrag dazu, daß der Mann Rentenanwartschaften erwerben kann.

Infolgedessen ist es das Ziel des Versorgungsausgleichs, die Versorgungsanwartschaften – in vielen Fällen hat ja auch die Frau eine Rentenanwartschaft erworben – einander anzugleichen. Wir haben hier das gleiche Prinzip wie beim Zugewinnausgleich, nämlich das Prinzip der kommunizierenden Röhren.

Technischer Ablauf

Die Einzelheiten können wir uns hier schenken. Zum technischen Ablauf sollte aber verraten werden, daß sofort nach Beginn des Scheidungsverfahrens beide Ehegatten einen Fragebogen erhalten, auf denen sie ihre persönlichen Daten, die gesetzliche Rentenversicherungsanstalt und ihre Versicherungsnummer anzugeben haben. Wenn die Auskünfte erteilt sind, laufen bei der LVA und bei der BfA die Computer heiß. Allerdings geraten die Computer ins Stottern, wenn Lücken im Versicherungsverlauf festgestellt werden. Die Standardfrage an die Beteiligten lautet dann immer: Was haben Sie vom soundsovielten bis zum soundsovielten beruflich gemacht? Haben Sie eine rentenversicherungspflichtige Tätigkeit ausgeübt? Waren Sie in der Ausbildung? Die nichtgestellten Fragen lauten: Was zum Teufel haben Sie damals getrieben? Wo haben Sie sich rumgetrieben? Waren Sie etwa Hausmann, hä?

Schlamperei

An der Nichtbeantwortung des deutlich ausgesprochenen Teils dieser Fragen liegt es, daß die meisten Scheidungsverfahren nicht schon nach sechs Monaten sondern erst nach einem oder anderthalb Jahren beendet sind. Die Leute verschlampen die Anfragen der LVA oder tun sie aus lauter Hilflosigkeit in den Papierkorb, bis der Richter schließlich mit Zwangsgeldern droht.

Manchmal liegt das einfach daran, daß den Leuten die wahrheitsgemäße Beantwortung der jeweiligen Fragen peinlich ist. Mir ist ein Fall bekannt, in dem jemand monatelang herumdruckste, bevor er seinem Anwalt schließlich erzählte, daß er sich in der betreffenden Zeit als Zuhälter versucht habe. In dieser Zeit hatte er natürlich keine Rentenanwartschaften erworben. Wär ja noch schöner.

Das wär's dann auch. So einfach ist das Scheidungsverfahren.

Fall 2:

Neidhardt Nörgel und seine Frau Klara Nörgel geb. Klug erscheinen gemeinsam beim Anwalt und erklären, sie wollten sich scheiden lassen, seien sich über alles einig und brauchten deshalb nur einen *Anwalt. Rechtsanwalt Fetzer stellt nach kurzer Befragung fest, daß sämtliche in Frage kommenden Folgesachen – wenn auch einverständlich – geregelt werden müssen.*

Was ist zu tun?

Ein Anwalt für zwei Parteien?

Viele Leute denken, *ein* Anwalt könne *beide* Eheleute gemeinsam vor Gericht vertreten. Wenn er das täte, wäre er jedoch die längste Zeit Anwalt gewesen. Zwei Kontrahenten gemeinsam und gleichzeitig zu vertreten, ist der klassische Parteiverrat. Parteiverrat aber ist der schlimmste Vorwurf, den man gegen einen Anwalt überhaupt erheben kann.

Was man machen kann und was in derartigen Fällen auch immer gemacht wird, ist folgendes: Der Anwalt vertritt einen von beiden Eheleuten, und der andere nimmt sich keinen Anwalt.

Um zu verhindern, daß der nicht anwaltlich vertretene Ehepartner in den Folgesachen hoffnungslos untergepflügt wird, ferner, um dem Gesetz Genüge zu tun, das im Fall der einverständlichen Scheidung die Vorlage einer sogenannten Folgenvereinbarung verlangt, wird Rechtsanwalt Fetzer folgendes veranlassen:

Notarieller Scheidungsfolgenvergleich

Er stellt zunächst klar, welchen von beiden Ehegatten er vertritt, und verweist dann beide an einen – meist befreundeten – Notar, der einen notariellen Scheidungsfolgenvergleich ausarbeitet.

Da notarielle Tätigkeit stets billiger ist als entsprechende anwaltliche Tätigkeit, kommen die Eheleute Nörgel vergleichsweise billig davon. Der Scheidungsfolgenvergleich wird zwischen 200,– DM und 500,– DM kosten. Hinzu treten dann nur die Kosten eines einzigen Anwalts und die vergleichsweise geringfügigen Gerichtskosten. All diese Kosten kann man sich durch Vergleich hälftig teilen.

Wie gesagt: Diese Form der Scheidung klappt nur, wenn sich beide Eheleute absolut einig über die Folgesachen sind. Sobald sie sich auch nur über einen einzigen Punkt nachhaltig kabbeln, braucht jeder seinen Anwalt, mit der Folge, daß sich die Kosten alles in allem fast verdoppeln.

Gerichtliche Folgenvereinbarung

Wenn beide Eheleute von Anfang an jeweils ihren eigenen Anwalt aufsuchen, um sich am Ende des Scheidungsverfahrens doch noch zu einigen, können sie die Folgenvereinbarung, statt sie durch einen notariellen Scheidungsfolgenvergleich zu regeln, natürlich auch vor dem Familienrichter zu Protokoll geben. Dann freilich fällt die anwaltliche Vergleichsgebühr an, und das bei beiden Parteien. Diese Lösung kann man nur dann empfehlen, wenn beide Eheleute Prozeßkostenhilfe genießen, also ihre Scheidung sowieso nicht zu bezahlen brauchen. Hierüber werden wir im Kostenkapitel noch etwas mehr erfahren.

Merksätze zum Scheidungsrecht

- **Scheidungsantrag kann gestellt werden, wenn die Eheleute ein Jahr lang getrennt leben und geschieden werden wollen (Regelfall).**

- **In Härtefällen kann der Nichtscheidungswillige den Beginn des Verfahrens um maximal vier weitere Jahre verzögern (Scheidung nach fünfjähriger Trennungsfrist).**

- **Das Verfahren dauert meistens acht bis neun Monate.**

- **Die elterliche Sorge kann ab Trennungsbeginn auf einen Elternteil übertragen werden. Wer kein Sorgerecht hat, hat ein Umgangsrecht (Besuchsrecht).**

- **Der Hausrat sollte sofort nach Trennungsbeginn einverständlich geteilt werden. Alles andere bringt nur Verdruß.**

● Durch den Zugewinnausgleich werden die während der Ehe erworbenen Vermögen der Eheleute einander angeglichen.

● Die Schulden sollten möglichst so geteilt werden, daß kein Gläubiger die Eheleute mehr gemeinsam in der Haftung hat, weil sonst Regreß- und Freistellungsprozesse vorprogrammiert sind.

● Versorgungsausgleich bedeutet, daß die während der Ehe erworbenen Rentenanwartschaften einander angeglichen werden (Übertragung der Hälfte der Differenz zwischen den Anwartschaften der Frau und des Mannes auf ein Versicherungskonto dessen, der geringere Anwartschaften erworben hat).

● Vor dem Familiengericht herrscht Anwaltszwang. *Aber:* Wer keinen Antrag stellt, also nur der Scheidung zustimmt, braucht keinen Anwalt. Um nicht schutzlos zu sein, muß er zuvor einen notariellen Scheidungsfolgenvergleich schließen.

11. UNTERHALTSRECHT

Fall 1:

Martha Mäkel erzählt ihrem Rechtsanwalt, daß ihr Mann nach seinem plötzlichen Auszug keinen Pfennig Unterhalt mehr gezahlt habe.

Frau Mäkel hat zwei Kinder, nämlich den fünfjährigen Maik und die zehnjährige Claudia.

Sie legt Lohnbescheinigungen vor, aus denen sich ergibt, daß der Ehemann in den zurückliegenden zwölf Monaten regelmäßig 1785,04 DM verdient hat, und zwar mit Ausnahme der Monate Juli und November. In diesen beiden Monaten wurden 2020,10 DM bzw. 2648,82 DM verdient.

Frau Mäkel, die während der Ehe immer halbtags arbeiten konnte, weil ihre Mutter im Hause wohnte, legt auch eine Jahreslohnbescheinigung vor, aus der sich ergibt, daß sie in den vergangenen zwölf Monaten einschließlich der Sonderzahlungen (Weihnachts- und Urlaubsgeld) im Durchschnitt 720,40 DM pro Monat verdient hat.

Von Rechtsanwalt Benno Blödmann will sie nun wissen, wieviel Unterhalt sie für sich und die Kinder alles in allem verlangen kann.

Wenn es eine Art juristische Olympiade gäbe, in der die einzelnen Rechtsgebiete darin wetteifern würden, welches den höchsten Kompliziertheitsgrad vorweisen kann, so käme das Unterhaltsrecht zweifellos mit aufs Treppchen.

Wir wollen und können hier nicht mehr tun, als die Grundzüge zu erläutern. Die einfachsten Grundsätze lauten wie folgt:

Barunterhalt und Naturalunterhalt

1. Ein Elternteil leistet Barunterhalt, der andere Naturalunterhalt. Das heißt, der eine betreut die Kinder, weil er das Sorgerecht hat, während der andere zahlt.
2. Bis zur Rechtskraft der Scheidung muß der Mann sei-

ner Frau in jedem Fall Unterhalt zahlen, wobei dasjenige Anrechnung findet, was die Frau selbst verdient und/oder von ihrem neuen Lebensgefährten bekommt.

3. Ist die Ehe geschieden und hat die Frau gemeinsame Kinder zu betreuen, so ist der Vater praktisch immer unterhaltspflichtig gegenüber allen.
4. Ist die Ehe geschieden und es sind keine Kinder aus ihr hervorgegangen, so kann es eine Rolle spielen, ob die Frau durch einseitiges Fehlverhalten die Ehe ruiniert hat. Ist das der Fall, geht sie leer aus. Andernfalls erhält sie Unterhalt für einen Zeitraum, der sich vor allem an der Dauer der Ehe orientiert.

Unterhaltsverwirkung

So läßt sich die jetzige Rechtslage, wenngleich unter Bauchschmerzen wegen der etwas holzschnittartigen Zusammenfassung, darstellen.

Von besonderer Bedeutung ist natürlich der in der Praxis häufigste Fall, also der, daß die Ehefrau wenig oder gar nichts verdient und die minderjährigen Kinder bei sich hat.

Düsseldorfer Tabelle

Der ruhende Pol in der Unterhaltsermittlung ist die sogenannte Düsseldorfer Tabelle, auf die sich mittlerweile sämtliche Familiensenate der Oberlandesgerichte geeinigt haben. Die Düsseldorfer Tabelle (abgekürzt DT) regelt den Kindesunterhalt. Je nach Altersstufe und Einkommensgruppe des Barunterhaltspflichtigen gibt es mehr oder weniger Unterhalt. Die Tabelle sieht wie folgt aus:

Altersstufe	**bis zum 6. Geburtstag**	**bis zum 12. Geburtstag**	**bis zum 18. Geburtstag**
Einkommensgruppe			
1. bis 1850,–	228,–	276,–	327,–
2. 1750,– – 2100,–	240,–	290,–	345,–
3. 2100,– – 2400,–	260,–	315,–	375,–
4. 2400,– – 2800,–	295,–	360,–	425,–
5. 2800,– – 3400,–	330,–	400,–	475,–
6. 3600,– – 4000,–	365,–	440,–	525,–
7. 4000,– – 4800,–	420,–	510,–	605,–
8. 4800,– – 5800,–	480,–	580,–	685,–
9. 5800,– – 7000,–	545,–	660,–	785,–

Jetzt braucht der Unterhaltspflichtige nur noch sein Durchschnittsnettoeinkommen zu ermitteln und das Kindergeld zu berücksichtigen. Dann weiß er bereits, was er an sein Fleisch und Blut zu zahlen hat.

Nettoeinkommen Wir haben oben gesehen, daß Herr Mäkel in normalen Monaten 1785,04 DM verdient hat, in zwei Monaten jedoch mehr. Es handelt sich hier um die Monate, in denen Urlaubsgeld bzw. Weihnachtsgeld ausgezahlt worden ist. In diesen beiden Monaten gehen die Zahlungen um 235,06 DM bzw. 863,78 DM über das »normale« Nettoeinkommen hinaus, insgesamt also um 1098,84 DM. Dieser Betrag ist zu zwölfteln, wie die Unterhaltsrechtler sagen. Es sind also 1098,84 DM : 12 = 91,57 DM dem etatmäßigen Einkommen hinzuzurechnen, mit der Folge, daß sich dann ein unterhaltsrelevantes Nettoeinkommen von 1876,61 DM ergibt.

Dabei werden, um ausnahmsweise auf eine der wichtigsten Kleinigkeiten einzugehen, die vermögenswirksamen Leistungen (52,— DM monatlich) vom Nettoeinkommen *nicht* abgesetzt. Umgekehrt wird die Arbeitgebersparzulage nicht hinzugerechnet. Für die meisten Lohnabrechnungen hat das zur Folge, daß 52,— DM − 13,60 DM hinzuzuaddieren sind. Wir wollen einmal unterstellen, daß das im vorliegenden Fall bereits getan worden ist.

Kindergeld Jetzt müssen wir nur noch ein Wort zum Kindergeld sagen, und dann kann die Rechnerei losgehen. Das staatliche Kindergeld bekommt der Inhaber der elterlichen Sorge, hier also Frau Mäkel. Für das erste Kind gibt's 50,— DM, für das zweite 100,— DM. Zusammen fließen ihr also 150,— DM zu. Auf jedes Kind entfallen damit im Schnitt 75,— DM. Die Hälfte des pro Kind gezahlten Kindergeldes kann der unterhaltspflichtige Vater nun vom jeweiligen Kindesunterhalt absetzen. Das sind pro Nase immerhin 37,50 DM.

All das ergibt folgende schauderhafte Rechnung:

– unterhaltsrelevantes Nettoeinkommen	1876,61 DM
– abzügl. Unterhalt für den fünfjährigen Maik (Altersstufe 1, Gehaltsgruppe 2) 240,— DM abzügl. 37,50 DM anteiligem Kindergeld	202,50 DM

– abzüglich Kindesunterhalt für die zehnjährige Claudia (Altersstufe 2, Gehaltsstufe 2, also 290,— DM – 37,50 DM)	252,50 DM
– Ehegattenunterhaltsverteilungsmasse (Nettoeinkommen abzüglich Kindesunterhalt **ohne** Berücksichtigung des Kindergeldes)	1346,61 DM

Falls Sie sich letzteres imposante Wort merken wollen, um damit Ihre Kinder zu beeindrucken, weil es immerhin zwölf Silben hat, gebe ich Ihnen einen besseren Tip: Merken Sie sich das Wort »Grunderwerbsteuerunbedenklichkeitsbescheinigung«. Das hat vierzehn Silben. Ihre Kinder werden staunen. Nun ist die Differenz zu ermitteln zwischen der Verteilungsmasse und dem eigenen Einkommen der Frau.

Sie beträgt:	1346,61 DM
– abzügl.	720,40 DM
	626,21 DM
– Hiervon steht der Frau eine Quote von 40 Prozent zu, also 250,48 DM	
– Dann blieben Herrn Mäkel:	1096,13 DM

Selbstbehalt

Hier kommt man mit dem Selbstbehalt ins Gehege. Er beträgt in der Regel gegenüber Ehegatten 1300,— DM, in Härtefällen nur 1150,— DM. (Einige unter den 19 Oberlandesgerichten gehen sogar nur von einem Selbstbehalt von 990,— DM gegenüber der geschiedenen Ehefrau aus.) Einen Härtefall haben wir, wenn die Frau ohne Trennungsunterhalt wirtschaftlich unmöglich klarkommt, vor allem also, wenn sie kein eigenes Einkommen hat. Hier würde der Richter vielleicht auf dem Regelselbstbehalt von 1300,— DM verharren. Die Rechnung sähe dann wie folgt aus:

1346,61 DM aufgerundet	1347,— DM
– abzügl.	1300,— DM
	47,— DM
Herr Mäkel hätte also zu zahlen:	
– Kindesunterhalt	202,50 DM
	252,50 DM
– Trennungsunterhalt	47,— DM
	502,— DM

Gesamteinkünfte der Berechtigten

Das ist nicht gerade viel, aber andererseits, wenn man das Einkommen der Kernfamilie zusammenlegt, auch nicht gerade wenig. Frau Mäkel hat zusammen mit ihren Kindern jetzt nämlich folgende Einkünfte:

– eigenes Einkommen	720,40 DM
– staatliches Kindergeld	150,— DM
– Unterhalt vom Ehemann	502,— DM
	1372,40 DM

Derjenige, dem dieses Ergebnis ungerecht vorkommt, kann als geistige Lockerungsübung einmal unterstellen, daß der Richter von dem verminderten Selbstbehalt von 1150,— DM ausgeht, was sachgerecht wäre. Die Kernfamilie hätte dann 150,— DM mehr zur Verfügung, die Herrn Mäkel umgekehrt fehlen würden. Meine Prognose ist die, daß Herr Mäkel in diesem Fall von einer gänzlich unerwarteten Arbeitslosigkeit befallen würde. Allerdings braucht man Herrn Mäkel hier nicht verständnisvoll auf die Schulter zu klopfen. Viel Mitgefühl würde er hierfür nach meiner unmaßgeblichen Meinung nicht verdienen, und außerdem können wir davon ausgehen, daß der Part des Mitleidspenders längst von seiner neuen Freundin übernommen worden ist, die, wie ihm zu wünschen ist, selbst ein paar Mark einspielt.

Merksätze zum Unterhaltsrecht

● **Eltern schulden ihren minderjährigen Kindern Unterhalt. Der eine Teil leistet Naturalunterhalt (Betreuung), der andere Barunterhalt.**

● **Was einem Kind zusteht, ergibt sich aus der Düsseldorfer Tabelle, die sich am Einkommen des Barunterhaltspflichtigen (fast immer des Vaters) und am Alter des Kindes orientiert.**

● **Der Ehegattenunterhalt beträgt 40 Prozent der Differenz zwischen dem verbleibenden Einkommen des Vaters** und dem Nettoeinkommen der Mutter, wenn das Einkommen der Mutter auf zumutbarer Arbeit beruht.

● Damit der Vater nicht völlig die Lust am Arbeiten verliert, müssen ihm Mindestbeträge (Selbstbehalte) verbleiben:
- gegenüber Kindern 990,— DM (bei Berufstätigen) bzw. 910,— DM (bei Arbeitslosen),
- gegenüber der Frau 1300,— DM, in Härtefällen 1150,— DM. Etwa die Hälfte der OLG geht sogar von nur 990,— aus.

● Betreuungsunterhalt (= Ehegattenunterhalt an die geschiedene Frau, die die Kinder betreut) muß mindestens solange gezahlt werden, bis die Kinder das Haus verlassen. Allerdings wird erwartet, daß die Frau eine Halbtagsbeschäftigung annimmt, sobald das jüngste Kind die Grundschule verlassen hat.

● Sind aus einer kurzen Ehe keine Kinder hervorgegangen, muß der geschiedene Ehemann nur noch kurzfristig Unterhalt an seine Ex-Frau zahlen.

● War die kinderlose Ehe sehr kurz (weniger als einjähriges Zusammenleben), so entfällt nach der Scheidung der Unterhaltsanspruch.

12. NACHBARRECHT

Fall 1:

Die unverheiratete Sabine Säuerlich und die Witwe Kunigunde Kalk sind Grundstücksnachbarn. Sabine Säuerlich hat von der Straße aus gesehen das linke Hausgrundstück, während Kunigunde Kalk Eigentümerin des rechten Nachbargrundstücks ist.

Beide können sich nicht leiden. Sabine Säuerlich schreibt schließlich ihrer Nachbarin in Sütterlinschrift einen Brief mit folgendem Wortlaut:

Geehrte Frau Kalk!

Mit Interesse verfolge ich Ihre Anstrengungen, am Zaun zwischen unseren beiden Grundstücken einen Komposthaufen anzulegen. Sie können davon ausgehen, daß mir als pensionierter Studienrätin am Mädchen-Lyzeum mit dem Hauptfach Biologie die Natur sehr am Herzen liegt. Das bedeutet jedoch nicht, daß ich auf den Anblick einer besseren Miste direkt vor dem Fenster meiner Wohnküche erpicht bin. Seien Sie also bitte so freundlich, den Komposthaufen auf die rechte Seite Ihres Grundstücks oder sonstwohin zu verbringen. Bei dieser Gelegenheit muß ich Sie auch darauf hinweisen, daß der noch von Ihrem Großvater – Gott hab' ihn selig – gesetzte Maschendrahtzaun hoffnungslos verrostet und verrottet ist. Bitte sorgen Sie bis zum Ende des nächsten Monats dafür, daß der Zaun durch einen ordentlichen, plastikummantelten Maschendrahtzaun mit ordentlich einbetonierten Metallpfosten ersetzt wird. Ich würde es sehr bedauern, unsere leidvollen nachbarlichen Beziehungen mit einem Prozeß krönen zu müssen.

Mit der Ihnen gebührenden Achtung

Sabine Säuerlich

Kunigunde Kalk muß sich, nachdem sie den Brief entziffert hat, erst einmal einen knappen Liter Herztropfen in den Magen gießen, um sich dann spontan zu entschlie-

ßen, ihren Hausanwalt Dr. Dietmar Dümmlich aufzusuchen.

Was wird er ihr raten?

In der bereits erwähnten Olympiade der einzelnen Rechtsgebiete hätte das Nachbarrecht in der Spezialdisziplin »Haßentwicklung« sicherlich hervorragende Chancen auf die Bronzemedaille, knapp hinter den Scheidungsfolgesachen und den Erbauseinandersetzungen.

Viele Fronten

Wenn der Nachbar plötzlich irgend etwas macht, ohne einen vorher gefragt zu haben, oder man selbst etwas von ihm will, er aber pampig reagiert, fällt es einem plötzlich wie Schuppen von den Haaren: Natürlich, er war ja schon immer ein Armleuchter. Und dann stoßen einem Dinge auf, die man früher geflissentlich übersehen hat, etwa die Tatsache, daß der Nachbar seine Katze frei rumlaufen läßt, daß seine Kinder immer so frech sind, daß er im Winter nie Schnee fegt und daß seine Frau stets so hochnäsig wegguckt, wenn man sie grüßt.

Nachbarrechtliche Auseinandersetzungen sind meist allumfassend. Es werden viele Fronten eröffnet. Eins kommt zum andern. Die Sträucher stehen zu nah an der Grenze, dauernd wehen die Unkrautsamen herüber, die Stereoanlage ist zu laut, die kleinen Kinder benehmen sich wie die Sandkastenrocker von der Förmchenbande, und überhaupt sind die Nachbarn den ganzen Sommer über am Grillen, vorzugsweise natürlich, wenn man selbst gerade auf der Terrasse den milden Sommerabend genießen will und die Wäsche aufgehängt hat.

Besondere Aggressivität

Eine Untersuchung darüber, warum Nachbarschaftsstreitereien mit besonderer Aggressivität geführt werden, wäre sicherlich sehr verdienstvoll und aufschlußreich. Das können Juristen jedoch nicht übernehmen. Da müssen Psychologen und Verhaltensbiologen ran. Ein auch für Laien einleuchtender Einstieg in diese Frage ist die Parallele zum Sport: Jeder weiß, daß die Aggressionsbereitschaft mit dem Aufwand an Schutzvorrichtungen wächst, mit denen man seinen Körper panzert. Es ist kein Zufall, daß beim Crash-Rennen, beim American Football und beim Eishockey ganz anders die Fetzen fliegen als beim Tischtennis oder beim Schwimmen und auch beim Fußball. Das zeigt sich auch an den Sanktionen. Wer in den »gutgepolsterten« Sportarten eine Tätlichkeit begeht, kommt – etwa beim Eishockey – mit einer einminütigen Sperre davon, während er, wenn er das gleiche im Fußball täte, mindestens vier Wochen zum Zuschauen verdammt wäre.

Ein Haus ist aber nun nichts anderes als ein Schutzpanzer, aus dem heraus man den Nachbarn bombardieren kann. Wenn Säuerlich und Kalk Mieterinnen im selben Haus wären, wären sie sicherlich zurückhaltender, weil verwundbarer.

Um jeden Streit zu vermeiden, hat der Gesetzgeber alles penibel geregelt, bis hin zum Hammerschlags- und Leiterrecht.

Bundesrecht und Landesrecht

Das Nachbarrecht ist zum einen enthalten in den §§ 905 bis 924 BGB, zum anderen in den Nachbarrechtsgesetzen der Länder. Nachbarrecht ist, soweit es nicht im BGB geregelt ist, Landesrecht. Die Bundesländer haben mittlerweile alle ihr eigenes Nachbarrecht. Die Gesetzeswerke unterscheiden sich – ähnlich wie etwa im Presserecht – nur äußerlich voneinander. Inhaltlich sind die Regelungen fast gleichlautend.

Wir wollen im folgenden vom niedersächsischen Nachbarrechtsgesetz ausgehen. Es zeichnet sich durch eine recht moderne und deshalb verständliche Sprache aus. Kein Wunder. Es ist nicht etwa wie das Strafgesetzbuch gut hundert Jahre alt, sondern erst etwa zwanzig Jahre. Es stammt vom 31. März 1967.

Zu dem Komposthaufen schweigt das NdsNRG. Ein Komposthaufen ist weder eine Nachbarwand noch eine Grenzwand noch eine Bodenerhöhung oder Böschung. Pech gehabt. Dr. Dietmar Dümmlich versinkt in tiefe Verzweiflung, wie immer, wenn er einen weißen Fleck auf der juristischen Landkarte findet.

Geruchsimmissionen

Mal sehen, was das BGB dazu sagt. In § 906 Abs. I BGB – na immerhin! – steht geschrieben, daß der Grundstückseigentümer die Zuführung von Gasen, Dämpfen, Gerüchen usw. nicht verbieten kann, wenn die Einwirkung die Benutzung seines Grundstücks nicht oder nur unwesentlich beeinträchtigt. Kurz gesagt: Der Nachbar soll sich man nicht so anstellen, wenn es von nebenan einmal unerfreuliche Gerüche gibt. Das ist jedoch bei Komposthaufen nicht einmal der Fall, auch wenn Millionen von gärtnerischen Trotteln diesen Unfug beharrlich weitererzählen und ihre eigenen organischen Abfälle in Plastiktüten für die Müllabfuhr verstauen.

Dr. Dümmlich kann seiner Mandantin also sagen, daß sie den Komposthaufen – einen etwa 70 cm hohen Hümpel, dessen äußerer Rand immer noch etwa einen halben Meter vom Zaun entfernt ist – getrost da lassen kann, wo er ist.

Zaun

Wie sieht es nun mit dem Zaun aus? Dr. Dümmlich beginnt wieder angestrengt im NdsNRG zu rascheln, diesmal erfolgreich. In § 27 Abs. 1 Ziff. 1 findet er die Bestimmung, daß der Grundstückseigentümer an der Grenze zum rechten Nachbargrundstück einen Zaun zu ziehen hat, wenn der Nachbar es verlangt. Frau Kalk ist verdattert. Sie kann also von Frau Säuerlich verlangen, daß sie einen Zaun zieht statt umgekehrt.

Rechte Grenze einfrieden!

Daß ihr Großvater um des nachbarlichen Friedens willen oder aus welchem Grunde auch immer vor etwa fünfzig Jahren den Zaun gezogen hat, spielt keine Rolle. Das hat keineswegs verpflichtende Wirkungen für seine Rechtsnachfolger. Es bleibt also dabei: Jeder Grundstückseigentümer muß, wenn es der Nachbar zur Rechten verlangt, die von der Straße aus gesehen rechte Grundstücksgrenze einfrieden, also mit einem Zaun versehen.

Bei der Wahl des Zauns, das heißt, bei der Wahl der Struktur und des Materials, hat er freie Hand. Da kann man mal wieder sehen: Wir leben in einem freien Land.

Dr. Dümmlich freut sich. Er schreibt für seine Mandantin einen würdevoll-herablassenden Brief an Frau Säuerlich, die jedoch, wie der nächste Fall zeigt, nicht lockerläßt.

Fall 2:

Zwei Monate nach dem geschilderten Vorfall erhält Frau Kalk einen weiteren Brief von Frau Säuerlich, diesmal mit folgendem Wortlaut:

Geehrte Nachbarin!

Da ich am Lyzeum auch Unterricht in philosophischer Propädeutik erteilt habe, vermag ich sehr gut zu unterscheiden zwischen Gesetz und Recht und darf insbesondere guten Gewissens die Behauptung wagen, daß die formaljuristischen Taschenspielertricks Ihres Herrn Anwalts zwar auf dem Gesetz beruhen mögen, das seinerseits aber wiederum nicht Derivat des christlichen Naturrechts ist, mithin also Unrecht darstellt. Aber was erzähle ich das einer beschränkten Rechtspositivistin wie Ihnen?!

Lassen Sie uns bitte auf der rein menschlichen Ebene und ohne Einschaltung von Advokaten folgendes regeln: Wie Sie wissen, bin ich schwer krank. Ich brauche täglich die Therapie durch meinen Heilpraktiker, dessen Praxisgebäude oben rechts an Ihr Grundstück grenzt. Wenn ich ihn als Gehbehinderte aufsuchen will, muß ich einen Umweg von mindestens einem Kilometer machen, da man ja aus unserer vermaledeiten Sackgasse nicht herauskommt. Haben Sie also bitte den geringen Anstand, mir einen Notweg über Ihr Grundstück zu bewilligen und herzurichten.

Hochachtungsvoll!

Notweg Notwegrechte werden des öfteren in Anspruch genommen, fast immer zu Unrecht. Geregelt ist das in § 917 BGB. Danach kann ein Notweg nicht schon dann verlangt werden, wenn die Verweigerung des Notwegs den Anspruchssteller zu wirtschaftlich unsinnigen Umwegen zwingen würde, sondern nur dann, wenn dem *eigenen* Grundstück eine Verbindung mit einem öffentlichen Weg fehlt.

Das ist letzten Endes auch vernünftig. Wenn man um jeder Abkürzung willen einen Notweg verlangen könnte, würden die Leute über jedes zweite Grundstück latschen.

Notwegrechte gelten also nur für »eingekesselte« Grundstücke. Davon kann bei Frau Kalk nicht die Rede sein.

Fall 3:

Gerd Grummel ist stolzer Besitzer eines Eigenheims. Sein Grundstücksnachbar ist Neidhardt Nörgel. Auf dem Grundstück von Nörgel steht – einen Meter von der Grenze zum Grundstück Grummel entfernt – ein elf Meter hoher Birnbaum. Einer der Äste ragt in das Grundstück von Grummel hinein.

Grummel, der das Haus erst im Sommer gekauft hat, sieht mit einigem Wohlbehagen, wie die Birnen an dem auf sein Grundstück hinüberragenden Ast immer praller und gelber werden. Im September schreitet er zur Ernte. Er pflückt 25 Birnen von dem Ast ab. Da der Ast nach der Ernte nur noch wenig attraktiv aussieht, schneidet Grummel ihn ab, liest auch das Fallobst auf und überläßt die Birnen seiner achtköpfigen Kinderschar.

Zwei Monate später starrt er aus dem Küchenfenster seines Hauses auf den kahlen Birnbaum. Die Erinnerung an die leckeren Früchte ist gewichen. Er ärgert sich darüber, daß der Baum so nah an seiner Grenze steht.

Kann Nörgel etwas gegen Grummel wegen der Birnenernte und des abgeschnittenen Astes unternehmen? Kann Grummel etwas gegen Nörgel wegen des Grenzabstandes unternehmen?

Bäume und Früchte

Ständiger Quell nachbarrechtlicher Streitigkeiten sind Grenzbäume und -sträucher. Von den damit zusammenhängenden Problemen regelt merkwürdigerweise das BGB die Kleinigkeiten, während die Substanz dem Nachbarrecht der Länder zu regeln vorbehalten bleibt.

Die gesetzliche Regelung über die Früchte eines Baumes ist widersprüchlich. Sind die Früchte heruntergefallen, und zwar von dem auf das Grundstück von Grummel hinüberragenden Ast auf dessen Grundstück, so kann Grummel sie aufessen. Es sind seine Früchte (§ 911 BGB). Anders sieht die Sache aus, wenn die Früchte auf ein öffentliches Grundstück fallen. Dann gehören sie weiterhin demjenigen, dem auch der Baum gehört.

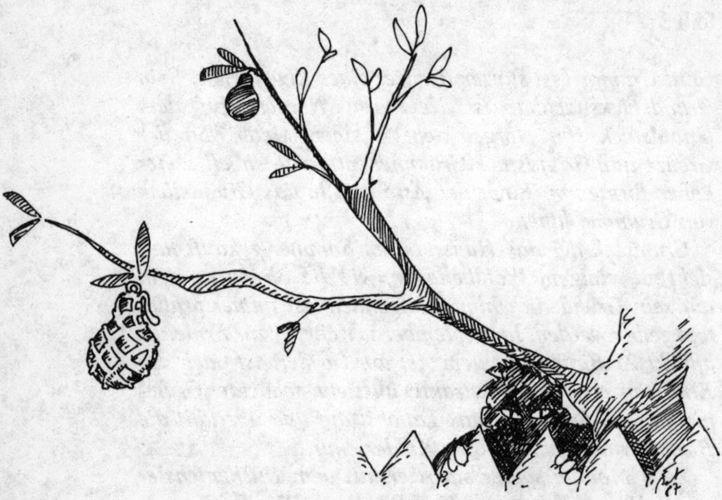

Anarchie ist machbar, Herr Nachbar

Solange die Birnen aber noch am Ast hängen, gehören sie ihm nicht. Sie gehören vielmehr dem Eigentümer des Baumes, und weil der Baum wesentlicher Bestandteil des Nachbargrundstücks ist, gehören sie Nörgel. Nörgel darf sie auch abernten. Allerdings darf er, wenn er den auf das Grummel-Grundstück hinüberragenden Ast abernten will, nicht ohne dessen Erlaubnis das Nachbargrundstück betreten. Sein Eigentumsrecht nützt ihm also nichts.

Hier hat Nörgel allerdings Glück. Grummel ist von sich aus aktiv geworden und hat die Birnen abgepflückt. Das durfte er nicht! Nun, da es geschehen ist, muß er die gepflückten Birnen an Nörgel herausgeben.

Einfach gesagt: Wem ein Obstbaumast in sein Grundstück hineinragt, muß abwarten, bis die Früchte von allein heruntergefallen sind. Vorher gehören sie dem Nachbarn.

Der Widersinn besteht nun darin, daß Grummel durchaus berechtigt ist, den ganzen Ast abzuschneiden, der auf sein Grundstück ragt, und zwar jederzeit, also etwa auch zur Erntezeit. Was bei dieser Gelegenheit herunterfällt und was noch am Ast bleibt, gehört ihm (§ 910 Abs. 1 S. 1 BGB). **Äste und Zweige**

Wer also scharf auf die Früchte ist, die vom Nachbarbaum herüberwachsen, begehe nicht den Fehler, die Früchte zu pflücken. Das ist verboten. Er muß gleich den ganzen Ast absägen, dann ist er im Recht. Die Sache hat nur einen kleinen Haken. Bevor man den Zweig oder Ast absägt, muß man dem Nachbarn eine Frist setzen, innerhalb derer er dies selbst tun kann. Erst wenn der Nachbar die Frist verschlafen hat, kann man – wie beschrieben – zuschlagen.

Möglicherweise haben die Väter des Bürgerlichen Gesetzbuches die §§ 910 und 911 am Morgen nach einem Betriebsausflug ausgekocht.

Bisher waren wir bei Kleinigkeiten wie rüberhängenden Zweigen und Fallobst. Dieser Kleckerkram ist wie gesagt im BGB geregelt.

Anders die schon recht schwerwiegende Frage, ob Grummel verlangen kann, daß Nörgel den Baum fällt. Hiermit befassen sich die §§ 50ff. NdsNRG.

In § 50 sind die Mindestabstände je nach Baumhöhe geregelt. Es lohnt sich, sich die Tabelle einmal anzusehen. Vorgeschrieben sind: **Grenzabstände**

- bis 1,20 m Höhe mindestens 0,25 m Grenzabstand,
- bis 2 m Höhe mindestens 0,50 m Grenzabstand,
- bis 3 m Höhe mindestens 0,75 m Grenzabstand,
- bis 5 m Höhe mindestens 1,25 m Grenzabstand,
- bis 15 m Höhe mindestens 3 m Grenzabstand,
- über 15 m Höhe mindestens 8 m Grenzabstand.

Der Abstand wird am Erdboden von der Mitte des Baumstammes bis zur Grenze gemessen. Besteht der Baum aus mehreren Stämmen, wie es etwa bei großen

Haselnußbüschen häufig vorkommt, so ist die Baumstammitte des der Grenze am nächsten gelegenen Stammes maßgeblich.

Fällen oder Kappen

Was ist nun, wenn ein Baum zu hoch gewachsen ist? Dann kann der Nachbar verlangen, daß der Eigentümer den Baum, wenn er ihn nicht fällen will, auf die erlaubte Höhe zurückschneidet.

Wir erinnern uns, daß der elf Meter hohe Birnbaum einen Meter von der Grenze entfernt steht. Er darf höchstens drei Meter hoch sein. Jetzt grämt sich der arme Nörgel natürlich. Muß er tatsächlich den Baum in drei Meter Höhe kappen? Lehnt sich da nicht etwas in uns auf? Muß man gegen seinen Willen mehr als die Hälfte eines Obstbaumes tranchieren, bloß weil er dem blöden Nachbarn nicht gefällt? Na, und ob! Allerhand!

Ausschluß des Anspruchs nach gut fünf Jahren

Unserer Empörung trägt § 54 Abs. II NdsNRG Rechnung. Danach ist der Anspruch auf Zurückschneiden von Bäumen ausgeschlossen, wenn die Bäume über die zulässige Höhe hinauswachsen und der Nachbar vom darauf folgenden Jahresanfang an den Baum fünf Jahre weiterwachsen läßt, ohne zu meckern. Der Baum hat sich dann sozusagen für das Weiterwachsen qualifiziert und der Eigentümer kann aufatmen.

Daß die Fünf-Jahres-Frist in unserem Fall verstrichen ist, ergibt sich aus der Baumhöhe: Birnbäume wachsen schätzungsweise 20–30 Zentimeter pro Jahr. Gut fünf Jahre zuvor war der Baum nur etwa anderthalb Meter kleiner, woraus sich ergibt, daß der Rechtsvorgänger von Grummel die Sache schon länger als fünf Jahre klaglos mit angesehen hat.

Grummel guckt also in die Röhre, sprich: den Baum. Wir können ihm natürlich jetzt ein fröhliches »selber Schuld« unter die Nase reiben, aber das sollten wir bei Gerd Grummel besser bleiben lassen. Er kann nämlich nichts dafür, hat er doch das Haus gerade erst vor einem Jahr gekauft. Jetzt muß er das ausbaden, was sein Rechtsvorgänger verpennt oder bewußt geduldet hat. Dauernd verschattet ihm der verflixte Birnbaum den Garten. Der Wind weht im Herbst die Blätter rüber, und dauernd wächst wieder ein Ast auf sein Grundstück und serviert ihm matschiges Fallobst.

Gerechtigkeit?

Voilà, es kommt immer darauf an, aus welchem Blickwinkel man die Sache betrachtet, und es gibt auch keine Gerechtigkeit, sondern nur höchst unterschiedliche Auffassungen darüber, was gerecht ist.

Merksätze zum Nachbarrecht

- **Krach und Gestank vom Nachbargrundstück sind in zumutbarem Umfang zu dulden.**

- **Ein Grundstückseigentümer muß die – von der Straße aus gesehen – rechte Grundstücksgrenze einfrieden, wen der Nachbar zur Rechten es verlangt.**

- **Ein Notweg kann nur verlangt werden, wenn das eigene Grundstück *keine* Verbindung mit einem öffentlichen Weg hat.**

- **Überhängende Zweige dürfen nach Fristsetzung vom Eigentümer des Grundstücks, auf das die Zweige hinüberragen, abgesägt und behalten werden (einschließlich der daranhängenden Früchte).**

- **Je näher ein Baum an der Grenze steht, desto kleiner muß er sein. Überragt er seinen Höchstpegel, muß er auf Verlangen gekappt werden. Das gilt nicht, wenn er fünf Jahre unbeanstandet weitergewachsen ist.**

13. ARBEITSRECHT

Fall 1:

Die Sekretärin Hermine Herzlich bekommt von ihrem Chef, dem Rechtsanwalt Dr. Dietmar Dümmlich, eines Tages folgendes Kündigungsschreiben:

Hannover, den 3. Oktober 1986

Sehr geehrte Frau Herzlich!

Hiermit kündige ich das zwischen Ihnen und mir bestehende Angestelltenverhältnis fristgerecht zum 17. Oktober 1986.

Es tut mir leid, daß mir nach 23jähriger Mitarbeit in meinem Büro keine andere Möglichkeit bleibt. Sie wissen ja: Immer mehr Rechtsanwälte drängen auf den Markt. Die Geschäfte gehen schlecht, und bei mir herrscht mittlerweile, obwohl ich, wie Sie wissen, ein fähiger Anwalt bin, akuter Arbeitsmangel.

Mit freundlichen Grüßen
gez. Dümmlich

Hermine Herzlich ist 57 Jahre alt. Dümmlich hat drei festangestellte Mitarbeiter.

Wir wollen hier nur die einigermaßen übersichtlichen Probleme des Arbeitsrechts behandeln und uns gar nicht in das Gestrüpp der Tarifverträge hineinwagen.

Tarifverträge

Es gibt ungezählte Tarifverträge, die nun wirklich kein Mensch kennen kann, und jeder enthält unterschiedliche Regelungen über Urlaub, Urlaubsgeld, Urlaubsentgeld und Wochenendarbeit, um nur einige Punkte zu nennen, aber auch die übelsten Fallstricke, wie zum Beispiel die tarifvertraglichen Verfallfristen, denen zufolge man etwa Ansprüche aus dem Arbeitsverhältnis binnen sechs Wochen nach Beendigung des Arbeitsverhältnisses gerichtlich geltend machen muß, um nicht als der Gelackmeierte dazustehen.

Wir wollen uns hier einmal die elementaren Probleme ansehen. Das wichtigste Problem ist, das haben wir bereits gelernt, die Beendigung des Rechtsverhältnisses. Auch hier gilt das, was uns schon beim Mietrecht aufgefallen ist: Je schwerwiegender die Beendigung des jeweiligen Rechtsverhältnisses, desto einfacher werden die Regeln. Wer seine Arbeit verliert, ist in der Regel schlimmer dran als derjenige, der eine Wohnung verlassen muß, aber lange nicht so schlimm wie jemand, dem der Ehepartner davonläuft. Also muß das Regelwerk, wenn unsere Theorie stimmt, komplizierter sein als bei der Scheidung, jedoch nicht so kompliziert wie bei der Kündigung einer Wohnung. So ist es.

Elementare Probleme

Die wichtigsten Kündigungsvorschriften befinden sich im Dienstvertragsrecht des BGB (§§ 611ff. BGB) und im Kündigungsschutzgesetz (KSchG). Pult man die im Gesetz verstreuten Fristen zusammen, so ergibt sich der nachfolgende Überblick, bei dem wir uns auf die Kündigung durch den Arbeitgeber beschränken wollen.

Kündigungsfristen für Arbeitgeber

Die Kündigung durch den Arbeitnehmer ist in der Praxis unbedeutend. Arbeitgeber wissen, daß es nicht sinnvoll ist, Leute gegen ihren Willen dazubehalten, wenn sie glauben, etwas Besseres gefunden zu haben. Legt man ihnen Steine in den Weg, fangen sie an, risikolos Mist zu bauen. Selbst wer Fremdschäden anrichtet, haftet erst bei Vorsatz und gröbster Fahrlässigkeit. Kann man ihm nur mittlere oder leichte Fahrlässigkeit vorwerfen, so muß der Arbeitgeber blechen. So die Rechtsprechung zur gefahrengeneigten Arbeit. So ziemlich jede Arbeit, die Drittschäden auslösen kann, ist gefahrengeneigt.

Hier also die Übersicht:

1. Arbeiter (§ 622 Abs. II BGB)
   - Betriebszugehörigkeit bis zu fünf Jahren: zwei Wochen,
   - ab fünf Jahren Betriebszugehörigkeit: ein Monat zum Monatsende,
   - ab zehn Jahren Betriebszugehörigkeit: zwei Monate zum Monatsende und

– ab 20 Jahren Betriebszugehörigkeit: 3 Monate zum Ende des Kalendervierteljahres.

2. Angestellte (§ 622 Abs. I BGB und § 2 Angestelltenkündigungsschutzgesetz)
   - Betriebszugehörigkeit von bis zu fünf Jahren: sechs Wochen zum Quartalsschluß,
   - Betriebszugehörigkeit von mehr als fünf Jahren: drei Monate zum Schluß eines Kalendervierteljahres,
   - Betriebszugehörigkeit von acht Jahren: vier Monate zum Ende eines Kalendervierteljahres,
   - Betriebszugehörigkeit von zehn Jahren: fünf Monate zum Schluß eines Kalendervierteljahres,
   - Betriebszugehörigkeit von zwölf Jahren: sechs Monate zum Schluß eines Kalendervierteljahres.

Tarifliche Kündigungsfristen

Achtung! *Bei der Berechnung der Betriebszugehörigkeit werden Dienstjahre, die vor dem 25. Geburtstag liegen, nicht berücksichtigt!* Und nicht vergessen: Es gibt weitergehende tarifliche Kündigungsfristen, bis hin zur Unkündbarkeit. Um herauszubekommen, was das nun für die arme Hermine Herzlich bedeutet, brauchen wir, wie so oft in diesem Buch, nur in die Tabelle zu gucken. Frau Herzlich ist 57 Jahre alt und Dr. Dümmlich treu ergeben, seit sie 34 war. Die Dienstjahre schlagen also voll durch, weil sie sich erst nach dem 25. Geburtstag zusammengeläppert haben.

Dr. Dümmlich muß also eine sechsmonatige Frist zum Quartalsende einhalten. Er kündigt am 3. Oktober. Die sechs Monate sind am 3. April 1987 um. Am 3. April ist aber nun leider das Quartal nicht zu Ende. Also tukkert die Frist weiter bis zum nächsten Quartalsende, mithin bis zum 30. Juni 1987. Bis dahin muß Dr. Dümmlich, der offenbar kein Experte im Arbeitsrecht ist, weiterzahlen.

Abfindung

Hermine Herzlich, die natürlich jetzt Blut geleckt hat und ihrem ungetreuen Chef eins auswischen will, fragt den Referendar, der bei Dr. Dümmlich zur Ausbildung ist, ob nicht vielleicht noch etwas mehr herauszuholen ist, etwa eine Abfindung.

Nun, da wird der Referendar ihr wenig Erfreuliches berichten können. Das Kündigungsschutzgesetz, das sich auch – das werden wir noch sehen – mit Abfindungen befaßt, findet nämlich nur dann Anwendung, wenn in dem Laden mindestens fünf festangestellte Mitarbeiter herumturnen. Dr. Dümmlich ist wenigstens an dieser Front aus dem Schneider. Er hat ja nur drei Leute.

Fall 2:

Neidhardt Nörgel, Inhaber eines kleinen Betriebs mit dreizehn Angestellten, erfährt eines Tages von seiner Putzfrau, sie habe in der Schreibtischschublade seines Angestellten Martin Malz 27 Flachmänner gefunden. Malz arbeitet an der Kasse. Zur Rede gestellt, erklärt Malz, er habe sich vor drei Wochen das Saufen abgewöhnt. Dennoch kündigt Nörgel das Arbeitsverhältnis fristlos, weil ihm einfällt, daß er Martin Malz vier Wochen und fünf Wochen zuvor je einmal am frühen Morgen volltrunken im Sozialraum hat liegen sehen.

Kommt Nörgel mit seiner fristlosen Kündigung durch?

Fristlose Kündigung

Zur fristlosen Kündigung braucht man als Arbeitgeber einen wichtigen Grund. Wichtiger Grund ist meist eine schwerwiegende Verletzung des Arbeitsvertrages.

Martin Malz ist offenbar Alkoholiker. In seiner Schreibtischschublade sind 27 Flachmänner gefunden worden, 11 davon noch voll. Wenn Malz sich tatsächlich das Saufen abgewöhnt hätte, so hätte er sowohl die leeren als auch die vollen Flaschen verschwinden lassen. Jeder Alkoholiker erklärt, er habe sich das Saufen gerade abgewöhnt, plane das jetzt endgültig oder trinke täglich allenfalls eine Flasche Bier und ein Verdauungsschnäpschen. Alles Quatsch. Alkoholiker sind die besten Lügner unter der Sonne. Glauben Sie ihnen kein Wort.

Ungeachtet dieser Einsicht, die dem Arbeitgeber Nörgel natürlich nicht fremd ist, kann er ihn nicht einfach ohne Ansagen vor die Tür setzen.

Alkoholismus Zunächst einmal müssen wir uns mit der Frage befassen, ob Alkoholismus überhaupt arbeitsvertragswidrig ist, um die Frage mit einem klaren »kommt drauf an« zu beantworten: Wenn jemand – wie Malz – im Kundenbereich tätig ist, verschreckt er natürlich mit seiner Fahne die Kunden, die bei ihm die Rechnung bezahlen wollen. Außerdem besteht die Gefahr, daß er in verkatertem Zustand entweder zuviel oder zuwenig Geld rausgibt, was gleichermaßen peinlich sein kann. Alkoholiker meinen zwar immer, sie hätten ihre Arbeit voll im Griff, aber diese Überzeugung ist nun gerade das unerfreulichste Ergebnis des Suffs.

Kurzum: Die Sauferei am Arbeitsplatz ist jedenfalls in unserm Fall arbeitsvertragswidrig. Anders verhielte es sich, wenn Malz auf dem Bau arbeiten würde. Dort gelten andere Maßstäbe. Kein Polier wird sich aufregen, wenn einer seiner Maurer in der Mittagshitze eine Flasche Bier trinkt. Die Schmerzschwelle ist hier erst überschritten, wenn der Zement mit Bier angerührt wird.

Entscheidende Frage ist aber, ob Nörgel seinen Arbeitnehmer einfach »ohne Ansagen« raussetzen kann, das heißt ohne *Abmahnung.*

Vor der Kündigung: Abmahnung Die Antwort ist einfach: Ohne Abmahnung läuft gar nichts. Das entspricht der mittlerweile einhelligen Lehre und Rechtsprechung und folgt aus dem Grundsatz der Verhältnismäßigkeit.

Die Abmahnung besteht darin, daß der Arbeitgeber deutlich das Fehlverhalten beanstandet und damit den Hinweis verbindet, daß im Wiederholungsfall das Arbeitsverhältnis gefährdet ist.

Mit der fristlosen Kündigung fällt Nörgel also auf die Nase. Ist die Kündigung dennoch zu retten?

Umdeutung Die Frage hört sich merkwürdig an, ist aber für Juristen etwas ziemlich Geläufiges. Fristlose Kündigungen können nämlich in ordentliche (fristgemäße) Kündigungen umgedeutet werden (§ 140 BGB). Die Arbeitsgerichte gehen dann nicht von dem aus, was der Arbeitgeber tatsächlich von sich gegeben hat, sondern von dem, was er erklärt hätte, wenn ihm die Unwirksamkeit der fristlosen Kündigung bewußt gewesen wäre. Also haben wir hier zunächst einmal eine fristgemäße Kündigung, wahrscheinlich eine mit zweiwöchiger Frist zum Monatsende. Bis dahin muß Nörgel auf jeden Fall weiterzahlen.

Abmahnung auch vor fristgemäßer Kündigung

Doch leider hilft ihm auch die Umdeutung nichts. Auch eine fristgemäße Kündigung bedarf, wenn sie auf das Verhalten des Arbeitnehmers gestützt wird, der Abmahnung.

Alles in allem: Nörgel hat zu schnell geschossen. Er wird Malz nicht so schnell los. Aber keine Sorge: Wenn Nörgel das nächste Mal einen Wimpel bei seinem Arbeitnehmer riecht – und er wird von jetzt an eine sehr feine Nase haben –, wird er sofort eine Abmahnung aussprechen und vielleicht schon am drauffolgenden Morgen Gelegenheit haben, nach Erschnuppern des Fuselgeruchts eine fristlose Kündigung nachzuschieben.

Fall 3:

Fritz Fusch ist Chef der Firma Schrott GmbH & Co. KG. Er kündigt seinem Malocher Gerd Grummel. Die Kündigung kommt schriftlich ins Haus geflattert. Es handelt sich, wie Grummel feststellt, um eine fristgemäße Kündigung unter korrekter Einhaltung der zweiwöchigen Frist zum Monatsende.
Die Kündigung wird wie folgt begründet:

1. *Es herrsche Arbeitsmangel,*
2. *Grummel habe ein Verhältnis mit einer verheirateten Negerin,*
3. *auf seinem Pkw, der regelmäßig auf dem Firmenparkplatz stehe, befinde sich der Aufkleber »Albanien – Leuchtfeuer des Sozialismus in Europa«,*
4. *Grummel habe im davorliegenden Jahr fünfmal seinen Urlaub durch eine kurz vor Urlaubsende eingehende Arbeitsunfähigkeitsbescheinigung verlängert.*

Der Kündigung ist in allen Fällen eine ordnungsgemäße Abmahnung vorausgegangen.
Welche Chance hat Fusch, mit seiner Kündigung vor dem Arbeitsgericht durchzukommen?

Hier sei zunächst eine kurze Abschweife erlaubt. Fusch ist, wie wir gehört haben, Chef der Firma Schrott GmbH & Co. KG. Bei der Betrachtung dieser Kürzel sind wir schon mitten im Gesellschaftsrecht, genauer gesagt: im Recht der Handelsgesellschaften. Die wichtigsten Handelsgesellschaften sind die folgenden:

Handelsgesellschaften

1. Offene Handelsgesellschaft (OHG): Hier haften alle Gesellschafter unbeschränkt mit ihrem persönlichen Vermögen.
2. Kommanditgesellschaft (KG):
   Hier gibt es einen Komplementär, der unbeschränkt haftet, und die sogenannten Kommanditisten, die nur mit ihrer Einlage haften. Mit anderen Worten: Wenn die KG pleite geht, weil sie eine Million Schulden hat, ist bei den Kommanditisten nur die Einlage, von, sagen wir einmal, je 5000,— DM futsch, während beim armen Komplementär das Haus zwangsversteigert wird – es sei denn, er hat es rechtzeitig an seine Frau verschoben.
3. Gesellschaft mit beschränkter Haftung (GmbH):
   Hier hat der Volksmund gar nicht so unrecht, wenn er das Wort »Haftung« durch »Haltbarkeit« ersetzt. Die GmbH ist eine reine Kapitalgesellschaft, das heißt, die Gesellschafter haften nur mit ihren Einlagen. Das Mindeststammkapital beträgt neuerdings 50000,— DM. Die können also maximal hopsgehen. Das ist jedenfalls die Theorie. Die herbe Praxis sieht anders aus, nämlich so, daß die Kreditgeber, also die Banken, alle Gesellschafter auch in die persönliche Haftung nehmen und die Knete nur dann rausrücken, wenn sich die Gesellschafter einschließlich ihrer Ehefrauen und der nichts ahnenden Oma persönlich und unbeschränkt für die Schulden der GmbH verbürgt haben. Das Risiko, mit der GmbH baden zu gehen, ist also nur gegenüber den wahren Warenlieferanten der GmbH auf 50000,— DM beschränkt.
4. Aktiengesellschaft (AG):
   Hier werden die Anteile an der Gesellschaft durch Anteilsscheine (Aktien) verkörpert, die über die Börse

in anonyme Hände geraten. Die Haftung ist beschränkt auf das Vermögen der Aktiengesellschaft.

5. GmbH & Co. KG:
Das ist ein Gebilde, an dem sogar Jurastudenten im Examen scheitern. Es handelt sich ganz einfach um eine Kommanditgesellschaft, bei der die Rolle des persönlich haftenden Gesellschafters, also des Komplementärs, von einer GmbH gespielt wird. Diese nennt man Komplementär-GmbH. Der Witz des Ganzen besteht natürlich – von steuerlichen Erwägungen einmal abgesehen – darin, daß die in der Theorie unbeschränkt haftende Komplementärin hier nur in Höhe ihrer Stammeinlage haftet. Mehr hat sie ja im Zweifel nicht.

Kündigungsschutzgesetz

Und nun zurück zum Arbeitsrecht: Nehmen wir einmal an, Fritz Fusch als Chef (Komplementär) seiner Firma hat um die zwanzig festangestellte Leute. Damit ist das Kündigungsschutzgesetz anwendbar. Die Abmahnung geht in Ordnung. Grummel kann sich also nicht beklagen, mit der Kündigung überfallen worden zu sein.

Anhörungsrecht des Betriebsrats

Unterstellen wir auch einmal, daß der Betriebsrat – wenn er existiert – vor Aussprechen der Kündigung ordnungsgemäß angehört worden ist. Das ist nämlich gleichfalls Wirksamkeitsvoraussetzung für die Kündigung nach dem Betriebsverfassungsgesetz.

Grummel sieht das auch alles ein, meint aber, daß die angeführten Gründe für einen Rausschmiß nicht ausreichen und daß all das, was ihm vorgeworfen wird, den Chef überhaupt nichts angeht. Er sucht deshalb zwei Wochen später seinen Rechtsanwalt Frederick Fetzer auf, der ihn zunächst mit süßsaurer Miene darum bittet, das nächste Mal etwas eher zu kommen, da die *dreiwöchige Klagefrist* schon beinahe abgelaufen sei.

Klagefrist: Drei Wochen ab Ende der Kündigungsfrist

Fetzer hat recht. Wenn man gegen eine als unberechtigt empfundene Kündigung nicht binnen drei Wochen Klage erhoben hat, nimmt das Schicksal seinen Lauf. Das Recht ist nämlich, wie gerade die lahmarschigsten Juristen immer wieder mit Inbrunst feststellen, »mit den Schnellen«.

Kündigungsschutzklage Fetzer wird nun umgehend Kündigungsschutzklage erheben, das heißt, eine Klageschrift beim Arbeitsgericht mit dem Antrag einreichen, daß das Arbeitsverhältnis der Parteien durch die Kündigung der Beklagten vom soundsovielten nicht aufgelöst ist, also fortbesteht. »Die Beklagte« ist natürlich die Firma Schrott GmbH & Co. KG. Fusch vertritt zwar die Firma nach außen hin, tritt aber dadurch nicht an die Stelle der beklagten Gesellschaft.

Betriebsbedingte Kündigung Fetzer muß sich nun in der Klagebegründung sehr eingehend mit den vier Kündigungsgründen auseinandersetzen. Schwierigster Punkt ist der erste (Arbeitsmangel), mit dem Fusch sich ja nicht auf das Verhalten seines Malochers beruft, sondern auf die wirtschaftliche Situation in der Firma. Diese Art von Kündigung nennt man »betriebsbedingte Kündigung«. Die andere Art von Kündigung, die auf das Verhalten des Arbeitnehmers abstellt, ist – wer hätte das gedacht? – die »verhaltensbedingte Kündigung«.

Bei der betriebsbedingten Kündigung muß der Arbeitgeber zum einen nachweisen, daß der Arbeitsplatz aus wirtschaftlichen Gründen nicht zu halten war. Dieser Nachweis wird ihm von den Gerichten nicht allzu schwer gemacht. In der Regel vereitelt der Arbeitgeber aber den Erfolg seiner eigenen Argumentation schon dadurch, daß er den Arbeitsplatz neu besetzt, denn dann sieht man natürlich, daß es mit der Betriebsbedingtheit der Kündigung nicht weit her war.

Sozialauswahl Außerdem muß der Chef, wenn aus wirtschaftlichen Gründen nun tatsächlich jemand rausfliegen muß, eine Auswahl nach sozialen Gesichtspunkten treffen. Die Gerichte können sehr böse werden, wenn anstelle eines 23jährigen Junggesellen eine 45jährige geschiedene Mutter zweier Kinder hinausgekündigt werden soll. Der Chef muß also letztlich denjenigen hinaussetzen, der den Hinauswurf nach seiner sozialen Situation am ehesten verschmerzen kann.

Nehmen wir einmal an, daß Fusch den Arbeitsplatz von Grummel wieder neu besetzt hat. Dann ist an dieser

Front schon einmal Ruhe. Mit der betriebsbedingten Kündigung ist Fusch dann auf die Nase gefallen.

Verhaltensbedingte Kündigung

Betrachten wir die verhaltensbedingte Kündigung. Hier wird Grummel an erster Stelle vorgeworfen, er habe ein Verhältnis mit einer verheirateten Negerin. Wir wissen nicht, warum Fusch das überhaupt reinschreibt. Möglicherweise hätte er selbst gern ein Verhältnis mit einer Negerin und ist bei der Abfassung des Kündigungsschreibens vom Sexualneid übermannt worden. Wer weiß?

Privatsphäre

Das Arbeitsgericht wird hier jedenfalls abwinken und Herrn Fusch mit mühsam unterdrücktem Zorn sagen, daß ihn das einen Dreck angehe. Natürlich wird der Arbeitsrichter das etwas höflicher formulieren, etwa mit der Floskel, außerdienstliches Verhalten könne die Kündigung des Arbeitsverhältnisses nicht rechtfertigen, da die betriebliche Sphäre und die Privatsphäre des Arbeitnehmers streng voneinander zu trennen seien.

Tendenzbetriebe

Doch keine Regel ohne Ausnahmen: Wenn Grummel etwa bei der katholischen Kirche beschäftigt wäre, die ja das heilige Sakrament und die Unauflöslichkeit der Ehe predigt, so würde er wahrscheinlich hinausfliegen. Natürlich nicht deshalb, weil er es mit einer Negerin treibt, sondern ausschließlich deshalb, weil sie verheiratet ist.

Daß Grummel mit einer Negerin zusammenlebt, macht den Fall für den kirchlichen Arbeitgeber möglicherweise noch ärger. Er wird sich aber hüten, das zu sagen. Insofern unterscheiden sich Kündigungsschreiben nicht von Urteilen, bei denen es ja bekanntlich drei Arten von Urteilsgründen gibt: die mündlichen, die schriftlichen und die wirklichen.

Politische Äußerungen

Wie steht es nun mit dem Autoaufkleber? Politische Meinungsäußerungen sieht das Arbeitsgericht nur aus dem Blickwinkel der betrieblichen Ordnung. Solange diese Ordnung nicht gestört ist, kann der Arbeitnehmer seine Meinung sagen, vertreten und auf sonstige Weise zum Ausdruck bringen.

Das Bundesarbeitsgericht sagt hierzu, daß auch kommunistische Betätigung allein zur Kündigung nicht ausreicht. Nur wenn sie das Arbeitsverhältnis konkret beeinträchtigt, das heißt, wenn jemand während der Arbeitszeit ständig agitiert und auf diese Weise weder seine eigene Arbeit ordentlich machen kann noch die anderen ungestört läßt, kann er hinausgesetzt werden. Das Leuchtfeuer des Sozialismus kann also auf dem Aufkleber unnachsichtig weiterlodern.

Krankheiten

Schwierigkeiten macht nur die Sache mit den Krankheiten. Daß Grummel sich immer kurz vor Urlaubsende krankgemeldet hat, legt natürlich den Verdacht nahe, daß er den Urlaub verlängern wollte. Andererseits wird dem armen Fusch der Nachweis schwerfallen, daß der betreffende Arzt jedes Mal eine Gefälligkeitsbescheinigung ausgestellt hat. Er wird also wohl oder übel davon ausgehen müssen, daß Grummel tatsächlich jedes Mal krank war.

Sein Vorwurf wird dann aber dahingehen, daß Grummel trotz seines Erfahrungswissens über seine Krankheitsanfälligkeit im Urlaub immer noch um dieselbe Zeit und in derselben Gegend, also unter den gleichen klimatischen und kulinarischen Bedingungen Urlaub macht. Hier hat Grummel aber trotzdem seine Chance. Er braucht durch Fetzer nur erklären zu lassen, daß er die jüngste Abmahnung des Chefs durchaus beherzigt und seither auch seine Urlaubspläne vollkommen umgekrempelt habe. So habe er etwa im Jahr der Kündigung die feste Absicht gehabt, nicht in Tunesien Urlaub zu machen, sondern drei Monate später im Schwarzwald.

Fazit: Die Kündigungsschutzklage von Grummel hat ausgezeichnete Erfolgschancen.

Auflösung des Arbeitsverhältnisses

Andererseits ist es Grummel aber, wie er in der Güteverhandlung vor dem Arbeitsrichter ausführt, endgültig leid, das ständige Rumgemähre seines Chefs und dessen Herumschnüffelei in seiner Privatsphäre hinzunehmen. Er hält das Verhältnis zwischen ihm und dem Chef für völlig vergiftet und bekommt bei dem Gedanken, dort wegen des Fortbestehens des Arbeitsverhältnisses wieder malochen zu müssen, regelrecht Magendrücken.

Fusch stimmt ihm freudig zu und erklärt, auch er bekomme beim Anblick dieser kommunistischen Wühlratten Magendrücken. Es sei wirklich besser, man trenne sich.

Obwohl der Richter keinen Hehl daraus machen wird, daß er das Arbeitsverhältnis für fortbestehend erachtet, weil die Kündigungsgründe nicht ausreichen, ist er an den gemeinsamen Antrag beider Parteien gebunden, das Arbeitsverhältnis zum soundsovielten aufzulösen.

Abfindungsvergleich

Nanu, wird man sich jetzt fragen. Was wehrt Grummel sich denn überhaupt gegen die Kündigung, wenn er zum Schluß doch das Arbeitsverhältnis einträchtig beenden will. Die Antwort liegt in dem Zauberwort »Abfindung«. Grummel wird auf diese Weise für den Verlust des Arbeitsplatzes entschädigt (§§ 9, 10 Kündigungsschutzgesetz).

Nach einer jahrelangen gültigen Faustregel wird ihm dabei pro Beschäftigungsjahr ein halbes Monatsbruttogehalt netto ausgezahlt (»brutto für netto«, sagen die Arbeitsrechtler). Wenn er also 2700,— DM brutto im Monat verdient hat und vier Jahre dabei war, bekommt er 2 × 2700,— DM = 5400,— DM bar auf die Kralle. Er hat also seinen Arbeitsplatz praktisch verkauft.

Ein Hinweis zum Schluß: Die Preise sinken!

Merksätze zum Arbeitsrecht

- **Kündigungsfristen, die der Arbeitnehmer einzuhalten hat, richten sich nach der Beschäftigungsdauer des Arbeitnehmers.**

- **Eine verhaltensbedingte Kündigung setzt eine Abmahnung voraus (mit Ausnahme schwerster Verstöße gegen den Arbeitsvertrag).**

- **Eine betriebsbedingte Kündigung setzt den Nachweis voraus, daß**
  - **der Arbeitsplatz betriebswirtschaftlich nicht zu halten ist und**
  - **der Arbeitgeber die richtige Sozialauswahl unter den Arbeitnehmern getroffen hat.**

- **Die Privatsphäre des Arbeitnehmers geht den Arbeitgeber nichts an.**

- **Politische Meinungsäußerungen am Arbeitsplatz sind erlaubt – es sei denn, die Arbeit kommt infolge von Agitation total zum Erliegen.**

- **Wenn das Arbeitsverhältnis trotz Kündigung fortbesteht, das Klima zwischen Arbeitnehmer und Arbeitgeber aber vergiftet ist, wird es meist durch Abfindungsvergleich beendet: Der Arbeitnehmer bekommt für den Verlust des Arbeitsplatzes eine nicht zu versteuernde Abfindung in Höhe von einem Brutto-Gehalt pro zwei Beschäftigungsjahre (Faustformel).**

14. ZWANGSVOLLSTRECKUNG

Zur Erholung wollen wir jetzt einmal ein kurzes Zwischenkapitelchen ohne Fall einschieben und einen Schnellüberblick über die Zwangsvollstreckung liefern.

»Zwangsvollstreckung« ist kein Wort, das bei irgend jemandem angenehme Assoziationen auslöst, nicht einmal beim Gläubiger. Die mit diesem Wort verbundenen Gedanken, Gefühle, Vorstellungen, Hoffnungen, Erwartungen und Ängste sind allerdings ganz unterschiedlich – je nachdem, ob man Gläubiger, Schuldner oder ahnungsloser Laie ist.

Gerichtsvollzieher

Da dieses Buch der dritten Gruppe gewidmet ist, muß ich mich natürlich ihrer Gefühle annehmen. Ich nehme an, sie unterscheiden sich nicht sehr von den Vorstellungen, die ich selbst als Kind hatte. Damals machte ich um ein Haus, neben dessen Eingangstür ein Schild mit der Aufschrift »Gerichtsvollzieher« prangte, immer einen weiten Bogen, weil ich dachte, hinter diesem Ausdruck verberge sich der Henker.

Den Schuldturm gibt es nicht

Noch heute lösen Wörter wie »Gerichtsvollzieher« oder »Zwangsvollstreckung« bei juristischen Laien ähnliche Gedanken aus, etwa die an einen Schuldturm, gefüllt mit Schuldner, die in Ketten gelegt sind. Solche Vorstellungen werden zusätzlich gefördert durch Worte wie »Haftbefehl« und »Verhaftungsauftrag«. Begriffe also, die im Zwangsvollstreckungsrecht tatsächlich vorkommen.

Vor nicht allzulanger Zeit gab mir ein Geschäftsmann den Auftrag, dafür zu sorgen, daß ein säumiger Schuldner nun endlich verhaftet und ins Gefängnis geworfen werde. Dem Manne konnte nicht geholfen werden.

Zwangsvollstreckung im heutigen Sinne bedeutet nicht mehr und nicht weniger, als daß ein säumiger Schuldner gezwungen wird, zu zahlen oder herauszugeben, was einem anderen gebührt.

Titel

Erste und wichtigste Voraussetzung für die Zwangsvollstreckung ist *immer* ein Titel. Ein Titel – das haben wir bereits im Kapitel über das Kaufrecht gelernt – ist ein Stück Papier, auf dem ein bestimmter Anspruch für vollstreckbar erklärt ist. Das sind in erster Linie, um es zu wiederholen, Vollstreckungsbescheide, vollstreckbare Urteile und notarielle Urkunden, in denen sich zumindest ein Beteiligter der Zwangsvollstreckung unterwirft (die häufigsten sind Schuldanerkenntnisse und Grundschuldbestellungsurkunden).

Damit hätten wir die Ausgangssituation.

Mobiliarzwangsvollstreckung

Der erste Akt der Zwangsvollstreckung ist im Regelfall die Zustellung des Titels an den Schuldner und die Zwangsvollstreckung in sein bewegliches Vermögen. Das Gesetz spricht hier von »Mobiliarzwangsvollstrekkung«, was dem Mißverständnis Tür und Tor öffnet, daß hier der Kuckuck auf die Möbel geklebt wird. Es bedeutet aber, wie gesagt, die Pfändung des beweglichen Vermögens, soweit dieses der Pfändung unterliegt. Viele Gegenstände, die man im täglichen Leben braucht, sind pfändungsfrei. Aus diesem Grunde bleiben in der großen Mehrzahl aller Fälle die Mobiliarzwangsvollstrekkungen fruchtlos.

Bitter ist es für den Gläubiger nicht nur deshalb, weil jeder erfolglose Zwangsvollstreckungsversuch Geld kostet, sondern auch deshalb, weil die erfolglose Zwangsvollstreckung meist erst im zweiten Anlauf durchgeführt werden kann und der erste Anlauf auch schon kostet.

Durchsuchungserlaubnis

Der Schuldner kann nämlich der Durchsuchung der Wohnung unter Berufung auf Artikel 13 Grundgesetz widersprechen. Dieser Artikel geht auf eines der ältesten und ehrwürdigsten Freiheitsrechte der europäischen Rechtsgeschichte zurück, nämlich »my home is my castle«. Damit ist erst einmal Zeit gewonnen. Der Gläubiger bekommt den Widerspruch des Schuldners auf den Tisch und muß umständlich einen Beschluß beim Amtsgericht beantragen, wonach ihm die Durchsuchung der Räume durch den Gerichtsvollzieher trotz Artikel 13 Grundgesetz gestattet ist.

Bis dahin hat der Schuldner natürlich (obwohl das verboten ist) alles verschoben, was nicht ohnehin pfändungsfrei ist.

Kuckuck

Hat der Gerichtsvollzieher ausnahmsweise einmal Glück, klebt er den bereits erwähnten Kuckuck auf die Stereoanlage oder den Perserteppich. Auch das Wort »Kuckuck« ist eine Verballhornung. Es geht zurück auf die Gerichtsvollzieher in der Wilhelminischen Ära, auf deren Pfandsiegel der Reichsadler prangte. Der Vogel wurde also umbenannt und hat seither seinen Namen weg. Dabei ist es wie so oft: Die Verballhornung überlebt sozusagen ihr Opfer. Von den Pfandsiegeln ist der Adler nämlich längst verschwunden.

Ist der Kuckuck erst einmal auf dem gepfändeten Gegenstand, so kommt es auch zur Zwangsversteigerung, also zur Verwertung. Die gepfändeten Sachen werden vom Gerichtsvollzieher öffentlich versteigert. Der Erlös fließt nach Abzug der Kosten dem Gläubiger zu.

Lohnpfändung

Meistens steht jedoch der Gläubiger auf dem Schlauch. Er muß deshalb das nächste Register ziehen, nämlich die Pfändung der Einkünfte des Schuldners, soweit diese nicht pfändungsfrei sind. Wieviel jeweils pfändungsfrei ist, ergibt sich aus einer nicht enden wollenden Tabelle als Anlage zu § 850 c ZPO. Bestimmend für die Höhe des pfändbaren Betrages ist aber neben dem Einkommen natürlich die Anzahl der gegenüber dem Schuldner unterhaltsberechtigten Personen, meist also die Kopfzahl der Familie. Oft wird der arme Gläubiger feststellen, daß der Schuldner arbeitslos ist und keine pfändbare Habe hat.

Eidesstattliche Versicherung

Nun zieht er das dritte Register, indem er einen Antrag auf Abgabe der eidesstattlichen Versicherung (früher: Offenbarungseid) stellt. Diese eidesstattliche Versicherung erschöpft sich nun nicht, wie viele meinen, darin, daß der Schuldner einfach seine leeren Hände vorweist und die Hosentaschen dramatisch nach außen kehrt. Er muß vielmehr unter Mithilfe des Rechtspflegers ein endloses Protokoll ausfüllen, in dem er pingelig befragt wird, ob er noch irgend etwas in der Hinterhand hat, etwa Grundstück, Bankkonten, Sparstrümpfe, Wertpapiere, Geschmeide und weiß der Teufel was noch. Die geladenen Herren Schuldner ergehen sich dann meistens in einer Serie unwiderlegbarer Schummeleien, verschweigen also etwa die Lebensversicherung, die sie noch in der Hinterhand haben.

Was macht der Gläubiger? Er legt den Titel für einige Jahre weg und wartet auf bessere Zeiten. Zeit genug hat er ja. Aus einem Titel kann dreißig Jahre lang vollstreckt werden. Allerdings tut er gut daran, den Titel alle vier Jahre wieder aufzuwärmen, damit die Zinsen nicht verjähren (die Verjährung der Zinsen nach vier Jahren ergibt sich aus §§ 218 Abs. II, 197 BGB).

Haftbefehl und Verhaftungsauftrag

Wenn der Schuldner übrigens nicht zur Vermögensoffenbarung aufläuft, so ergeht der berühmte Haftbefehl. Der bedeutet nun aber nicht, daß der Schuldner automatisch verhaftet und in den Schuldturm geworfen wird. Schuldturm und Arbeitshaus sind nämlich ausgestorben. Der Haftbefehl für sich allein nützt auch nichts. Man muß dem Gerichtsvollzieher mit dem Haftbefehl einen Verhaftungsauftrag erteilen. Dann läuft er los und holt den Schuldner – notfalls mit Unterstützung der Polizei – zu Hause ab, führt ihn dem Gericht vor und gibt ihm Gelgenheit, das Protokoll (Vermögensverzeichnis) zusammenzustoppeln und die bereits erwähnte eidesstattliche Erklärung dazuzulügen. Anschließend darf der Schuldner wieder nach Hause gehen und sich über den ahnungslosen Gläubiger amüsieren.

Schuldnerschutz

Manchem Leser wird hier möglicherweise sauer aufgestoßen sein, daß die Schuldner in diesem Kapitel nicht allzu gut wegkommen. Das hat natürlich einen beruflichen Erfahrungshintergrund. Der Schuldnerschutz in diesem Lande ist gut ausgebildet, so gut, daß die Gläubiger gegenüber Kleinverdienern praktisch chancenlos sind.

Verschlafene Schuldner

Man wird auf Dauer auch des Geredes der Schuldner überdrüssig, die immer erzählen, sie seien zu Unrecht in Anspruch genommen worden. Die Forderung bestehe gar nicht und habe nie bestanden. Jeder in diesem Lande hat hinreichend Gelegenheit, sich gegen einen geltend gemachten Anspruch zur Wehr zu setzen, und wer das nicht tut, muß sich schon eine geradezu haarsträubende Schlamperei vorhalten lassen. Er hat dann nämlich die folgenden Stationen nacheinander verschlafen:

- erstes bis soundsovieltes Mahnschreiben,
- Mahnbescheid (kein Widerspruch eingelegt),
- Vollstreckungsbescheid (kein Einspruch eingelegt),
- bei unverschuldeter Säumnis: kein Wiedereinsetzungsantrag gestellt.

Wenn anstelle des Mahnbescheidsantrags vom Gläubiger gleich Klage erhoben worden ist, tritt an die Stelle des versäumten Widerspruchs sozusagen als Ersatzschlafstation die versäumte Klageerwiderung.

Ich muß an dieser Stelle auch ausdrücklich um Verständnis für die Gereiztheit mancher Juristen werben, die sich lange Tiraden über die Unbegründetheit eines titulierten Anspruchs anhören müssen. Wenn erst einmal ein Vollstreckungstitel da ist, der nicht mehr durch ein Rechtsmittel angefochten werden kann – wie manches erstinstanzliche Urteil –, ist die Diskussion beendet und alles Jammern fruchtlos.

Titel und Kosten

Zwangsvollstreckung ist auf die Dauer, wenn immer wieder Zwangsvollstreckungsversuche unternommen werden, ziemlich teuer.

In meinem Büro hängt ein eingerahmter Titel. Er betrifft einen Menschen, der im Jahre des Herrn 1959 seine Brötchen nicht bezahlt hat. Die Ausgangsforderung betrug 15,— DM und ein paar Zerquetschte. Die Zinsen sind nicht das Schlimmste. Sie machen etwa noch einmal das gleiche aus. Schlimm sind aber die Zwangsvollstreckungskosten, die sich auf knapp 800,— DM zusammengeläppert hatten, bis ich diesen zwanghaften Unsinn stoppen konnte.

Mit dieser tragikomischen Anekdote wollen wir uns von der Zwangsvollstreckung verabschieden.

Merksätze zur Zwangsvollstreckung

● **Zwangsvollstreckung ist der Ausgleich von Forderungen gegen den Willen des Schuldners.**

● **Zwangsvollstreckung setzt einen *Titel* voraus, also eine**

für vollstreckbar erklärte Urkunde (Vollstreckungsbescheid, Urteil, notarielle Schuldurkunde).

● Die Pfändung wird vom Gerichtsvollzieher durchgeführt. Er klebt das Pfandsiegel (»Kuckuck«) auf pfändbare Sachen, die anschließend versteigert werden. Den Erlös bekommt der Gläubiger.

● Durch Pfändungs- und Überweisungsbeschlüsse, die das Amtsgericht erläßt, können Sparkonten, Lebensversicherungen, Bausparguthaben usw., vor allem aber Lohn- und Gehaltsansprüche gepfändet werden, mit der Folge, daß der Arbeitgeber direkt an den Gläubiger zu zahlen hat.

● Wenn alle Vollstreckungsmaßnahmen nicht zum Erfolg geführt haben, kann der Gläubiger den Schuldner zur eidesstattlichen Versicherung zwingen (früher »Offenbarungseid«). Der Schuldner kommt dann in das Schuldnerverzeichnis des Amtsgerichts.

15. ERBRECHT

Fall 1:

Hugo Hammer stirbt. Neben einer trauernden Witwe namens Helene hinterläßt er drei weniger trauernde Töchter namens Gabi, Uschi und Heidi. Ein Testament wird trotz heftigen Wühlens nicht gefunden.
Wer erbt?

Notarielles Testament

Der Überblick über unser Recht neigt sich langsam, aber sicher seinem Ende zu, und wie am Ende eines ordentlichen Entwicklungsromans müssen die Beteiligten jetzt langsam ans Sterben denken. Auch wollten wir uns ja einmal anschauen, was eigentlich die Notare treiben. Im zweiten Kapitel haben wir bereits kurz erfahren, daß Notare dazu da sind, mehr oder weniger komplizierte Verträge zu entwerfen und zu beurkunden, wobei sie natürlich beim Entwurf nicht ihren freien gestalterischen Neigungen nachgehen dürfen, sondern ausschließlich das in rechtliche Formen zu gießen haben, was die Beteiligten wollen. Man kann sich denken, daß die größte Schwierigkeit darin besteht, herauszubekommen, *was* sie eigentlich wollen.

Gesellschaftsrecht

Das gilt weniger für das Grundstücks- und für das Gesellschaftsrecht als für das Erbrecht. Mit diesen drei Begriffen haben wir die drei Hauptbetätigungsfelder des Notars bereits angesprochen. »Gesellschaftsrecht« ist zu verstehen als das Recht der Handelsgesellschaften. Hier besteht die Aufgabe des Notars darin, Gesellschaftsverträge zu beurkunden, also Verträge, die etwa bei einer GmbH die Höhe der einzelnen Stammeinlagen regeln, die Beschlußfassung unter den Gesellschaftern und die Stellung des Geschäftsführers.

Grundstücksrecht

Das Grundstücksrecht nimmt in den meisten Notariaten den breitesten Raum ein. Hier werden Kauf-, Tausch- und Schenkungsverträge beurkundet und Grundstücke mit so tollen Sachen wie Vorkaufsrechten, Grunddienstbarkeiten, Nießbrauchsrechten, Hypotheken und Grundschulden belastet. Dem Grundstücksrecht wollen wir kein eigenes Kapitel widmen. Erstens, weil es langweilig ist. Zweitens, weil die Leser, die ein Grundstück ihr eigen nennen, sicherlich in der Minderheit sind. Drittens schließlich, weil einem der Notar schon alles erklärt, wenn man es doch einmal braucht.

Also dann: Hinein ins Erbrecht!

Erbrecht

Wenn wir feststellen, daß das Erbrecht eines der wichtigsten Betätigungsfelder des Notars ist, so bedeutet dies nicht, daß Anwälte mit dem Erbrecht nichts zu tun haben. Im Gegenteil. Ihr Part ist allerdings ein anderer. Während der Notar Testamente und Erbverträge so abzufassen hat, daß es in Zukunft keinen Streit gibt, tritt der Rechtsanwalt auf den Plan, wenn entweder gar kein Testament gemacht worden ist und die Erben sich in die Wolle kriegen oder ein unklares Testament eröffnet worden ist und die Erben sich dann gleichfalls streiten.

Verschweigen wollen wir auch nicht den dritten Fall, nämlich den, daß das Testament völlig klar ist und ein Erbe trotzdem nach dem Motto »Einer spinnt immer« einen Erbstreit entfesselt.

In den anderen Rechtsgebieten, mit denen es der Notar zu tun hat, ist es ähnlich: Auch hier versucht er, auf Dauer Streit zu vermeiden und den Anwälten auf durchaus ehrenwerte Weise die künftige Arbeit wegzunehmen. Klappt das nicht, müssen sich einige Anwälte wieder mal ins Grundstücks- und Gesellschaftsrecht stürzen.

Gesetzliche Erbfolge

Bei der Betrachtung des Erbrechts wollen wir beginnen mit der sogenannten gesetzlichen Erbfolge, also mit der Verteilung der Hinterlassenschaft des Toten für den Fall, daß er kein Testament gemacht hat.

Um der Klarheit willen wollen wir hier ausnahmsweise die Fachsprache benutzen. Der Tote ist der Erblasser. Das, was er nach dem alten Grundsatz »Das letzte Hemd hat keine Taschen« an Eigentum hinterläßt, ist der Nachlaß. Diejenigen, die vom Nachlaß etwas abbekommen, sind die Erben oder Vermächtnisnehmer. Wer Erbe ist, bekommt einen bestimmten Bruchteil am gesamten Nachlaß, während der Vermächtnisnehmer, also der, dem vom Erblasser etwas vermacht worden ist, nur Anspruch auf einen oder mehrere Gegenstände hat, die der Erblasser genau benennen muß. So weit, so gut. Jetzt wollen wir erst einmal eine kleine Skizze anfertigen, damit wir die Erben unseres Falles nicht durcheinanderbringen:

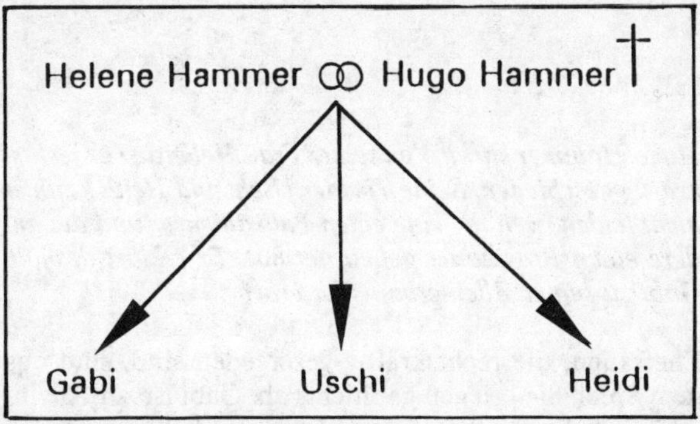

Hugo Hammer hat, wie wir gehört haben, kein Testament hinterlassen. Dann bekommt die Witwe erst einmal die Hälfte des Nachlasses, außerdem den sogenannten Voraus, das heißt, den ganzen Hausratskrempel. Die Kinder teilen sich die zweite Hälfte zu gleichen Teilen. Jedes Kind bekommt also ein Drittel der Hälfte, das heißt, ein Sechstel.

Bruchrechnung

Wie man schon an diesem einfachen Fall sieht, tut man gut daran, seine Kenntnisse in der Bruchrechnung aufzufrischen, bevor man sich ins Erbrecht stürzt. Ich gestehe, daß ich das auch erst einmal tun mußte, als ich Notar wurde. Seit der sechsten Klasse war einige Zeit ins Land gegangen, und die Fähigkeit zum Rechnen war wegen der Taschenrechner verkümmert wie das Flügelpaar einer Drosophila.

Merken sollte man sich an dieser Stelle, daß die Witwe bei gesetzlicher Erbfolge und einer nicht kinderlos gebliebenen Ehe immmer die Hälfte bekommt. Ist die Ehe kinderlos geblieben, bekommt sie drei Viertel.

Hälfte für die Frau, Hälfte für die Kinder

Die zweite Grundregel ist die, daß die Kinder sich die zweite Hälfte teilen. An die Stelle der Kinder treten deren Erben. Wenn also in unserem ersten Fall Gabi als unverheiratete Mutter zweier Kinder gestorben ist, bevor ihr Vater starb, fließt ihr Sechstel den beiden Kindern zu, die an Hugo Hammers Nachlaß dann mit je einem Zwölftel beteiligt sind.

Fall 2:

Hugo Hammer stirbt. Von seiner Frau Helene ist er rechtskräftig geschieden. Seine Töchter Uschi und Heidi kann er nicht leiden, weil die eine einen Palästinenser und die andere einen Brasilianer geheiratet hat. Er erklärt deshalb Gabi zu seiner Alleinerbin. Wer erbt?

Ehefrauen, die rechtskräftig geschieden sind, sind aus dem Spiel. Sie kriegen gar nichts ab. Gabi ist zur Alleinerbin erklärt worden, kriegt also alles. Bekommen nun Uschi und Heidi gar nichts?

Pflichtteil

Die Antwort geben die Vorschriften über das Pflichtteilsrecht (§ 2303 ff. GBG). Der Pflichtteil ist die Hälfte des gesetzlichen Erbteils. Der Pflichtteilsanspruch steht nur den Abkömmlingen, dem Ehegatten und den Eltern des Erblassers zu. Werden also entferntere Verwandte durch das Testament benachteiligt (eben weil sie ohne Testament etwas abbekommen hätten), so gehen sie leer aus.

Pflichtteilsberechtigt sind also Uschi und Heidi. Ihr gesetzliches Erbteil beträgt ein Drittel (die Mutter ist ja zuvor durch Scheidung weggefallen). Die Hälfte davon ist ein Sechstel.

Uschi und Heide können also von Gabi je ein Sechstel des Nachlasses fordern, und zwar ausschließlich in Geld. Es muß also ermittelt werden, was der Nachlaß wert ist. Hat Hugo Hammer insgesamt ein Vermögen von 120 000,– DM nach Abzug der Schulden hinterlassen, so bekommen Uschi und Heidi je 20 000,– DM von Gabi.

Nun könnten einige Leser meinen, die ganze Testamentschreiberei sei doch eigentlich ziemlich überflüssig, da das Gesetz eine ausgewogene und gerechte Verteilung vorsehe.

Diese Auffassung ist jedoch aus zwei Gründen gefährlich:

- Zum einen muß der Erblasser entscheiden dürfen, was nach seinem Tode mit seinem Vermögen geschieht, und es ist nur natürlich, daß er sich dabei denen gegenüber erkenntlich zeigen möchte, die ihn geliebt haben und die er selbst mehr schätzte als andere. Das Pflichtteilsrecht sorgt schon dafür, daß die Kernfamilie nicht völlig leer ausgeht. **Testierfreiheit**
- Wer nicht durch ein Testament klare Verhältnisse schafft, läßt sogenannte Erbengemeinschaften entstehen, was besonders bei Grundstücken, die man ja nicht wie ein Stück Brot oder ein Bündel 100-DM-Scheine teilen kann, zu fürchterlichen Konsequenzen führt. **Klare Verhältnisse**

Das wird unser nächster Fall, ein wahrer Abschreckungsfall, ganz deutlich zeigen.

Fall 3:

Hugo und Helene Hammer kommen bei einem Bombenangriff im Jahre 1944 ums Leben. Ein Testament wird nicht gefunden, da das Haus ausgebombt ist. Beim Amtsgericht ist auch kein Testament hinterlegt. Die Eheleute Hammer werden deshalb gleichanteilig von ihren vier mittlerweile verheirateten Töchtern beerbt, nämlich Sabine Säuerlich, Klara Klug, Susanne Sahnebacke und Martha Mäkel.

In den siebziger Jahren sterben die beiden mittleren Töchter, nämlich Klara Klug und Susi Sahnebacke. Der Ehemann von Frau Klug ist bereits im Jahre 1967 tot umgefallen, als er von Klara Klug hörte, sie wolle bei der nächsten Kommunalwahl für die SPD kandidieren. Sie ist

Alleinerbin durch Testament. Frau Klug hinterläßt die Kinder Karl und Karola, während Susi Sahnebacke von ihrem gut erhaltenen Ehemann Simon sowie von den drei Kindern Siegfried, Simone und Stefanie beerbt wird.

Schließlich stirbt auch Sabine Säuerlich, die ihren magenkranken Mann nur knapp überlebt hat. Ihre Ehe ist erfreulicherweise kinderlos geblieben.

Martha Mäkel lebt noch. Ihr Mann ist längst tot.

Welche Anteile haben die Überlebenden an dem von den Eheleuten Hammer hinterlassenen Gartengrundstück?

Da diesen Fall kein Mensch ohne Skizze versteht, darf ich zunächst einmal auf den schicken *Stammbaum auf der Seite nebenan* verweisen. So wird die Sache sicherlich durchschaubar.

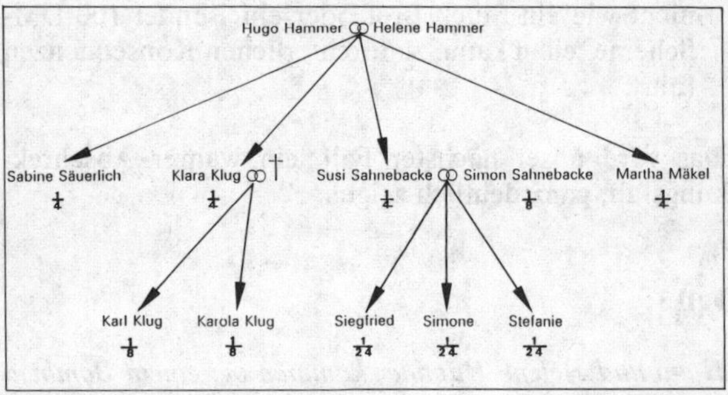

Anteile werden geteilt

Die vier Töchter der Eheleute Hammer haben, soviel ist klar, je ein Viertel geerbt, dann aber leider vergessen, sich über das Gartengrundstück auseinanderzusetzen, also das Ding entweder zu verkaufen und den Erlös durch vier zu teilen oder aber die Fläche einer der vier Beteiligten zuzuschustern, die die anderen dann hätte auszahlen müssen. Hinzu kommt, daß Martha und Sabine die Susi nicht leiden konnten und die wiederum mit Klara nicht klarkam. Niemand wollte schlafende Hunde wecken. So wanderten die Viertelanteile von Klara Klug in die nächste Generation ab und die von Susi Sahnebacke zur Hälfte auf den lustigen Witwer und zur anderen Hälfte auf die drei schmucken Töchter.

Und jetzt wird's langsam schlimm mit den Brüchen. Jetzt stirbt nämlich Sabine Säuerlich. Da sie keine Kinder hat und ihr Mann schon vor ihr an Übersäuerung zugrunde gegangen ist, sind als nächstes ihre Eltern als Erben dran. Die sind jedoch, wie wir gehört haben, als erste gestorben, so daß die Fahrt jetzt von oben wieder nach unten in Richtung Geschwister geht. Jeder Geschwisterstamm bekommt ein Drittel des Viertels, das Sabine Säuerlich an dem Gartengrundstück gebührte.

Diese Anteile haben wir nicht mehr graphisch dargestellt, um zu verhindern, daß die Skizze einen allzu verknäulten Eindruck macht. Wer will, mag die Skizze um die restlichen Richtungspfeile ergänzen, wobei ihm die nachfolgende Auflistung der Bruchteilsgemeinschaft helfen mag:

Erben!

Erbengemeinschaft

- Martha Mäkel:
  ¼ + ⅓ des Viertels von Sabine Säuerlich (1/12), zusammen also ⅓.
- Karl Klug:
  ⅛ + die Hälfte vom Drittelanteil des Viertels von Sabine Säuerlich (1/24), zusammen also ⅙.
- Karola Klug:
  wie Karl Klug, also ⅙.
- Simon Sahnebacke:
  die Hälfte des Viertels von Susi Sahnebacke, also ⅛.
- Siegfried Sahnebacke:
  ⅙ vom Viertel seiner Mutter Susi Sahnebacke, also 1/24, zuzüglich ⅓ vom Drittel des Viertelanteils, der von Sabine Säuerlich kommt (1/36), zusammen also 5/72.
- Simone Sahnebacke:
  wie Bruder Siegfried, also 5/72.
- Stefanie Sahnebacke:
  wie Bruder Siegfried, also 5/72.

Wer es nicht glaubt, kann die Brüche zusammenzählen. Es ergeben sich 72/72.

Ich kann den Lesern versichern, daß dies für Erbrechtler noch ein ganz einfacher Fall ist. Sieben Mitglieder einer Erbengemeinschaft – das ist schon beinahe so etwas wie täglich Brot.

Zank unter den Erben

Routinekram ist auch das, was sich dann anschließt, nämlich der unausbleibliche Zank zwischen den Erben. Tante Martha wird jetzt nämlich sagen, ihre Schwester Klara habe den Garten, bevor er verwilderte, jahrelang genutzt, und dafür müsse erst einmal eine ordentliche Nutzungsentschädigung gezahlt werden. Karl und Karola schauen sich verwundert an und wissen davon gar nichts. Und jetzt gibt's erst richtig Zoff. Simone Sahnebacke erzählt, Tante Sabine habe den Garten jahrelang heimlich verpachtet und die Pacht verjuxt. Simon Sahnebacke erzählt allen, die es wissen wollen, daß seine drei Schwägerinnen schon immer einen Knall gehabt hätten, worauf der Rest der Verwandtschaft sich weigert, sich mit ihm zusammen vor dem Notar einzufinden.

Ganz am Ende wird der Garten schließlich zwangsversteigert, weil die Erbengemeinschaft sich nicht auf einen Käufer einigen kann. Da sie sich dann natürlich auch nicht über die Verteilung des Erlöses einigen kann, wird das Geld zinslos beim Amtsgericht hinterlegt und setzt langsam Schimmel an, bevor es einem Anwalt gelingt, die Sache auseinanderzuklamüsern und über einen komplizierten Prozeß eine Verteilung zu erreichen.

Auseinandersetzungsversteigerung

So etwas kommt also dabei heraus, wenn kein ordentliches Testament gemacht wird und die Erben sich nicht einigen können.

Ein ordentliches Testament hätte hier die ausschließliche Zuweisung des Gartengrundstücks an eine der Töchter bedeutet. Wie, das werden wir noch sehen.

Fall 4:

Gerd Grummel, mittlerweile gealtert, erscheint vor dem Notar Paul Pingelig und sagt ihm, er habe ein Testament gemacht. Es liege, wie seine Kinder wüßten, in einem verschlossenen Umschlag in seiner Schreibtischschublade.

Er habe im wesentlichen ein Bankguthaben und ein Hausgrundstück zu vererben. Zu seiner Alleinerbin habe er seine Tochter Beate Bibbrich geb. Grummel ernannt.

Seine beiden Söhne Hugo und Benno seien immer sehr gemein zu ihm gewesen. Benno habe sogar versucht, ihn zu vergiften, und sitze deshalb im Knast. Der andere Sohn habe schon dreimal »altes Rindvieh« zu ihm gesagt.

Grummel fragt nun, ob es sinnvoll ist, das Testament in notarieller Form niederzulegen.

Was wird der Notar ihm sagen?

Nachdem sich diejenigen beruhigt haben, die spontan meinten, der Notar würde natürlich zu einem notariellen Testament raten, um sich die Gebühren zu ergeiern, kann ich versichern, daß Notare das nicht nötig haben.

Gütertrennung

Jeder Notar bekommt ab und zu Besuch von Mandanten, die einen Gütertrennungsvertrag aufgesetzt haben wollen, um zu verhindern, daß bei der Ehefrau wegen der Schulden des Mannes gepfändet wird. Der Notar sagt dann regelmäßig, daß es Quatsch ist, deswegen Gütertrennung zu vereinbaren. Auch im gesetzlichen Güterstand (Zugewinngemeinschaft) ist es nämlich so, daß jeder nur für seine eigenen Schulden haftet. Gütertrennung hat also nur Sinn, wenn man bestimmte erbrechtliche Folgen (Verteilung des Erbes an Frau und Kinder zu gleichen Teilen!) oder familienrechtliche Konsequenzen (Ausschluß des Zugewinnausgleichs!) erreichen will. Das sagt der Notar und schickt die Leute wieder nach Hause. Natürlich könnte er es sich einfach machen, nämlich den Vertrag runterdiktieren, vorlesen und unterschreiben lassen, um anschließend eine Rechnung loszuschicken. Das tut er aber nicht, und das darf er auch gar nicht, wenn er seine Pflichten als Notar ernst nimmt.

Ebenso im Erbrecht. Der Notar wird also nur für ein notarielles Testament plädieren, wenn dafür gute Gründe sprechen. Und gute Gründe gibt es eine ganze Menge:

Unsinn in privatschriftlichen Testamenten

1. In privatschriftlichen Testamenten steht oft haarsträubender Unsinn. Zum Beispiel werden dort einzelne Nachlaßgegenstände – wichtige und unwichtige, aber nie alle! – unter den Erben verteilt, und nachher sitzen die Juristen da und zerbeißen sich die Nägel über der Frage, wer denn nun mit welchem Anteil am Ganzen Erbe sein soll, und wer nur Vermächtnisnehmer. Der Prozeß läßt dann nicht lange auf sich warten.

Wenn kein notarielles Testament: Erbscheinsantrag

2. Wer da glaubt, dem Nachlaß Kosten ersparen zu können, wenn er sein Testament nicht vor einem Notar macht, irrt gewaltig: Wenn kein notarielles Testament da ist, müssen die Erben, um die Bankkonten plündern zu können, einen Erbscheinsantrag stellen, und dafür brauchen sie dann doch den Notar. Außerdem nimmt das Gericht eine satte Gebühr für den Erbschein. Bei der Bemessung dieser Gebühr geht das Gericht von dem wirklichen Nachlaßwert aus und nicht von den geschönten Werten, zu denen sich die

Notare freundlicherweise überreden lassen, um den Beteiligten Kosten zu ersparen und sie nicht zu vergrätzen. Das einzige, was den Leuten die doppelten Erbscheinskosten (Antrag und Erbschein selbst) erspart, ist ein notarielles Testament. Das muß nämlich nur mit dem Eröffnungsprotokoll versehen werden, und schon können die Erben losrennen, um die Konten leerzufegen oder das Grundstück umschreiben zu lassen. Also: Wer es gut mit den Erben meint, macht schon aus Gründen der Kostenersparnis ein notarielles Testament. **Kostenersparnis**

3. Privatschriftliche Testamente können, wenn sie nicht beim Amtsgericht hinterlegt sind, verschwinden. Das Amtsgericht verwahrt nicht nur notarielle, sondern auch privatschriftliche Testamente. In beiden Fällen wird eine Viertel-Gebühr erhoben. Wenn also schon privatschriftlich, so sollte das Testament auf jeden Fall beim Amtsgericht abgegeben werden. Dann kann man es aber auch gleich notariell gestalten (siehe oben). **Hinterlegung beim Nachlaßgericht**

Jeder Anwalt kennt die Fälle, in denen das Testament plötzlich verschwunden ist. Nach dem Tode gehen die Erben an die Schreibtischschublade, und derjenige, dem der Papa immer gesagt hat, er werde das Haus erben, reibt sich verwundert die Augen. Wo ist denn das Testament geblieben, Karl? Testament? Wieso? Da weiß ich ja gar nichts von! Hat Papa ein Testament gemacht? Er hat es natürlich verbrannt, der unschuldige Bruder, oder geschnetzelt und durchs Klo gespült. Zweifellos eine kluge Operation. Wenn das Haus 200000,– DM wert ist und verkauft wird, bekommt der kleine Gauner jetzt 100000,– DM. Über den Pflichtteilsanspruch hätte er sein Brüderchen nur um 50000,– DM erleichtern können. Die Aktion hat also glatte 50000,– DM eingebracht.

Gerd Grummel hört sich das alles ganz beeindruckt an, und sein Kopfwackeln geht langsam in ein deutliches Nicken über. Er ist also entschlossen, ein notarielles Testament zu machen. Es kann sogar etwa so aussehen, wie er sich das vorgestellt hat und wie es auch in seinem handschriftlichen Testament niedergelegt ist.

Totale Enterbung

Alleinerbin wird Beate Bibbrich. Benno kann für erbunwürdig erklärt werden, das heißt, so gestellt werden, daß er nicht einmal den Pflichtanteilsanspruch hat. Das ist sehr selten. Es setzt zum einen ein haarsträubendes Fehlverhalten gegenüber dem Erblasser voraus (schwerste Beleidigungen oder Anschlag wider Leib und Leben), zum anderen aber auch eine ausführliche Erläuterung des Grundes, der den Erblasser zur Enterbung bewogen hat. In unserem Fall genügt freilich der ausdrückliche Hinweis auf das rechtskräftige Strafurteil.

Anders sieht es mit Hugo aus. Der behält seinen Pflichtteil gegen Schwester Beate. Daß er öfter mal »altes Rindvieh« zu seinem Papa gesagt hat, macht nichts. Vielleicht war das der normale Umgangston in der Familie Grummel. Und selbst wenn er es unprovoziert gesagt haben sollte, reicht es für eine Enterbung einfach nicht aus.

Von der Enterbung profitiert der Bruder

Wenn Grummel noch eine Frau hat, die am Leben ist, wenn er stirbt, sieht die Verteilung wie folgt aus: Tochter Beate wird Alleinerbin. Die Witwe hat gegen sie einen Pflichtteilsanspruch von einem Viertel (Hälfte des gesetzlichen Erbteils). Hugo hat am meisten Schwein. Daß Benno ausgefallen ist, kommt ihm zugute. Der enterbte Benno wird so behandelt, als habe er nie gelebt (§ 2344 II BGB). Hugos gesetzlicher Anspruch macht damit ein Viertel aus, also bekommt er als Pflichtteil immerhin die Hälfte davon, das heißt, ein Achtel. Wenn Benno nicht versucht hätte, seinen Vater zu vergiften, hätte Hugo nur ein Zwölftel bekommen. So geht das. Des einen Freud, des andern Leid. Hoffen wir gemeinsam, daß Hugo seinen Bruder im Knast besucht und sich durch das Einschmuggeln einer ordentlichen Flasche Cognac erkenntlich zeigt.

Fall 5:

Vor dem Notar Dr. Dietmar Dümmlich erscheinen die Eheleute Gesine und Gustav Grumpel.

Gustav Grumpel erklärt, ihm gehöre praktisch alles, was während der Ehe an Vermögen erwirtschaftet wurde, insbesondere ein Sechsfamilienhaus. Er wolle aber verhindern, daß nach seinem Tode das Vermögen in viele Hände gerate und, wie er wörtlich sagt, »zerrissen« werde.

Was wird Dr. Dümmlich, der ausnahmsweise gerade seinen guten Tag hat, den Eheleuten Grumpel raten?

Ehegattentestament

Die Sorge, daß ein mittelprächtiges Vermögen nach dem Tode des Eigentümers in zu viele Hände gerät und schließlich versilbert werden muß, weil die Erben sich nicht einigen können, mündet in eine der häufigsten Fragen, die Notaren gestellt werden. Die Antwort ist allerdings auch schon weitgehend bekannt: Man macht ein gemeinschaftliches Ehegattentestament.

In Südniedersachsen kennt man dies unter dem Stichwort »Längst lebe, längst erbe« in Köln unter dem Spruch »Eets op de Aal, un denn op de Penz«, und in den Gesetzbüchern unter »Berliner Testament« (§ 2269 BGB). Es bedeutet: Beide Eheleute setzen sich gegenseitig zu Alleinerben und die Kinder zu Schlußerben ein. Der Überlebende wird also Vollerbe des Zuerstversterbenden.

Das Vermögen bleibt beim Überlebenden

Auf diese Weise wird erreicht, was erreicht werden soll. Das Vermögen bleibt in den Händen der Frau, und zwar allein in ihren. Wenn auch sie verstorben ist, sind die Kinder dran. Wenn die Eltern Angst haben, daß die Kinder sich in die Wolle kriegen, können sie natürlich auch schon im gemeinschaftlichen Ehegattentestament ein einziges Kind zum Schlußerben erklären, verbunden mit der Auflage, den anderen je einen bestimmten Betrag auszuzahlen. Dieser Betrag sollte zumindest der Höhe des Pflichtteils entsprechen, damit unter den Kindern kein Streit ausbricht. Der Erbe wäre auch in der Lage, relativ hohe Beträge auszuzahlen. Er könnte das Grundstück ja belasten, das heißt, bei der Bank Darle-

Schlußerbe

hen aufnehmen und diese Darlehen zugunsten der Bank mit Grundschulden sichern.

Die Frage des Schicksals des Sechsfamilienhauses in der zweiten Generation führt noch einmal auf das Problem zurück, daß innerhalb der Erbengemeinschaft keine Einigkeit erzielt werden kann. Es liegt also nahe, dafür zu sorgen, daß einer das Haus allein bekommt. Auf der anderen Seite haben wir aber bereits – was bei manchen Lesern möglicherweise Verwirrung ausgelöst hat – darauf hingewiesen, daß es unsinnig ist, ein Testament abzufassen, das nur Regelungen nach dem Motto »Der bekommt das, die kriegt das« enthält. Es bleibt auch dabei, daß dies das Schlimmste wäre, was man überhaupt machen kann, denn dann stünde nicht fest, mit welchen *Anteilen* die Erben an der Erbmasse (und damit auch an den Nachlaßverbindlichkeiten!) beteiligt sein sollen.

Klare Anteile

Man muß also im Testament, wenn mehr als eine Person erbt, klare Anteile vorgeben und gleichwohl dafür sorgen, daß sich nicht zu viele Personen in eine Immobilie teilen.

Teilungsanordnungen

Das erreicht man am besten durch sogenannte Teilungsanordnungen. In unserem Fall könnte das etwa wie folgt aussehen: Zu Schlußerben werden die drei Kinder zu gleichen Anteilen bestimmt. Das erste Kind soll das Mietshaus bekommen und seinen Brüdern je 50000,— DM abgeben, der zweite Sohn soll alle Barguthaben erhalten und der dritte Sohn schließlich das Weide- und Ackerland.

Zum Schluß ein Problem, das vielen Erblassern, die ein gemeinschaftliches Ehegattentestament errichten wollen, große Probleme macht: Nach dem Tode des Herrn Papa können die Kinder angerannt kommen und ihren Pflichtteil verlangen. Das geschieht häufig dann, wenn ein Kind nach dem Tod des Alten klamm ist, also dringend Geld braucht und deshalb den Tod der Mutter nicht mehr abwarten will.

Pflichtteilsstrafklauseln

In derartigen Fällen behilft man sich mit sogenannten Pflichtteilsstrafklauseln. Die einfachste davon hat zum Inhalt, daß derjenige, der nicht abwarten will, auch nach dem Tod des zuletztversterbenden Elternteils nur den Pflichtteil bekommt.

Es würde jetzt zu weit führen nachzuweisen, daß der ungeduldige Schlußerbe auch unter diesen Umständen noch einen guten Schnitt machen kann. Es sind deshalb verfeinerte Pflichtteilsstrafklauseln entwickelt worden. Wer darüber mehr wissen will, frage seinen Hausnotar.

Rechtzeitig dran denken!

Zu guter Letzt: Wer mehr zu vererben hat als ein altes Damenfahrrad und die paar Mark, die für die Beerdigung draufgehen, mache rechtzeitig vor dem Notar sein Testament. »Rechtzeitig« bedeutet auch: bevor der Testierende blind, schwerhörig, sprachlos oder schreibunfähig ist. (Wer weniger zu vererben hat oder gar nur Schulden, kann sich das Testament natürlich schenken. In derartigen Fällen wären die Erben gut beraten, wenn sie das Erbe ausschlagen würden. Sonst bleiben sie nämlich auf den Schulden sitzen. Eine Erbausschlagung kann man – ruck, zuck! – vor dem Notar erklären. Sie kostet nur etwa 15,— DM.)

Sein Testament zu machen, setzt natürlich auch immer die Einsicht voraus, sterblich zu sein, und da die meisten Menschen dazu neigen, sich vor dieser Erkenntnis zu drücken, machen sie entweder gar kein Testament oder denken, wenn sie es gemacht haben, sie müßten den im Testament geregelten Fall nun auch gleich eintreten lassen.

Falsch ist beides, und deshalb wünsche ich Ihnen am Schluß dieses Kapitels, nachdem Sie im Geiste Ihr Testament errichtet haben, noch ein langes und glückliches Leben.

Merksätze zum Erbrecht

- **Wenn der Erblasser kein Testament hinterlassen hat, erbt seine Frau die Hälfte. Die Kinder teilen sich die andere Hälfte.**

- **Ist die Ehe kinderlos geblieben, bekommt die Ehefrau**

drei Viertel. Das restliche Viertel bekommen die Eltern des Erblassers, hilfsweise seine Geschwister.

● Hat der Erblasser testamentarisch einen Erben eingesetzt, bekommen Frau und Kinder von ihm die Hälfte ihres gesetzlichen Erbteils als Pflichtteil (in Geld).

● Totale Enterbung wegen Erbunwürdigkeit setzt schlimmste Verfehlungen voraus, außerdem ihre Darlegung im Testament.

● Ein notarielles Testament erspart den Erben den – meist teureren – Erbscheinsantrag.

● Ein Testament sollte unbedingt enthalten:
- die Angabe, welchen *Anteil* am Nachlaß der jeweilige Erbe bekommen soll, und
- eine Teilungsanordnung, wenn mehr als ein Grundstück vorhanden ist, damit keine Erbengemeinschaften auseinandergepflückt werden müssen.

Eheleute mit mittlerem Vermögen sollten sich gegenseitig zu Alleinerben und die Kinder gleichanteilig zu Schlußerben einsetzen, damit das Vermögen nach dem Tode des Erstversterbenden nicht zerrissen wird. Zugleich empfiehlt sich eine Pflichtteilsstrafklausel für den Fall, daß eines der Kinder bereits nach dem Tode des Erstversterbenden seinen Pflichtteil geltend macht.

16. DIE LEIDIGEN KOSTEN

Fall 1:

Rechtsanwalt Dr. Dümmlich führt für seinen Mandanten Hugo Hammer einen Prozeß gegen dessen Kontrahenten Bruno Brecher auf Zahlung von Schmerzensgeld wegen einer ziemlich verworrenen Schlägereigeschichte.

Dr. Dümmlich gewinnt den Prozeß für seinen Mandanten mit Bravour. Der Beklagte Brecher kommt nämlich nicht zum Verhandlungstermin, so daß gegen ihn ein Versäumnisurteil ergeht. Das Urteil wird rechtskräftig.

Dr. Dümmlich betreibt ergebnislos die Zwangsvollstrekkung wegen des Urteilsbetrages und wegen der Kosten. Schließlich schickt er seinem Mandanten seine Rechnung.

Hammer erwidert, er denke gar nicht daran zu zahlen, sein Anwalt könne sich ja an den Beklagten wenden.

Wer einen Kasten Bier kauft, zahlt an der Kasse. Wer Zigaretten aus dem Automaten holt, steckt zuvor vier Mark in den Schlitz. Wer sich von einem Maulklempner hat behandeln lassen, zahlt ihm den Betrag, den seine Krankenkasse nicht übernimmt. Wem ein richtiger Klempner das geplatzte Wasserrohr wieder zugeflickt hat, der überweist einige Wochen später die Rechnung. Anders beim Rechtsanwalt. Viele Leute meinen, sie könnten ihn an den unterlegenen Gegner verweisen.

Der Mandant schuldet die Kosten

Das ist falsch. Jeder Mandant schuldet seinem Anwalt die gesetzliche Vergütung. Wenn er den Prozeß gewonnen hat, hat er einen per Kostenfestsetzungsbeschluß (Titel!) vollstreckbaren Anspruch gegen den Beklagten. Wenn der sich aber nicht durchsetzen läßt, weil man einem nackten Mann nicht in die Tasche fassen kann, ist es der Mandant, der auf den Kosten sitzenbleibt und nicht etwa der Rechtsanwalt.

Hammer muß also die Rechnung von Dr. Dümmlich bezahlen, auch wenn es bitter für ihn ist. Schließlich hat er sich von dem Prozeß etwas mehr erhofft als zusätzliche Kosten. Andererseits wird er sich sicherlich daran erinnern, daß Dr. Dümmlich ihn vor Klageerhebung auf die Möglichkeit dieser unerfreulichen Entwicklung hingewiesen hat.

Gebührenvereinbarung ja, Erfolgshonorar nein

Hammer kann jetzt allenfalls noch einwenden, die Kosten seien zu hoch. Anwaltskosten bestimmen sich nach der Bundesrechtsanwaltsgebührenordnung (BRAGO). Darüber hinausgehende Honorare sind im Rahmen einer Gebührenvereinbarung grundsätzlich zulässig. Die Gebühr darf jedoch nicht vom Prozeßerfolg abhängig gemacht werden. Es gibt also im Zivilrecht kein Erfolgshonorar. Absolut unzulässig ist auch die sogenannte *quota litis.* Das ist die zum Beispiel in den USA übliche prozentuale Beteiligung des Anwalts an dem, was bei dem Prozeß herauskommt. Klagt der Anwalt dort etwa 100000,– $ ein und vereinbart eine Erfolgsquote von 25 Prozent, so kann er 25000,– $ in die eigene Tasche stecken, wenn er den Prozeß gewonnen und die Zwangsvollstreckung erfolgreich betrieben hat.

Gesetzliche Gebühren

Da zulässige Gebührenvereinbarungen extrem selten sind, bleibt es also bei den gesetzlichen Gebühren. Im Zivilprozeß fallen im wesentlichen die folgenden Gebühren an:

- Prozeßgebühr:
  Sie entsteht mit der Klageerhebung.
- Verhandlungsgebühr:
  Sie entsteht, wenn der Anwalt in einem gerichtlichen Verhandlungstermin streitig verhandelt hat, also einen Antrag gestellt hat, der vom Beklagten mit einem Gegenantrag beantwortet worden ist. Wenn unstreitig verhandelt wird, das heißt, wenn der Gegner entweder fehlt oder anerkennt, entsteht die halbe Gebühr.
- Beweisgebühr:
  Diese Gebühr entsteht für eine Beweisaufnahme (zum Beispiele für eine umständige Zeugenvernehmung).
- Vergleichsgebühr:
  Sie entsteht, wenn der Anwalt mit der Gegenseite einen Vergleich geschlossen hat.

Hier die neue Gebührentabelle, die für alle seit 1. 1. 87 erteilten Mandate Anwendung findet:

Bei einem Streitwert bis ... DM	beträgt die Gebühr ... DM	Bei einem Streitwert bis ... DM	beträgt die Gebühr ... DM	Bei einem Streitwert bis ... DM	beträgt die Gebühr ... DM	Bei einem Streitwert bis ... DM	beträgt die Gebühr ... DM
300	40	10000	539	85000	1694	400000	3389
600	55	11000	570	90000	1759	430000	3509
900	70	12000	601	95000	1824	460000	3629
1200	85	13000	632	100000	1889	490000	3749
1500	100	14000	663	115000	1964	520000	3869
1800	115	15000	694	130000	2039	550000	3989
2100	130	16000	725	145000	2114	580000	4109
2400	145	17000	756	160000	2189	610000	4229
2700	160	18000	787	175000	2264	640000	4349
3000	175	19000	818	190000	2339	670000	4469
3500	201	20000	849	205000	2414	700000	4589
4000	227	25000	914	220000	2489	730000	4709
4500	253	30000	979	235000	2564	760000	4829
5000	279	35000	1044	250000	2639	790000	4919
5500	305	40000	1109	265000	2714	820000	5009
6000	331	45000	1174	280000	2789	850000	5189
6500	357	50000	1239	295000	2864	880000	5309
7000	383	55000	1304	310000	2939	910000	5429
7500	409	60000	1369	325000	3014	940000	5549
8000	435	65000	1434	340000	3089	970000	5669
8500	461	70000	1499	355000	3164	1000000	5789
9000	487	75000	1564	370000	3239		
9500	513	80000	1629	385000	3314		

Im vorliegenden Fall sind anderthalb Gebühren entstanden, nämlich die Prozeßgebühr und die halbe Verhandlungsgebühr. Hinzu kommen Auslagenpauschale und Mehrwertsteuer.

Anwaltsgebühren

Wenn Dr. Dümmlich keine Gebühr dazugeschummelt hat und sich korrekt am Streitwert orientiert hat, kann Hammer dagegen nichts machen. Hat Dr. Dümmlich 1000,— DM eingeklagt, so beläuft sich seine Rechnung – einschließlich des von ihm verauslagten Vorschusses für die Gerichtskosten – auf 211,24 DM.

Man sieht, die Kurve flacht langsam ab. Die erstgenannte Gebühr macht 13,33 Prozent des Streitwerts aus. Bei 10 000,— DM Streitwert macht die Gebühr nur noch 5,39 Prozent aus. Bei 1 000 000,— DM beträgt die Gebühr nur noch 0,58 Prozent des Werts.

Gerichtskosten

Die Gerichtskosten sind entschieden geringer. Ein kurzer Auszug aus der Gerichtsgebührentabelle mag dies deutlich machen:

Streitwert	Gebühren
300,— DM	15,— DM
1 000,— DM	42,— DM
10 000,— DM	222,— DM

Allerdings werden die Richter ja auch vom Staat, also von uns allen bezahlt und brauchen bloß das Urteil zu schreiben, während in einem Prozeß zwischen den Anwälten manchmal zwanzig lange Schriftsätze hin- und hergehen.

Fall 2:

Bruno Brecher legt seinem Anwalt eine Anklageschrift auf den Tisch, in der ihm einige kleine Diebstähle und Hehlereien vorgeworfen werden. Sein Anwalt erklärt, als Verteidiger brauche er zunächst einmal einen Vorschuß von 500,— DM. Sonst könne er sich der Akte nicht annehmen.

Brecher ist empört. Er hält dem Verteidiger vor, er sei rechtsschutzversichert. Außerdem könne der Verteidiger sich zum Pflichtverteidiger ernennen lassen.

Rechtsschutzversicherung

Es mag durchaus sein, daß Brecher rechtsschutzversichert ist. Vielleicht hat er sogar seine letzte Prämie bezahlt, so daß eigentlich Versicherungsschutz besteht. Allerdings tun Rechtsschutzversicherungen das, was alle Versicherungen tun: Sie drücken sich, wo immer es geht, und in vielen Fällen haben sie damit absolut recht.

An erster Stelle sind da die Fälle des allgemeinen Risikoausschlusses zu nennen, also die Fälle, in denen *nie* Kostendeckungsschutz gewährt wird.

Die für Otto Normalverbraucher wichtigsten Fälle des allgemeinen Risikoausschlusses sind die folgenden:

Risikoausschluß

- Streitigkeiten aus Spiel- und Wettverträgen,
- Streitigkeiten aus Bürgschafts- und Versicherungsverträgen,
- Streitigkeiten aus dem Bereich des Familienrechts und des Erbrechts,
- Bausachen,
- Steuerrecht,
- Streitigkeiten aus Forderungen, die an den Versicherungsnehmer abgetreten worden sind, und
- vorsätzlich begangene Straftaten.

Wer einen Bauprozeß führen will, seinen Steuerbescheid anfechten möchte oder eine Anklageschrift wegen Fahrerflucht auf den Tisch des Hauses bekommt, kann, was die Kosten anlangt, alle Hoffnung fahren lassen. Rechtsschutz ade! Das soll an dieser Stelle noch einmal ausdrücklich gesagt sein, da viele Rechtsschutzversicherungsvertreter versuchen, ihren Kunden etwas anderes einzureden.

Das machen sie besonders gern in puncto Verkehrsstrafrecht. Immerhin gewähren die Rechtsschutzversicherungen hier für Ordnungswidrigkeiten Kostendeckungsschutz. Bei Straftaten besteht ein kleines Schlupfloch: Wenn dem Versicherungsnehmer ein Vergehen zur Last gelegt wird, das sowohl vorsätzlich als auch fahrlässig begangen werden kann (etwa § 316 StGB, also die berühmte Trunkenheit im Verkehr), muß Deckungsschutz gewährt werden. Darauf weisen die Versicherungsagenten auch oft und gern hin.

Kein Rechtsschutz bei Vorsatztaten

Was sie nicht dazu sagen, ist dies: Wird der Versicherungsnehmer wegen Vorsatz verdonnert, besteht kein Kostendeckungsschutz. Die entsprechende Vorschrift aus den allgemeinen Rechtsschutzbedingungen (§ 4 III a ARB) ist also im Grunde für die Katz – lediglich mit Ausnahme solcher Fälle, in denen ursprünglich Fahrlässigkeit vorgeworfen und dann wegen Vorsatz verurteilt worden ist. Dann gelingt es dem Verteidiger immerhin noch, die Vorverfahrensgebühr herauszuschinden.

Fall 3:

Neidhardt Nörgel erscheint bei seinem Rechtsanwalt und erklärt, er wolle sich scheiden lassen. Zugleich legt er eine Rechtsschutzversicherungspolice vor, aus der sich ergibt, daß er Familienrechtsschutz genießt.

Er ist sehr verwirrt, als der Anwalt ihm sagt, für Familiensachen gelte der Familienrechtsschutz nicht.

Familienrechtsschutz

Tja, das hatten wir schon. Der Anwalt hat völlig recht, allerdings müssen sich die Rechtsschutzversicherer hier eine zumindest grob fahrlässige Begriffsverwirrung vorwerfen lassen. Welcher Laie weiß schon, daß in dem

Wort »Familienrechtsschutz« nicht das Wort »Familienrecht« steckt, sondern daß es sich zusammensetzt aus »Familie« und »Rechtsschutz«? Familienrechtsschutz bedeutet, daß neben dem Versicherungsnehmer auch die Ehegatten und die minderjährigen Kinder mitversichert sind. Das ist alles. Bei einigen Arten von Rechtsschutzversicherungsverträgen – sie decken ja bei Leibe nicht alle Risiken ab – übernimmt die Versicherung immerhin die Kosten für eine familien- und erbrechtliche Beratung.

Beratung

Neidhardt Nörgel kann sich also von seinem Anwalt umfassend beraten lassen. Sobald der Anwalt allerdings beginnt, mit der Gegenseite zu korrespondieren, muß der arme Nörgel die Kosten selbst zahlen, es sei denn, er ist wirklich arm. Dann bekommt er Prozeßkostenhilfe, und die wollen wir uns im nächsten Fall einmal ansehen.

Fall 4:

Beate Bibbrich sucht ihren Anwalt auf. Sie erklärt, sie wolle sich nach Ablauf des Trennungsjahres scheiden lassen. Ihr Ehemann sei Zahnarzt und erziele ein monatliches Nettoeinkommen von mindestens 20000,— DM. Sie selbst sei Hausfrau und werde von ihrem Ehemann kurzgehalten. Er gewähre ihr nur ein monatliches Taschengeld von 500,— DM.

Frau Bibbrich fragt, ob sie »auf Armenrecht klagen« könne.

Prozeßkostenhilfe

Das Armenrecht ist vor einigen Jahren umgestaltet worden. Außerdem auch umbenannt, und zwar in »Prozeßkostenhilfe«. Sinn der Prozeßkostenhilfe ist es, den Leuten, die nicht in der lage sind, ihren Anwalt zu bezahlen, diese Kosten abzunehmen, und zwar zu Lasten der Landeskasse.

Wer arm im Sinne des Gesetzes ist, ergibt sich aus der Tabelle auf der folgenden Seite:

Nettoeinkommen auf volle DM abgerundet monatlich

	bei Unterhaltsleistungen auf Grund gesetzlicher Unterhaltspflicht für						Monatsrate
	0	1	2	3	4	5 Personen	Deutsche Mark
bis	850	1300	1575	1850	2125	2400	0
	900	1350	1625	1900	2175	2450	40
	1000	1450	1725	2000	2275	2550	60
	1100	1550	1825	2100	2375	2650	90
	1200	1650	1925	2200	2475	2750	120
	1300	1750	2025	2300	2575	2850	150
	1400	1850	2125	2400	2675	2950	180
	1500	1950	2225	2500	2775	3050	210
	1600	2050	2325	2600	2875	3150	240
	1800	2250	2525	2800	3075	3350	300
	2000	2450	2725	3000	3275	3550	370
	2200	2650	2925	3200	3475	3750	440
	2400	2850	3125	3400	3675	3950	520

Bei Unterhaltsleistungen für mehr als fünf Personen erhöhen sich die in dieser Spalte angeführten Beträge um 275,— DM für jede weitere Person.

Einkommensgrenze

Man sieht, daß hier dasselbe Prinzip herrscht wie bei den Pfändungsfreibeträgen: Je mehr Unterhaltsbedürftige jemand zu versorgen hat, desto höher ist die Einkommensgrenze, bis zu der hin er noch Prozeßkostenhilfe in Anspruch nehmen kann.

Je mehr jemand verdient, desto höher sind die Raten, die er an die Landeskasse zurückzuzahlen hat. Von etwa 100,— DM an aufwärts lohnt es sich schon gar nicht mehr, PKH zu beantragen, denn die Raten, die jemand an die Landeskasse zu zahlen hat, kann er ebensogut gleich an seinen Anwalt zahlen.

Kosten der Gegenseite

Entgegen einem weitverbreiteten Irrtum deckt die Prozeßkostenhilfe *nicht* die Kosten der Gegenseite ab. Wenn also jemand, dem das Gericht PKH gewährt hat, den Prozeß verliert, muß er die Kosten der Gegenseite auf jeden Fall tragen. Das ist der entscheidende Unterschied zur Rechtsschutzversicherung, die, wenn sie einmal zahlt, so ziemlich alle Prozeßkosten übernimmt. In vielen Fällen muß man allerdings einen ortsansässigen Rechtsanwalt bemühen, obwohl der Prozeß vor einem 600 Kilometer entfernten Amtsgericht läuft. In solchen Fällen zahlt die Rechtsschutzversicherung für den »Heimatanwalt« nur *eine* Gebühr. Wenn darüber hinausgehende Gebühren entstehen, was leicht passieren kann, muß sie der Versicherungsnehmer selbst bezahlen.

Beratungshilfe

Was die Prozeßkostenhilfe für den Prozeß ist, ist die Beratungshilfe für die außergerichtliche Tätigkeit des Anwalts. Hier muß man einen Beratungshilfeantrag ausfüllen, in dem genaue Angaben zum Einkommen und zu den Kosten gemacht werden müssen.

Ähnlich, wenngleich noch ausführlicher aufgebaut, ist die »Erklärung über die persönlichen und wirtschaftlichen Verhältnisse zur Erlangung der Prozeßkostenhilfe«. Solche Formulare machen wenig Freude, deshalb wollen wir uns auch nicht länger mit ihnen aufhalten. Nur dies: Es ist kein Zufall, daß bei beiden Formularen auch nach dem Einkommen des Ehegatten gefragt wird. Ist nur der Antragsteller arm dran, so genügt das nicht. Bei Verheirateten kommt es nämlich auf das Einkommen beider Eheleute an.

So hat denn die arme Frau Bibbrich leider gar keine Möglichkeit, von der Landeskasse entlastet zu werden, solange sie noch mit ihrem Mann zusammenlebt. Rechtlos gestellt ist sie jedoch deshalb keineswegs. Sie hat nämlich, wenn sie mit der Scheidung wirklich loslegen will (also etwa ein Jahr später), die Gelegenheit, einen Prozeßkostenvorschuß bei ihrem Mann einzufordern.

Prozeßkostenvorschuß

Prozeßkostenvorschuß hat mit Prozeßkostenhilfe nichts, aber auch gar nichts zu tun.

Der Angegriffen finanziert den Angriff

Der Prozeßkostenvorschußanspruch ist praktisch ein spezieller Unterhaltsanspruch und hat zum Inhalt, daß ein unterhaltspflichtiger Ehemann seiner Frau die Kosten zahlen muß, die diese benötigt, um einen Prozeß zu führen. Das werden die meisten Männer ja auch gerne freiwillig tun, solange gegen irgendwelche Dritte prozessiert werden soll. Die Pikanterie der Sache besteht nun darin, daß der Mann auch zahlen muß, wenn die Frau gegen ihn selbst prozessieren will. Der Mann muß also den Knüppel finanzieren, den seine Frau dann auf ihn niedersausen läßt. So etwas ist den betroffenen Männern schwer begreiflich zu machen.

Alles in allem: Der Anwalt wird Frau Bibbrich sagen,

daß sie Beratungshilfe und Prozeßkostenhilfe vergessen kann. Er wird ihr ferner sagen, daß sie sich nach einjähriger Trennung wieder melden möge. Wenn Frau Bibbrich dann wiederkommt, wird der Anwalt den Prozeßkostenvorschuß beim Mann anfordern, notfalls mit Hilfe eines Gerichtsentscheids (einstweilige Anordnung).

Kostenrechtlich liegt einiges im argen. Einige Beispiele werden wir im nächsten und letzten Kapitel noch kennenlernen. Halten wir zusammenfassend fest, daß guter Rat teuer ist und daß es viele, allzu viele Fälle gibt, in denen niemand für die Kosten einspringt.

Merksätze zu den Kosten

- **Anwalts- und Gerichtsgebühren richten sich im Zivilrecht nach dem *Streitwert,* in der Regel also nach der Forderung, um die es im Prozeß geht. Je höher der Streitwert, desto höher die Gebühren.**

- **Wer arm dran ist, bekommt vorprozessual Beratungshilfe und im Prozeß Prozeßkostenhilfe. Wenn er den Prozeß verliert, muß er trotzdem die Kosten des Gegners bezahlen.**

- **Für viele – beileibe nicht für alle – Rechtsstreitigkeiten gewähren die Rechtsschutzversicherungen *vollen* Kostendeckungsschutz. Man kann dann ohne Kostenrisiko prozessieren.**

- **Im Strafrecht springt die Rechtsschutzversicherung nur ein, wenn der Angeklagte wegen eines Fahrlässigkeitsdelikts verurteilt wird. Einen Pflichtverteidiger bekommt nur der, dem mehr als ein Jahr Freiheitsstrafe droht. Alle anderen Angeklagten müssen ihrem Verteidiger Vorschuß zahlen. Im Falle des Freispruchs bekommen sie ihr Geld zurück.**

- **Nicht oder weniger verdienende Ehefrauen haben ge-**

gen ihre Männer einen Anspruch auf Prozeßkostenvorschuß, falls sie einen Prozeß führen wollen. Das gilt auch dann, wenn der Prozeß gegen den eigenen Mann geführt werden soll (Beispiel: Scheidung).

17. WO DAS GESETZ SCHWEIGT ODER VERSAGT

Reglementiertes Leben

Wer einen Bauantrag stellt, die Stromabrechnung seines Elektrizitätswerks durchliest und nicht kapiert, zum zweiten Mal zum TÜV muß, von seinem Nachbarn wegen eines zu hohen Grenzstrauchs vor den Kadi gezerrt wird, einen Einberufungsbescheid bekommt oder gegen einen Bußgeldbescheid wegen Falschparkens ohne Rechtsschutzversicherung im Rücken Einspruch einlegt (weil der kurzsichtige städtische Denunziant die falsche Autonummer notiert hat) und dann ein aufwendiges Verfahren über sich ergehen läßt – der gewinnt den Eindruck, daß in diesem unserem Lande alles rechtlich durchdrungen und durchreglementiert ist.

Schon falsch! Es gibt weite Bereiche, zu denen dem Gesetz nichts einfällt. Unterscheiden sollte man dabei zwischen vier Gruppen, nämlich

- dem vorrechtlichen Bereich,
- den gewollten, aber oft schwer erträglichen Lücken im Gesetz,
- den ungewollten Lücken im Gesetz und
- dem Versagen des Gesetzes.

Kein Wilder Westen

Unter dem vor- oder außerrechtlichen Lebensbereich verstehen wir nicht das Tal der Gesetzlosen oder den Wilden Westen. Den gibt es bei uns nicht. Selbst im »besonderen Gewaltverhältnis«, dem man als Schüler, Wehrpflichtiger oder Strafgefangener unterliegt, ist man nicht bar aller Rechte. Man genießt Schutz vor Willkür, nach dem Gesetzeswortlaut und meist – nicht immer – auch in der Praxis.

Gemeint sind hier vielmehr Ärgernisse und Demütigungen im privaten und gesellschaftlichen Umfeld, aus denen sich die Justiz vollkommen heraushält.

Vorrechtlicher Bereich

Sehen wir uns einige Beispiele an:

- Ihr Sohn wird in der Tanzstunde von den Mädels verschmäht. Da ist juristisch nichts zu machen.
- Sie sitzen im Café und wollen drei benachbarte Plätze

für Ihre Familie freihalten. Da kommt irgendein Trampeltier und setzt sich trotz Ihres Protestes auf die reservierten Stühle. Nichts zu machen.
- Sie haben zwischen Düne und Nordseewellen eine Strandburg gebaut, mit Wasser geglättet und mit Muscheln geschmückt. Bruno Brecher erscheint mit einer Schaufel und demontiert die Burg seelenruhig. Nichts zu wollen.
- Sie schnauzen auf der Terrasse lautstark Ihre Frau an. Da erscheint der Nachbar am Gartenzaun und erklärt unaufgefordert folgendes: Wenn er so mit seiner Alten umspringen würde, hätte sie ihm längst die rote Karte gezeigt. Herbe Kritik – aber keine Beleidigung. Wenn Sie jetzt brüllen: »Halten Sie sich da raus, Sie Arschloch«, sind Sie wegen Beleidigung dran, und zwar wahrscheinlich im teuren Privatklageverfahren.
- Manchmal macht das Gesetz auch auf halbem Wege halt: Nehmen wir einmal an, daß Neidhardt Nörgel zur Herstellung des ehelichen Lebens verurteilt worden ist. Das gibt's tatsächlich (§ 606 I ZPO i. V. m. § 1353 I S. 2 BGB) und bedeutet im Klartext, daß er das vollziehen muß, was die Juristen überaus romantisch »Eheverkehr« nennen. Mit dem Urteil ist dann aber auch Feierabend – es gibt keine Zwangsvollstrekkung. Weder latscht der Gerichtsvollzieher ins Schlafzimmer, noch kann Neidhardt Nörgel durch Zwangsgelder oder Zwangshaft weichgekocht werden, endlich seine ehelichen Pflichten zu erfüllen (§ 888 II ZPO). Wahrscheinlich ist deshalb diese Klage auch so selten.

Halbherzigkeit des Gesetzes

Gewollte Lücken

Über die vom Gesetzgeber gewollten, aber manchmal schwer zu ertragenden Lücken im Gesetz zu sprechen, fällt schwer, denn je nach ideologischer Position finden die einen dies und die anderen das unerträglich.

Ich will die Leser nicht über die Maßen beeinflussen und mich deshalb darauf beschränken, zwei Beispielfälle zu nennen, bei deren Erläuterung mir sicherlich viele – über alle politischen Grenzen hinweg – zustimmen werden.

Vollstreckung

Ich meine zum einen das juristische Ausbildungssystem und dort ganz besonders das absolute Fehlen der Strafzumessungslehre. Für den Täter ist dies schließlich das Wichtigste überhaupt.

Strafzumessung

Die meisten Gesetze geben dem Richter einen ungeheuer weiten Strafrahmen an die Hand, und in diesem Rahmen kann er sich dann tummeln – in vielen Fällen zu Lasten des Angeklagten, der dann das Opfer einer völlig unausgegorenen Strafzumessung wird. Wie gesagt: So etwas wird weder den Studenten noch den Referendaren beigebracht, und am Ende sitzen dann die jungen Juristen vorne auf der Richterbank und verdonnern die Leute nach irgendwelche Tarifen, die sich herumgesprochen haben. Man hat sich halt in der Strafjustiz, vor allem bei Kleinkriminalität, auf bestimmte Tarife geeinigt, und zwar nach der Methode »Pi mal Daumen«.

Auf eine wissenschaftliche Durchdringung wartet die Strafzumessungslehre noch heute. Eine wissenschaftliche Bewältigung des Problems ist auch gar nicht so einfach, denn bevor man hingeht und Strafen verkündet, muß man sich zunächst einmal über die Strafzwecke einig und im klaren sein.

Strafzwecke

Hier war bislang keine Einigung möglich, unter anderem deshalb nicht, weil die meisten Juristen dieses

Thema instinktiv scheuen. Mit der Frage nach den Strafzwecken begibt man sich auf das Gebiet der Rechtsphilosophie und der Anthropologie. Rechtsphilosophische Themen oder gar juristische Nachbardisziplinen scheuen die meisten Juristen aber immer noch wie der Teufel das Weihwasser, weil sie dann den festen Boden des Gesetzes verlassen und in Elfenbeintürmen herumturnen müssen.

Da also die Diskussion über die Strafzwecke allenfalls ansatzweise in der Forschung weitergeht, nicht jedoch in der Lehre oder in der Praxis, behilft sich die Justiz damit, alle Strafzwecke sozusagen gleichberechtigt nebeneinander stehenzulassen, obwohl diese Zwecke einander in vielen Fällen ausschließen.

Ich will hier einmal die wichtigsten nennen:

Die wichtigsten Strafzwecke

- Individualprävention (Abschreckung des Täters),
- Generalprävention (Abschreckung der nicht anwesenden Öffentlichkeit),
- Schuld und Sühne (mein ist die Rache, spricht der Staat),
- *défense sociale* (Schutz der Öffentlichkeit vor gemeingefährlichen Typen durch Wegschließen).

Willensfreiheit

Aus diesem Tuttifrutti kann sich nun jeder Richter herauspulen, was er zu brauchen glaubt. Die meisten machen es sich einfach, indem sie sagen, die Strafe müsse schuldangemessen sein, und damit basta. Schön und gut, aber dann müßte erst einmal geklärt werden, was eigentlich Schuld ist. Hier liegen sich die Vertreter der Willensfreiheit mit den sogenannten Deterministen in den Haaren, die die Auffassung vertreten, die Sozialisation eines Menschen laufe auf die Einengung seiner Wahlmöglichkeiten und letzten Endes in vielen Fällen auf Straftaten hinaus.

Schuld und Sühne

Der Streit dauert schon um die 2000 Jahre und währet wahrscheinlich ewiglich. Festzuhalten bleibt aber, daß die Anhänger von Schuld und Sühne nicht ganz widerspruchsfrei agieren, denn wenn jemand schuldunfähig ist, was ja auch nach Auffassung der Schuld- und Sühnefraktion gelegentlich vorkommt, müßte man ihn eigentlich laufen lassen. Ohne Schuld keine Strafe. Man sperrt ihn aber trotzdem ein, und zwar nicht ins Gefängnis, wohl aber ins LKH, was auf dasselbe hinausläuft. Also doch *défense sociale?*

Besserung Wieder andere stellen die Besserung des Täters auf der einen Seite und den Schutz der Allgemeinheit auf der anderen Seite in den Vordergrund und bemühen sich dann um einen Kompromiß mit Hilfe grober Daumenpeilung. An Besserung durch Knast mögen sie aber auch nicht recht glauben, so daß sie am Ende resignieren und sich an dem orientieren, was handgreiflich ist, nämlich einer Art juristischer Speisekarte, nach der jedes Delikt seinen Preis hat.

Daß die Speisekarte ohne wissenschaftliche, philosophische oder wenigstens ideologische Anbindung und Rückbindung sozusagen im akademischen freien Raum schwebt, stört am Ende niemanden mehr. Außer vielleicht die Angeklagten.

Tarife Doch zurück zu den Referendaren und jungen Richtern. Deren zusätzliches Problem besteht darin, daß sie nicht einmal die Speisekarte kennen. So kommt es denn mangels Erfahrung und mangels vermittelten Wissens in Strafsachen, in denen ein Referendar den Part des Staatsanwalts übernimmt, zu haarsträubenden Anträgen. Vielen Angeklagten, die keinen Verteidiger an ihrer Seite hatten, ist schon das Herz in die Hose gerutscht, als sie hörten, daß der Referendar drei Jahre Knast für eine Sache forderte, bei der dann am Ende eine schlaffe Geldstrafe heraussprang.

Unbekannter Täter Genug davon. Wenden wir uns einem einfacheren Beispiel für eine bewußte Gesetzeslücke zu. Sie betrifft die Stellung des Opfers bei Verkehrsunfällen mit unerkannt geflüchteten Kontrahenten. Es kommt immer wieder vor, daß nachts ein parkendes Auto von irgendeinem Betrunkenen angefahren wird und das Kennzeichen des Tatfahrzeugs nicht ermittelt werden kann, mit der Folge, daß dann auch dessen Haftpflichtversicherung nicht zu berappen braucht.

Zwar gibt es für Fälle der happigeren Körperverletzung die Verkehrsopferhilfe des HUK-Verbandes (Verkehrsopferhilfe e.V., Glockengießerwall 1, 2000 Hamburg 1), jedoch ist das, was von der Verkehrsopferhilfe geboten wird, völlig unzureichend. Vor allem gehen all diejenigen, die einen Sachschaden – gleich in welcher Höhe – erlitten haben, leer aus.

Verkehrsopferhilfe

Der Verband der Versicherer kann natürlich kühl auf die Möglichkeit einer Vollkaskoversicherung hinweisen. Das lenkt aber vom eigentlichen Problem ab. Die Vollkaskoversicherung ist ja schließlich für den Fall gedacht, daß man selbst Mist baut.

Hier hätte der Gesetzgeber durchaus Anlaß, den Verband der Haftpflichtversicherer zu zwingen, den Pool allen Opfern von Verkehrsunfällen zu öffnen.

Ungewollte Gesetzeslücken

Zum Schluß einige Worte zur dritten Gruppe, also den ungewollten Lücken im Gesetz.

Zunächst einmal: Es ist unvermeidlich, daß Gesetze Lücken aufweisen, daß die Gesetzgeber nicht an alles denken. Selbst das Bürgerliche Gesetzbuch von 1900, das über weite Strecken einen genialen Wurf darstellt und selbst da, wo es nicht genial genannt zu werden verdient, grundsolide ist, hat seine Lücken.

Positive Vertragsverletzung

Zum Beispiel mußte die sogenannte »positive Vertragsverletzung« durch Richterrecht hinzuerfunden werden. Unter positive Vertragsverletzung (PVV) fallen alle Pflichtverletzungen im Rahmen eines Vertrages, die weder Unmöglichkeit noch Verzug herbeiführen und deren Folgen nicht von den Gewährleistungsvorschriften erfaßt werden. Beispiele: ärztliche Behandlungsfehler, falsche Prozeßführung durch den Anwalt, Schlechtleistung des Maklers, Begleitschäden und Mangelfolgeschäden beim Kaufvertrag.

Die Zivilrechtler sind sich einig darüber, daß die pVV in Wahrheit Grundtatbestand der Vertragsverletzung ist. Wenn so etwas vom Reichstag und von der hochkarätigen Juristenkommission, die den Entwurf vorgelegt hat, schlicht und einfach übersehen wird, soll man sich über sonstige kleine Gesetzesmacken nicht wundern.

Wir wollen uns hier mit zwei Beispielen aus dem

Kostenrecht begnügen, die unter Juristen immer wieder Kopfschütteln auslösen. Es wird Zeit, daß der Gesetzgeber sich aufrafft, hier etwas zu unternehmen. Die Leidtragenden sind wieder einmal die Kunden der Justiz.

Kostenquotelung

Also dann: Wer im Zivilprozeß verliert, zahlt alles. Wer gewinnt, zahlt nichts (es sei denn, beim Gegner ist nichts zu holen). Wenn er dagegen teils verliert und teils gewinnt, so werden die Kosten entsprechend dem »Verhältnis des Obsiegens zum Unterliegen« gequotelt. Wenn also jemand 15000,– DM einklagt und mit 10000,– DM durchkommt, hat er zu zwei Drittel gewonnen und zahlt deshalb ein Drittel der Kosten (§ 92 ZPO).

Nun kommt es aber vor, daß sich das Gericht mit der Streitwertberechnung schwertut. Das ist im Familienrecht häufig der Fall.

Streitwertänderung

Hat etwa der Richter wegen falscher Berechnung des umstrittenen Teils von Unterhaltsansprüchen den Streitwert auf 20000,– DM festgesetzt und den Klägern 5000,– DM zugesprochen, so muß er den Klägern drei Viertel der Kosten des Rechtsstreits aufbürden. Legt nun der Kläger gegen die Streitwertfestsetzung Beschwerde ein, um zu erreichen, daß der Streitwert auf nur 10000,– DM festgesetzt wird, so kann er damit beim Oberlandesgericht durchaus Glück haben. Nehmen wir einmal an, das OLG hat den Streitwert nun in der zweiten Instanz auf 10000,– DM festgesetzt. Dann wundert sich der Kläger natürlich, wieso er immer noch drei Viertel der Kosten zahlen soll, obwohl er doch in Wirklichkeit nur in Höhe der Hälfte unterlegen ist und deshalb einen Anspruch darauf hat, nur mit seinen eigenen Kosten und der Hälfte der Gerichtskosten, nicht jedoch auch noch mit einem Teil der gegnerischen Kosten belastet zu werden.

Keine Quotenänderung

Armer Kläger! Niemand kann ihm helfen. Es bleibt tatsächlich bei der ursprünglichen Quotelung. Und das hat folgenden Grund: Man kann eine Kostenentscheidung nach dem Gesetz nicht isoliert anfechten. Entweder man legt Berufung ein, oder man läßt es ganz. Die

Kostenentscheidung allein läßt sich jedoch nicht angreifen, nicht einmal dann, wenn sie nach der geänderten Streitwertentscheidung ersichtlich unsinnig ist.

Erkaufte Einstellung

Ähnlich ärgerlich ist folgendes Problem: Nehmen wir an, daß jemand wegen fahrlässiger Körperverletzung angeklagt ist und sich im Verlaufe des Prozesses herausstellt, daß seine Schuld außerordentlich gering zu bewerten ist. In solchen Fällen hat meist die Anregung des Verteidigers Erfolg, das Verfahren gegen Zahlung einer angemessenen Geldbuße einzustellen. Angemessen ist aus der Sicht der Verteidigung in solchen Fällen natürlich immer die Höhe der Geldstrafe, die herausgesprungen wäre, wenn es nicht zur »erkauften« Einstellung, sondern zur Verurteilung gekommen wäre.

Da spielt aber nun das Gericht nicht mit, und zwar mit folgendem durchaus einleuchtenden Argument: Wenn das Verfahren nach § 153a StPO eingestellt wird, so trägt die Landeskasse die Gerichtskosten. Wenn wir, so das Gericht, dem Angeklagten schon den Makel der Vorstrafe und die fünf Punkte in Flensburg ersparen, so soll er wenigstens ingesamt den Betrag aufgebrummt bekommen, den er im Falle der Verurteilung zu tragen gehabt hätte. Nehmen wir an, daß die bisherigen Gerichtskosten (etwa durch die Gutachtergebühren) 500,— DM betragen, so wird das Gericht dem Angeklagten eine Einstellung gegen Zahlung einer Geldbuße von 1000,— DM anbieten. So weit, so gut.

Rechtsschutzversicherung zahlt Gerichtskosten, aber nicht den Kostenteil der Buße

Jetzt aber kommt der Juckepunkt: Der Angeklagte ist rechtsschutzversichert. Die Rechtsschutzversicherung muß im Falle der Verurteilung die Verteidigerkosten und die Gerichtskosten zahlen. Kommt es nun zur Einstellung, freut sich die Rechtsschutzversicherung: Sie braucht bloß die Verteidigerkosten zu zahlen, nicht jedoch die Gerichtskosten, denn diese werden ja der Landeskasse aufgebürdet.

Sagt man nun den Rechtsschutzversicherern, daß die Landeskasse sich wegen ihrer Kosten beim Mandanten schadlos gehalten hat, mit der Folge, daß sie – die Rechtsschutzversicherung – bitte schön diesen Teil der Geldbuße übernehmen möchte, so erntet man natürlich kühles Kopfschütteln. Soll der Versicherungsnehmer ruhig auch mal etwas zahlen! Tja!

Hier ist der Gesetzgeber gefordert. Es genügt, in der Einstellungsvorschrift die Möglichkeit zu eröffnen, daß dem Beschuldigten selbst die Gerichtskosten auferlegt werden. Dann brauchten die Gerichtskosten nämlich nicht mehr auf die Geldbuße draufgepackt zu werden, sondern könnten auf die Rechtsschutzversicherung abgewälzt werden.

Das Problem ist, wie man sieht, nicht ganz einfach begreiflich zu machen und auf Anhieb zu verstehen. Es kann aber katastrophale Folgen für das Bewußtsein dessen haben, der aus dem Gerichtssaal mit einer Geldbuße von 1000,— DM hinausgeht, lieber 1000,— DM zahlt und unbestraft ist, als 500,— DM Geldstrafe zu zahlen, als vorbestraft zu gelten und fünf Punkte in Flensburg zu bekommen. Er geht nämlich mit dem Gefühl, die Einstellung des Verfahrens meistbietend ersteigert zu haben. Originalkommentar: »Mit Geld kann man offenbar alles machen!«

Versagen des Gesetzes

Ich komme zur vierten und letzten Gruppe, nämlich dem Versagen des Gesetzes. Schlimmster Fall aus der juristischen Praxis ist der folgende: Irgend jemand – meist eine Frau – wird bedroht (»Ich schlag' dich tot« oder »Ich schlag' dir alle Knochen kaputt« usw.). Bezeichnenderweise werden derartige Drohungen fast ausschließlich von Ehemännern oder Verlobten ausgestoßen.

Die eingeschüchterte Frau läuft zum Anwalt. Sie läuft zum Staatsanwalt. Sie läuft zur Polizei. Es nützt alles nichts. Das rechtliche Instrumentarium reicht einfach nicht aus, ihr wirksam zu helfen.

Aber der Reihe nach:

Kein Schutz gegen Bedrohung

- Der Rechtsanwalt kann eine einstweilige Verfügung erwirken, die es dem sauberen Ehemann bei Androhung eines Zwangsgeldes von 10000,— DM (ersatzweise Zwangshaft) verbietet, seine Frau zu verprügeln oder totzuschlagen. Unter den möglichen Folgen einer derartigen einstweiligen Verfügung wäre immer noch die erfreulichste, daß der Antragsgegner sich darüber totlacht. Ein derartiger Fall ist allerdings noch nicht bekanntgeworden.

- Geht die Frau zur Polizei, so erfährt sie dort, die Polizeibeamten mischten sich grundsätzlich nicht in private Angelegenheiten ein und Drohungen dürfe schließlich jeder ausstoßen (was Quatsch ist, denn die Bedrohung ist nach § 241 StGB strafbar). Das stört die Polizei aber nicht. Gewichtiger ist schon ihr Standardargument, sie könne nicht bei jeder Bedrohung ausschwärmen und den Täter observieren, denn dann sei für die Aufklärung tatsächlich begangener Verbrechen kein Personal mehr da. Die Polizei gibt dann meist den Tip, sich an einen Anwalt zu wenden. Was der ausrichten kann, haben wir bereits gehört.
- Die Frau kann sich dann ferner direkt an die Staatsanwaltschaft wenden. Wenn sie ihre Schwellenängste überwindet und schließlich vor dem zuständigen Staatsanwalt steht (was gar nicht so einfach ist, da Staatsanwälte eine Art Halbtagsjob haben), muß der Staatsanwalt ihr mit ehrlichem Bedauern mitteilen, daß er auch nicht mehr tun könne, als ein Ermittlungsverfahren wegen § 241 StGB einzuleiten. Er wird dem künftigen Opfer dann auch noch sagen, daß es nach der Strafprozeßordnung keine Vorbeugehaft gibt. Schließlich wird er ihr raten, ganz schnell woanders hinzuziehen. Leicht gesagt!

Später Aktionismus

So kommt es dann tatsächlich vor, daß der Verlobte oder Ehemann der Bedrohten, ermuntert durch die Hilflosigkeit der Justiz, seine Drohung wahrmacht, und dann, wenn das Kind in den Brunnen gefallen ist, bricht bei Polizei und Justiz hektischer Aktionismus aus. Her mit dem Schwein! Erst mal ordentlich vernehmen! Haftrichter! U-Haft! Verknacken, aber richtig!

Schön und gut, aber davon hat die Erwürgte oder Erstochene nichts mehr.

Meldepflicht

Bevor ich schließe, darf ich noch einmal zu einem vergleichsweise harmlosen zivilrechtlichen Problem zurückkehren. In diesem Land herrscht Meldepflicht.

Ebenso herrscht aber auch die Angewohnheit, gegen die Meldepflicht zu verstoßen. Das ist besonders unangenehm in den Fällen, in denen ein Gläubiger einen Schuldner verfolgt, der sozusagen ein ambulantes Leben führt, also rasch seine Wohnsitze wechselt. Solchen Leuten ist schlechterdings nicht beizukommen. Man hangelt sich von Einwohnermeldeamt zu Einwohnermeldeamt und bekommt schließlich die gleiche Antwort: Hier als wohnhaft gemeldet, aber verschwunden und nicht abgemeldet.

Weg isser

Jeder Anwalt kennt Fälle, in denen sich die Spur des Schuldners nach der achtzehnten Meldeamtsanfrage in den österreichischen Bergen, im tiefsten Hessen oder irgendwo zwischen Nordsee und Ostsee verliert. Der Gläubiger ist der Gekniffene.

Es gibt keine Möglichkeit, »Abgängige« zur Fahndung auszuschreiben, wenn sie nichts Strafrechtliches auf dem Kerbholz haben.

Im übrigen: Auch wenn man die Staatsanwaltschaft für die Sache interessiert hat, weil irgendein Eingehungsbetrug im Spiel ist, wird die Fahndung dermaßen lasch betrieben, daß der Schuldner keine Angst zu haben braucht.

Gläubigerschutz

Wie bereits gesagt: Es gibt einen ziemlich perfekten Schuldnerschutz in diesem Lande. Vielleicht wird es Zeit, auch einmal an einen Gläubigerschutz zu denken.

Opferschutz

Hier sehen wir die Entsprechung zu dem bereits erörterten Problem aus dem Strafrecht: In dem ehrlichen Bemühen, die Rechte des Beschuldigten zu wahren, hat man den Schutz des Opfers aus den Augen verloren. Es kann kein Zweifel sein, daß sich hier zwei Problemkreise aufdrängen, in denen jeweils die Frauen die Opfer sind. Verwiesen wird auf die Anmerkungen zur Vergewaltigung im Strafrechtskapitel und auf die obigen Bemerkungen zur Bedrohung.

Justizkritik

Ich hoffe, mit den obigen Anmerkungen klargemacht zu haben, daß es hier nicht um Justizkritik geht. Justizkritik ist Kritik an den Inhalten und Formen der Rechtsprechung. Die Justiz braucht zweifellos eine solche Kritik, um sich weiterentwickeln zu können. Die näselnde

Arroganz vieler Juristen ist ja leider mit dem Abtreten der Generation, die jetzt nach und nach ins Pensionsalter kommt, nicht ausgestorben.

Justizkritik zu üben, würde jedoch den Rahmen dieses Buches sprengen. Dennoch hoffe ich, daß dieses Buch auch für diejenigen nützlich war, die sich mit Justizkritik befassen oder befassen wollen. Das mag mit der Kritik an diesem Buch beginnen, denn der Autor ist seit mehr als einem Jahrzehnt Rechtsanwalt und hat dabei nicht nur interessante, eindrucksvolle und bedrückende Erfahrungen mit der Justiz gemacht, sondern ist selbst Teil der Rechtspflege und aus diesem Grunde im juristischen und justiziellen Denken befangen. Natürlich kann und muß sich daran Kritik entzünden.

Gesetzgebungskritik

In unserem Schlußkapitel ging es indes nicht um Formen und Inhalte der Rechtsprechung, sondern um Inhalte und Lücken der Rechtssetzung, also der Gesetzgebung. Soweit wir den vorrechtlichen Bereich erörtert haben, handelt es sich um eine sympathisierende Bestandsaufnahme. Diesen Bereich legislativ zu erschließen, besteht kein Anlaß. Im Gegenteil: Es spricht manches dafür, diesen Bereich noch auszuweiten.

Kritikwürdig sind dagegen die bewußten und unbewußten Regelungslücken, außerdem natürlich auch die Fälle des Versagens des Gesetzes.

Die gesetzgebenden Körperschaften hätten also Anlaß, möglichst bald darüber nachzudenken, wie sich diese Lücken schließen lassen.

Und damit möchte auch ich schließen.

Stichwortverzeichnis

Bitte beachten Sie
die folgenden Seiten

Willi H. Grün

Geld verdienen mit Aktien

Börsenchancen für jedermann

Ullstein Buch 34247

Ullstein Sachbuch

Vier Millionen Bundesbürger sind Wertpapierbesitzer. Das Vermögensbildungsgesetz wird weitere Arbeitnehmer für Aktien aufgeschlossen machen. Hinzu kommen gutverdienende Freiberufler und Gewerbetreibende, die nicht mehr in Verlustbeteiligungen investieren können. Das Interesse für Anlagen in Aktien dürfte also wachsen. Doch wie steht es mit dem für den Umgang mit Aktien erforderlichen Wissen?

»Geld verdienen mit Aktien« ist die einzige deutschsprachige Taschenbuch-Publikation zum Thema Börse. Der Autor, Willi H. Grün, Oberamtsrat beim Finanzamt und Verfasser zahlreicher Veröffentlichungen zum Thema Steuer und Wirtschaft, legt hier ein allgemein verständliches Buch vor – also etwas für Anfänger, aber selbstverständlich auch für den Fachmann. Nicht jeder kann, wie 1983 geschehen, Hunderttausende durch Aktiengeschäfte verdienen. Aber jeder kann mit diesem Buch die Erfahrung erwerben, die er sonst an der Börse teuer bezahlen muß.

Willi H. Grün

Mehr Geld durch weniger Steuern

Steuertricks für jedermann

Ullstein Buch 34323

Ullstein Sachbuch

Der Finanz-Oberamtsrat Willi H. Grün verrät knallharte, aber legale Steuertricks, locker und verständlich aufbereitet. – Lassen Sie sich bei Steuersparmodellen nicht über den Tisch ziehen! Verschenken Sie nichts beim Lohnsteuerjahresausgleich! Wie Ihnen das Finanzamt beim Bauen hilft . . . Wie nützlich Familienmitglieder sein können . . . 232 Seiten Tips und Tricks, die bares Geld einbringen. Für alle, die Steuern zahlen.

Kostolany's Wunderland von Geld und Börse

Ullstein Buch 34233

Ullstein Sachbuch

Mit diesem Buch legt der Börsenprofi Kostolany die Summe seiner Erfahrungen und Erlebnisse vor: Er erklärt die Grundbegriffe des Börsenwesens, gibt Einblick in die Geheimnisse der internationalen Finanzgeschäfte, schildert die – oft kuriose – Geschichte der Börsen und Börsenkräche, gibt unersetzliche Ratschläge, »wie man es richtig macht«, erschließt ungeahnte Möglichkeiten, aus wenig Geld mehr zu machen, und gibt Tips für sicheres Geld in unsicheren Zeiten. »Kostolany's Wunderland von Geld und Börse« ist eine spannende Mixtur – Anekdotisches untermauert die Theorie, Ereignisse machen Hintergründe deutlich, Begegnungen und Gespräche machen Abläufe und Analysen lebendig, und die persönlichen Erfahrungen des Autors werden zum konkreten Nutzen des Lesers.
Sie erleben in diesem Buch die Börse als Spiegel der Weltgeschichte.